人力资源管理理论与实务发展研究

李俊成　丁　敏　王秋艳　著

中国原子能出版社

图书在版编目（CIP）数据

人力资源管理理论与实务发展研究 / 李俊成, 丁敏,
王秋艳著. -- 北京：中国原子能出版社, 2023.2
ISBN 978-7-5221-2500-8

Ⅰ．①人… Ⅱ．①李…②丁…③王… Ⅲ．①人力资
源管理-研究 Ⅳ．①F243

中国版本图书馆 CIP 数据核字（2023）第 023527 号

人力资源管理理论与实务发展研究

出版发行：中国原子能出版社（北京市海淀区阜成路 43 号 100048）
责任编辑：马世玉
责任印制：赵　明
印　　刷：北京九州迅驰传媒文化有限公司
经　　销：全国新华书店
开　　本：787mm×1092mm　1/16
字　　数：308 千字
印　　张：14.5
版　　次：2023 年 2 月第 1 版　2024 年 4 月第 1 次印刷
书　　号：ISBN 978-7-5221-2500-8
定　　价：88.00 元

PREFACE 前 言

人力资源管理是一个系统性的工作，所涉及的内容及形式相对比较复杂，在新的时代背景之下，人力资源管理在内容及形式上产生了极大的变化，这一工作能够充分地揭示时代发展的趋势及要求，保障企事业单位获得更多的竞争优势和机会。人力资源管理观念实现了战略性的变革，传统的人力资源管理只注重战术分析以及研究，无视宏观方向上的调整，这一点不仅束缚了企事业单位的成长及发展，还导致一部分管理资源被浪费。在新的时代背景之下，许多企事业单位开始意识到人力资源管理对组织发展的重要价值及作用，积极加强人力资源管理与其他管理工作之间的融合，着眼于整体目标来实现针对性的调整以及突破，保证这一工作能够与行政和运营工作保持一定的独立性，从而更好的促进管理资源的合理配置及利用。

人力资源管理体系是企事业单位的重要组成部分，对企事业单位的发展存在明显的影响，在信息化和科学化时代之下企业的技术发展备受关注，技术发展离不开创新，创新离不开人才，因此人力资源管理则显得必不可少。企事业单位需要抓住人力资源开发以及管理的核心要求，将联合服务、组织管理、营销制造以及人员分配融为一体。对于人力资源管理工作来说，实质的管理质量和管理效率直接影响着最终的技术创新效果和综合能力，只有积极坚持人力资源开发的主体地位，明确不同管理层的核心要求，才能够保障企事业单位综合竞争力的稳定提升，让企事业单位在信息时代之下拥有更多的竞争砝码以及竞争空间。

为了提升本书的学术性与严谨性，在撰写过程中，笔者参阅了大量的文献资料，引用了诸多专家学者的研究成果，因篇幅有限，不能一一列举，在此一并表示最诚挚的感谢。由于时间仓促，加之笔者水平有限，在撰写过程中难免出现不足的地方，希望各位读者不吝赐教，提出宝贵的意见，以便笔者在今后的学习中加以改进。

CONTENTS 目 录

第一章　人力资源管理的理论基础

第一节　人力资源管理的内涵

人力资源作为人力资源管理最主要的对象，在社会发展的过程中，它的角色不断地被"放大"，并一跃成为最重要的资源。正因为如此，人力资源管理的作用也已经被提升到战略的"高度"。要全面认识人力资源管理的内涵，那么，必须先得明确人力资源的涵义。

一、人力资源的界定

（一）资源的含义

"资源"一词在《辞海》中的解释为"资财的来源"。资源可以划分为两种类型，一种是自然资源，一种是社会资源。前者是大自然赋予的，它的本质是自然的；后者的属性是社会的（或人为的）。自然资源是自然界中所有可以用于人类生存和生活的物质和能源的统称。它是人类赖以生存、社会得以发展的必不可少的基础；社会资源是指人力、各类基础设施、物质设备、科技、信息、管理等非物质资源。

经济学家把为创造物质财富而投入生产活动的一切要素通称为资源。关于资源的分类有许多种，资源"两因素说"将其分为人和物两类，资源"三因素说"将其分为人、财、物三类。随着时代的发展和知识经济的到来，这种划分已经不能使大们确切理解资源的含义。综合分析比较各种分类方法，本书认为资源可分为五大类，即自然资源、资本资源、信息资源、时间资源和人力资源。

1. 自然资源

从广义上说，自然资源是指人们能够直接利用的自然物质。从狭义上说，自然资源是指具有物价性的自然物质。自然资源未经人类加工，有待人们去开发利用。

2. 资本资源

资本资源一般指用于生产活动的一切经人类加工的自然物，如资金、机器、厂房、设备。人们并不直接消费资本本身，而是利用它去生产和创造新的产品与价值。

3. 信息资源

信息资源是指对生产活动及与其有关的一些活动、事物进行描述的符号集合。信息是对客观事物的一种描述，与前两种资源不同的是，前两种资源具有明显的独占性，而信息资源则具有共享性。

4. 时间资源

时间资源指人类从事一切经济活动所经历过程对应的时光；时间作为一种资源具有稀缺性和不可逆性。

5. 人力资源

人力资源是生产活动中最活跃的因素，也是一切资源中最重要的资源，被经济学家称为第一资源。自然、资本、信息、时间等资源，都要靠人类的力量去认识、发掘、利用，只有通过人力资源，才能焕发出勃勃生机，从而产生财富。

（二）人力资源的含义

人力资源是指知识、经验、技能、身体素质等对社会、经济发展具有促进作用的能力。人的思维、动作能力可视为一种活动力，即人是"活"的资源，也就是说，人力资源具有潜在的、有价值的、可供开发和利用的属性。

（三）人力资源数量和质量

人力资源数量，是指一个国家或地区中具有劳动能力、从事社会劳动的人口总数或者其在人口总数中所占的比重，前者体现为人力资源的绝对量，后者体现为人力资源的相对量。不管用何种方式进行考量，一个国家或地区的人口总量、人口的年龄构成、劳动力参与率、法定劳动年龄、教育普及程度、社会保险状况、宗教及社会风俗、劳动与工资制度、经济结构类型及其发展水平等宏观因素都会影响特定时期的人力资源数量。

人力资源质量，是指劳动者个体及群体创造社会价值的能力，通过人力资源的专业知识、就业能力、个性特征等方面得以直观体现。人力资源质量通常受到先天遗传和自然生长因素、营养保健、教育和培训、经济与社会发展状况、人的主观能动性等因素的影响。

（四）与"人力资源"相近的概念

人口资源、人力资本、人才资源等都是与"人力资源"相近的概念。这几个概念之间易出现混淆，现比较分析如下：

1. 人力资源与人口资源

人口资源是指一个国家或区域内的总人数，它主要是以人口的多少来表示的。人口总体通过生产和消费制约着生产，所以人口的总量可以划分为生产者和消费者两大类。人口资源为人力资源提供了潜在的承载能力，而拥有知识素养和身体素质的部分人才是所谓的人力资源。换句话说，人力资源是人口资源中具有经济效用和价值的各种能力的总和。

2. 人力资源与人力资本

资本是能够带来剩余价值的价值，具有增值性。因此，人力资本可以定义为，人力资本主体为实现效用最大化，需要通过投入一定成本来获得的、依附于主体身上的、能够实现收益（价值增值）的价值存量总和，是一种为获取收益所凭借的手段。人力资源和人力资本之间存在着一定的联系和差异：从"人"的角度出发，人力资源将其作为一种资源，而人力资本则是把"人"当作一种投资的对象；人力资源主要有自然性人力资源与资本性人力资源；而人力资本作为一种获取利益的工具，具有其内在的意义，它是以人力资本的实际拥有者-人力资源为载体。

3. 人力资源与人才资源

人力资源与人才资源之间的不同，主要在于质量层次划分上的不同。如果说，人力资源是指那些拥有知识、体力劳动能力、促进社会、经济发展的人口总数，那么人才资源则属于更高层次的人力资源。人才资源是指一个国家或地区拥有较强的战略能力、管理能力、研究能力、创造能力或专业技能的人群。

二、人力资源的特点

人力资源具有普遍性、有限性、物质性和稀缺性等特征，各种资源的有效结合可以创造社会财富，推动社会发展和人类进步。人力资源是人类最基本的、最重要的资源，与其它资源相比，它具有如下显著的特征：

（一）人力资源的生物性

人力资源是一种"活"的资源，因为它存在于人体中。人力资源与人的自然生理特性紧密相连，这是最根本的人力资源特征。基于生物性特点，人力资源的生产和使用要受到自然生命特征如智力水平、身体条件、疲劳程度、劳动卫生等的限制。如果不遵循生命规律，过度开发、滥用人才，必然会产生事与愿违的效果，影响到人力资源的可持续利用与发展。另外，人力资源的生物性还表现为再生性。人力资源的再生性通过人口总体内个体的不断更替和"劳动力耗费——劳动力生产——劳动力再耗费——劳动力再生产"的过程来实现。它还表现在，人力资源在使用过程中有一个可持续开发、再生的独特过程，其使用过程也是开发过程。

（二）人力资源的能动性

能动性是人力资源区别于其他资源的最根本的特点。人力资源具有思维、情感和创造

力，能够自觉地运用其他资源来促进社会与经济的发展，

因而它在经济建设和社会发展中起到了主导作用，其他资源则处在被动使用的地位。此外，人力资源还是唯一能起到创造作用的因素，这表现在：首先，人在社会和经济发展过程中往往能创造性地提出一些全新的方法，加速社会的进步和经济的发展；其次，人类能够在不断变化的情况下，承担起应变、进取、创新的使命，从而增强企业的生命力。

人力资源的能动性有以下两个特点：首先，能动性的发挥与预期的目标和结果密切相关。如果预期目标和结果对主体的效用很大，能动性就会增强，其积极性和创造性也会随之提高；反之，能动性就会减弱，预期目标和结果的取得除了受个人因素影响之外，还要有外在条件的保证，为此，组织应建立完善的激励机制、平等的竞争环境，在客观环境上为人力资源能动性的发挥创造条件。其次，能动性突出表现为自主选择性。在市场经济环境中，人作为劳动力的主体可以自主选择是否从业，以及所从事的职业和从业的方式，并且在工作中，人也可以自主选择自身体力和智力的发挥程度。正是由于人力资源的能动性差别很大，从而大大影响了人自身的素质和工作的绩效。

（三）人力资源的时效性

人力资源的时效性包含两重含义：一方面，其时效性与生命周期有关。人力资源是一种具有生命力的资源，它存在于人的不同生命周期阶段中，它的形成、生产、开发和利用都要受到时间的限制，人的生理特性和劳动能力都会有较大差异，因此应该结合人力资源在不同生命周期中的特点加以开发、使用与管理。另一方面，时效性意味着人力资源不使用就是浪费。首先，人力资源有其发挥作用的黄金时期，如果储而不用，一旦错过了这个时期，其能力和创造力就会降低甚至丧失，因此，要把握人力资源发挥作用的最佳时机，充分认识人力资源的时效性。其次，随着科技的迅速发展和知识经济时代的来临，如果不注重终身学习和不断开发，人力资源就无法适应时代的要求，从而逐渐丧失创造力和价值。

（四）人力资源的社会性

从社会和经济活动的观点来看，人类的人力劳动是群体劳动，其个体之间往往存在着不同的劳动组织，从而形成了其微观的社会基础。从宏观角度讲，人力资源与特定的社会环境有着密切的关系。它的形成、培育、开发、使用，都是一种社会行为。

从根本上说，人力资源是一种社会资源，其生成取决于社会，其分配也要经过社会，它的使用必须纳入到社会的劳动分工系统之中，

因此它不仅仅归属于某一个具体的社会经济单位，还应当归属于整个社会。

社会的经济条件对人力资源的生产和发展具有决定作用。人组成社会并成为社会发展的主体，它是人的社会活动和社会行为的先决条件。不同的社会形式、不同的国家、地

区，都会对人们的价值观念、行为方式和思维方式产生影响。人力资源的社会性包括：信仰性、时代性、地区性、国别性、民族性、文化性、职业性、层级性和财富占有性。人力资源的社会性决定了企业在发展过程中要特别重视社会政治制度、国家政策、法律法规、社会文化等方面的因素，尤其是管理与发展措施的专一性。

三、人力资源管理的内涵与外延

（一）人力资源管理的内涵

目前，我国学者对人力资源管理的涵义仍有分歧。对其含义的理解主要有以下几种：

第一，认为人力资源管理是对"人"这一特殊资源进行有效开发、合理利用和科学管理的系列活动。从发展的视角来看，既要发展人的智能，也要发展人的思想、文化素质、道德修养，要全面地发展人的现有能力，要把人的潜能充分地发掘出来。从资源利用的视角来看，它包括发现、识别、选择、分配和合理利用人力资源。从管理的视角来看，它包含了对人力资源的预测和计划，以及对人力资源的组织与培养。

第二，从两个角度来认识人力资源，首先是"量"的管理，即根据人力、物力的变化，适当地培训、组织和协调人才，以保证两者之间的最优比例和有机结合，从而达到最大的效益。二是"质"的管理，即运用现代科学的方法，对人的思想、心理、行为进行有效的管理，使人的积极性得到最大程度的发挥，从而达到组织的目的。

第三，认为人力资源的管理，是指如何正确地处理"人"与"人"之间的关系，并指出，人力资源的管理并不是单纯的一套人员管理，它是需要对组织内的人员进行有效的管理，并与其它的资源相结合，以达到一个全面的平衡和公正的目的。

第四，通过对人力资源的获取、整合、保持、激励、调节和开发，使企业的人力资源最优化，从而实现人的全面发展和最大利用价值，最终实现企业的战略目标。

综合以上所述的人力资源管理的相关内涵，可以认为，人力资源管理是基于"人本主义"的经营理念，利用现代的科学方法和管理理论，合理地培训、组织、调配人力，使人力、物力始终处于最优的状态，并适当地诱导、控制和协调人的思想、心理、行为，使人的主观能动性得到充分的发挥，使人尽其才、事得其人、人事相宜，以实现组织的战略目标。

（二）人力资源管理的外延

1. 人力资源管理的应用范围

人力资源管理在企业中得到了广泛的运用。，并取得了令人瞩目的成就。但是对于许多机关事业单位来说，由于人力资源管理制度还没有形成，很多先进的管理思想和做法还没有得到普遍的认可和运用。人力资源管理的基本原理、基本方法以及程序规范等内容，在机关事业单位等层面也同样适用。也就是说，人力资源管理适用于任何组织机构，企业都必须利用先进的人力资源管理来"吸引、保留、激励、调控、开发"，从而达到企业的战略目的。

2. 人力资源管理与企业管理的关系

在现代企业和经济发展中，人力资源管理的核心内容是调动人的积极性，目的是吸引人、培养人、用好人、发掘潜能、激发人的潜能。它突破了对人力资源的限制，将人视为一种技术因素，将人视为一种具有潜在的潜力量，并能使企业在激烈的竞争中生存和发展。企业管理虽是涉及企业生产、经营多个环节的全面管理，但这些管理活动的实现，必须紧紧依托人的能动性、能力和智慧的发挥，企业管理要紧扣组织发展的宗旨，注重并强化人力资源的管理，从根本上解决人力资源的开发与使用问题，进而推动企业的发展，推动企业的生产经营，提高企业的劳动生产率，确保企业的利润最大化。因此，运用一定的方法，使人的积极性、主动性和创造性得到最大程度的发挥，就是管理的根本目标。

第二节 人力资源管理的发展与变迁

一、人力资源管理的发展过程

（一）人事管理

19世纪末，随着人口和市场需求的快速增长，人们对商品的需求也在不断增长。以机械代替人工，追求高效的工作方式，是企业经营的头等大事，人事管理就是由此产生的。在企业的经营阶段，人力资源的管理是从科学化的管理开始的。泰勒的管理学是经典管理学的结晶。科学管理是一种经营理论，其根本假设是"经济人"，将人类视为纯粹的生产工具，其核心问题是如何提高生产力。同时，行为科学也促进了人事管理的发展。这一阶段，由于企业只注重效率最大化，注重员工的"工作"，使传统的以"工作"为核心的人事管理方式得以发展和完善。核心问题是生产力的提升。

（二）人力资源管理

20世纪60年代左右，人事管理开始向人力资源管理转变。20世纪六十年代，在新的管理理念比如行为学派的兴起后，人力资源在组织中的地位逐渐得到了重视。我国的人力资源立法迅速增长，反歧视立法日趋完善，人力资源的有效管理越来越受到关注，也越来越重要。此外，在竞争日趋激烈的今天，我们逐渐意识到，相对于资本、技术、原料、能源等物质来说，只有人类的知识与经验，才真正的具有竞争优势。因此，企业开始注重人才的获取、培养和开发，注重人才的发展与价值的提高。同时，这也要求组织在人力资源问题上有一个更广泛、更全面和更具有战略性的观点，要求从组织角度对人给予更多的关注，在对人员的管理上采取更加长远的观点，把人当作一项潜在的资本，而不仅仅是一种可变的成本。客观环境和对"人"的观念的变化推动了人事管理职能的转变，从而促进了人力资源管理的发展。

（三）人力资源管理的发展趋势

随着知识经济时代的来临，信息通信技术更加发达，技术更新速度加快，融资方式多样化，企业之间的竞争从产品和资金的竞争演变为知识资本的竞争。企业要想在竞争中获胜，并维持自身的优势，就必须拥有比其他竞争者更好的人才，并且充分利用企业自身的智慧。随着新的时代来临，企业必须更加关注人才，人力资源的开发与管理已越来越成为企业提高效率、确保企业竞争优势的重要手段。在今后的日子里，人力资源将会有一个更为积极的发展趋势，其发展将突出以下重点：

1. 以人为本

随着企业规模的扩大，企业的协调机制也随之发生了根本的改变，企业的管理人员通过授权、沟通等方式来协调员工的思想与行为，以达到企业的目标，同时也能满足其自身的发展需求，这将是未来企业竞争的有力武器。在今后的日子里，将会有一个更为积极的发展趋势，通过文化建设倡导共同价值观，从而带动全面的组织管理工作。换言之，管理的理念与管理方式越来越柔性化、人性化，这将是一种创新的人才管理理念。

2. 学习型组织

在知识经济的时代，企业要发展和管理人才，就必须让每个员工都成为"学习人"，自觉地进行学习，把知识变成实际的生产力，并持续地创造新的知识，这将是21世纪人类最主要的活动。学习型组织的本质是：首先，让企业有持续改善的能力，增强企业的竞争优势；其次，要真正做到人与事的结合，让人在工作中找到生命存在的意义。建立学习型组织不是终极的目标，终极目标应该是让组织及员工不断进步，共同创造一个更好的明天。这就是企业"以人为本"的经营思想，是企业人力资源经营的一种组织形式。

3. 跨文化管理

在全球经济一体化背景下，国际交流日益频繁，不同文化背景下的管理理念不断地相互冲撞和融合。跨国企业要更好地融入到全球化的发展中，首先要面对的是企业在人力资源管理的政策与职能之间的关系。各国的人力资源管理实践，包括人员的选择、社会化、员工培训、绩效考核、薪酬与职位提升等。

4. 战略人力资源管理

人力资源已经成为组织重要的战略性资源，并被充分考虑到组织的战略规划之中。人力资源部不再只是为其他部门提供例行性服务，组织也不再只是对人力资源进行浅层次的管理，而是把人力资源作为一种可以增加价值的资源来进行深层次的开发和运营。组织需要建立起由高管人员、直线经理以及由专业的人力资源管理队伍构成的企业人力资源运营主体，将企业的人力资源管理上升到了战略的层面。

二、人力资源管理与人事管理的关系与区别

人事管理和人力资源管理是一种既有联系又有区别的两种管理方法。

（一）人事管理与人力资源管理的联系

从人力资源的发展历程来看，人力资源管理和人事管理是在发展的不同阶段、不同理念的基础上对"人"进行管理的制度、方法等的总和，但二者不是完全割裂、毫无关系的。人力资源管理是对人事管理的继承，在人力资源管理中，很多职能依然是一个重要的部分，但是，在人力资源管理的环境中，它们已经发生了一些变化；在继承人事的基础上，企业的人力资源管理也不断吸纳新的理念和理念，从一个全新的角度和更广阔的角度来看待"人"的经营，并获得了巨大的发展。

（二）人事管理与人力资源管理的区别

人事管理与人力资源管理的区别主要体现在以下几个方面：

第一，从经营观念来看，人事管理是一种成本负担，它重视投入、使用和控制；而"以人为本"的人力资源管理模式，将人力资源视为最有价值的资源，在尊重人的个性和人的需求的基础上，进行人力资本的投资和开发，从而促进组织和社会的全面发展。

第二，从部门的角度来看，人事部是一个机构的附属机构，不能直接为企业的绩效做出直接的贡献，其职能是：考勤、档案、合同等日常事务；在当今世界，企业的人力资源部门更具有"效益"的理念，人力资源管理的组织体系更具有系统性、完整性和战略性。

第三，在管理重心上，人事管理的特点是以"事"为核心，只看"事"而不看"人"，注重对"事"单一层面进行静态的控制和管理，其管理方式和目标就是"控制人"；而以"人"为中心的人力资源管理，则强调一种动态的调控与发展，其基本出发点是"着眼于人"，其管理原则是人与物的系统化。

第四，从管理功能上看，人事管理部门是一个非生产、非效益的企业职能部门；所以，人力资源管理战略地位的提高，应从整体上兼顾各种人力资源的均衡，并与企业发展战略协调。为了满足企业发展的需求，人力资源的经营范围，应具有跨地区、跨国界的特点；从时间上来说，它是面向未来和长期发展的；在功能层次上，它应具有全局性、战略性和整体性。

三、我国人力资源管理的环境变化

（一）市场经济体制对人力资源管理的影响

在经济制度由计划经济转变为社会主义市场经济的过程中，社会资源的配置机制也发生着变化，市场机制对社会资源的配置作用从辅助地位逐渐上升到主要地位，这一变化不仅表现在物质资源的配置上，同样也必然反映在作为社会再生产最重要因素的人力资源的配置方面。

在计划经济条件下，人力资源的管理机制表现为高度集中的计划管理体制，国家计划是调节企事业单位人事关系的唯一手段，政府是人力资源开发、配置和管理决策的制定者。与计划经济时期不同，市场经济对人力资源的配置与调整主要通过市场及市场机制来实现，每一个市场主体及个人都可以根据自己的需要对自身所掌握资源的运用进行自主决策。在市场经济条件下，国家和政府并不是完全放弃对市场及社会资源配置的管理，而是运用相关手段对市场失灵进行必要的调控。

随着我国经济体制由计划经济向社会主义市场经济转换，在人力资源管理上，市场机制的作用力度越来越大。我国自改革开放以来，市场机制已经在多方面对人力资源的配置发挥了作用。例如，由于工资水平存在地区差异，大批劳动力自发地跨地区流动，数以百万计的劳动力从内地涌向沿海经济发达地区，从农村涌向城市。这种现象也发生在所有制不同的企业和经济效益不同的企业之间。在市场机制的作用下，出现了开放的各级人才市场，为人力资源与企业的双向选择搭建了平台。同时，市场上还出现了一些新型的人力资源管理组织，如人力资源咨询、中介公司等，使人力资源管理成为一种社会化产品，不仅极大地促进了人力资源的合理配置，也极大地提高了组织的效率。

（二）经济体制改革对人力资源管理的影响

第一，随着我国经济体制改革的深入，人力资源管理面临着新的挑战。我国的经济体制改革使得劳动力市场进一步迅速发展，劳动力流动和职业的转换成为一种时尚。企业既要招聘所需要的人才，又要将冗员排出，还要在企业内重建适应市场经济体制需要的人力资源管理制度。面对如此错综复杂的形势，人力资源管理将面临空前的挑战。

第二，人力资源管理的发展离不开改革，要建立和发挥人力资源管理体系的作用，必须对现有的外部制度环境进行改革。国家应根据市场经济的观点来调整政府的职能和立法取向，制定相应的政策，认同人力资本的价值，调整教育培训体系，鼓励合理流动和竞争。通过优先制定人力资本的相关法律和政策，促进人力资源管理在我国的发展，以提升国家人力资本优势，进一步推进改革的进程。

第三，有效的人力资源管理促进了经济体制的变革。我国的经济发展与体制改革需要高素质的人力资源作为支撑，人力资源的有效管理，在微观层面上可以通过企业经济效益的改进为经济发展提供持久的推动力，在宏观层面上可以为经济体制改革创造条件和提供人力支持。

（三）知识经济对人力资源管理的影响

随着技术的不断进步与知识的不断积累，各种新兴的经济形式不断出现，伴随着理论与实践的不断发展，知识经济应运而生。21世纪是知识经济的时代。所谓的"知识经济"，就是指基于知识与信息的生产、分配、使用，以创新为导向，以高附加值的人力资本运作为主要特点，以高新技术、智能为支撑的新型经济。知识资本是企业经济发展的重要因素，人力资源成为了衡量企业核心能力的一个重要指标。

知识经济产生了虚拟企业，虚拟企业战略与经济的有机结合，突出的是技术联盟。它不是法律意义上的完整经济实体，不具备法人资格，与传统的经济实体管理形式迥然不同，从而使人力资源的管理环境发生了深刻变革，传统的人力资源管理将面临着新挑战：

第一，劳动报酬管理的虚拟化与挑战。工资的设计与发放是人力资源管理的基本业务，许多企业已经将该项工作外包给专营的企业去做，从而使本企业的人力资源管理发生了新变化。

第二，招聘工作的虚拟化与挑战。随着经济环境的不断变化以及相关的法律法规的变化，虚拟企业员工的流动性、弹性与可替代性越来越大，招聘工作走向虚拟的程度也越来越高。通过外部的中介组织，对所需要的人才进行广泛而有效的筛选，从而使企业的人才更加合理地分配。这种机构最为典型的就是劳动服务企业、职业介绍所和猎头公司。

第三，虚拟训练和挑战。虚拟企业对员工的技术需求更为特殊，其运营过程也是一种互动的教学过程，因此人力资源培训工作要结合企业的实际进行。

第四，激励管理与员工职业生涯规划的虚拟化与挑战。虚拟企业是以自治、分布式的团队工作为特点的，它是充分授权的，所以对虚拟企业员工的激励必须建立在团队产出的基础上。传统的职业生涯规划因其组织结构的扁平化而被极大地束缚。员工事业越来越难以预料，也越来越不稳定。为了适应日益复杂的形势，员工必须接受更加复杂的训练，培养更多的技能，这在一定程度上影响员工的职业发展轨迹。

（四）法律环境的变化对人力资源管理的影响

近年来，发达国家关于劳动就业的相关法律、法规的不断健全，对企业的人力资源管理产生了最直接的制约，并对企业的招聘、招聘、培训、晋升、薪酬福利、解聘等方面产生了重大的影响。

四、现阶段人力资源管理的热点问题

（一）"以人为本"思想与人力资源管理

人是社会关系的总和，是社会的根本、社会历史的创造者，也是推动社会进步的决定性力量。"以人为本"，就是尊重人、关爱人、依靠人，就是一切从"人"的需要出发，促进人的全面发展及根本利益的实现。"以人为本"可以从三方面来理解：

1. "以人为本"的应用范围十分广泛

"以人为本"思想适用于社会生活的任何领域，例如，科技以人为本、社区建设以人为本等，大到国家的政策方针，小到基层组织的阶段性计划，都可以贯彻"以人为本"的理念。

2. "以人为本"在人力资源管理中有特别的解释

"以人为本"在组织层面强调管理者应该以员工为本，在制度制定以及管理理念上充分考虑员工的需求与发展，一切以员工为中心，把员工看成组织中的重要资源，而不是等同于机器设备等的资源。"以人为本"的理念要贯穿于企业的各个环节，包括人才的招聘、配置、晋升、培训、薪酬管理等各个环节。

3. "以人为本"的出发点是员工的本性需要

"以人为本"是"人本主义"的一个命题，是 20 世纪 80 年代初风靡西方世界的一种管理文化，其核心是了解人、关心人、尊重人、激发人的热情。"以人为本"强调组织的管理方式着眼于作为"人"的员工个人以及群体的本性需要，为他们提供发展和受教育的机会，从而进一步调动人的积极性。

"以人为本"是企业人力资源管理的基本特征。"以人为本"的理念是：以员工为本，以人为本，将人视为组织的最有价值的资产，确立人在管理中的主导地位，以调动员工的积极性、主动性、开发人力资源为首要目标，以发展员工的潜能，不断提高员工的素质。人力资源管理应充分体现人的关怀，满足人的基本权利和需要，使大多数员工能够持续地分享组织发展与改革的成果，从而达到经济和人的全面发展。"以人为本"旨在适应人力资源能动性的特点，使人力资源管理能能充分反映出员工的个性特点和需求。

（二）企业生命周期与人力资源管理

企业是一种有机体，大部分企业在成立之后，都会经历成长、成熟、衰退、解散、倒闭。总体上，企业的生存期分为孕育期、初始期、成长期、成熟期、衰退期等几个时期，企业状态和外部环境的差异比较显著。企业在不同的发展阶段采取了不同的人力资源策略和行为，将各阶段的主要矛盾和特点与人力资源管理结合起来，可以提高人力资源管理的效率，促进企业的经营管理活动。

1. 孕育期

孕育期的企业从严格意义上来讲还不能称为企业，它还只是创业者的一种"构想"，所要强调的是一种创业的意图和未来能否实现的可能性。然而，仅有创业的某种想法难以催生出企业。因此，孕育期的标志是创业者开始将他的想法与构思付诸实践。

企业家们要竭尽全力地宣传自己的创业理念、寻找合作伙伴和融资渠道，他们的个人品质和能力将直接影响到企业孵化周期的长短与成败。严格地说，处于萌芽阶段的企业，没有企业层面的人力资源管理，而是以创业者为中心，但是，这也是企业人力资源管理的出发点，不仅关系到企业的生命周期，也关系到企业的未来发展。

2. 初创期

创业期企业的特征是：企业极富灵活性和成长性，企业内部的各种正规机构还没有形成，各项规章制度、管理政策还没有形成，企业文化也还未形成；企业的领导与经理基本都是创业者，其管理方式具有浓厚的人治色彩，是经营活动的中心，其创业的激情对员工具有极强的吸引力；企业投入高，现金流出量往往超出企业的预期。

这一时期企业人力资源管理的特点有：①创业者开始向职业经理人转变，或从外部引入职业经理人，但其管理的风格和手段多以家长制管理为主导。②人力资源管理处于起步状态，其职能一般由企业主自己来行使。这一时期企业急需作为关键生产要素的人才和一专多能的人才。③资金因素的制约使报酬系统和激励制度处于非正式状态，除了最基本的保障和激励外，对未来的承诺或精神激励的手段常常被使用。

3. 成长期

成长期的企业主要表现为：经营规模不断扩大、业务范围不断扩大、业务日趋成熟、资金流动情况得到显著改善；管理效率和人力资源逐渐成为制约企业持续发展的"瓶颈"；企业的组织形式趋于规范化、制度比较完善、并已经建立健全、企业文化逐步形成、企业家的个人作用减弱，企业努力寻求保障其持续、稳定、健康发展的制度、机制。

这一阶段的企业人力资源管理具有以下几个方面的特征：①人力资源管理职能部门一般在这一时期正式建立，其内部分工以及地位得到确认与加强。②人力资源管理部门的地位受到重视，企业聘人、用人、激励人、培育人、留住人的体系和制度全面建立。但是，由于当时的企业还没有彻底地从创业初期的经营管理中走出来，人力资源管理体系中各项制度尤其是内部晋升通道的构建与执行还远未完善。③随着企业经营规模的扩大、人员的激增，新员工与老员工易产生观念及利益上的冲突，在人员流入增加的同时，离职率也开始上升，如何对新旧人力资源进行整合，是当前企业面临的一个重大问题。

4. 成熟期

从总体上看，成熟型企业具有以下特点：企业的内涵素质提升与扩展的规模扩展是企业发展的主要推动力，企业的体制和组织结构可以得到充分的发挥；企业的财政情况有了很大的改善；与开放型、吸收型人才相比，企业对外部人才的封闭性和排他性更强，在为企业带来利益的同时，也容易产生人员流动性差、稳定性差等问题。

这一阶段的企业人力资源管理具有以下几个方面的特征：①人力资源管理应由权力机构转变为积极发展的服务机构，它的主要职能应是人力资源规划，并负责企业内外部的协调和沟通，重视内部人力资源的开发、培训。②企业可利用的资金比较充裕，可以实施有较强市场竞争力的报酬体系。③人力资源管理的核心是提高组织的灵活性，如建立"学习型组织"、提供企业发展远景规划、建立人力资源储备库，等等。

5. 衰退期

企业如同人的机体一样也会衰退，衰退期企业的主要特点是：销量、利润大幅下滑；生产设备、技术落后、产品更新缓慢；市场份额减少、负债增多、财务状况恶化、员工队伍不稳定；随着工厂、设备等固定资产的大量闲置，企业内部人员的闲置也随之增多。在这个时候，企业面临着两个难题：是衰落，还是转变。一个企业要想继续发展，不会衰落，只有创新，进入新一轮的发展周期。

这一时期企业人力资源管理的特点是：①重点是内部人才的整合，以适应企业新的发展战略与体制。②人力资源管理的关键在于人才的转变，为未来的发展提供指引，以减少冗余，最大程度地稳定核心人员，使其发挥最大的创造性。③对以变革方式实现转型的企业而言，必须在新的领域开展新的人才招募与培训，

使用适当的激励措施并做好成本控制，帮助企业实现蜕变——第二次创业。

（三）团队中的人力资源管理

现代及未来的企业组织具有网络化、扁平化、灵活化、多元化、全球化的特点，这些特点使得团队工作方式应运而生。团队指由两个或两个以上的人组成的群体，他们为了共同的目标走到一起，遵守共同的规则，分担责任和义务，并为实现这个目标而努力。仅仅形成工作群体并不一定就是真正意义上的团队，只有当群体中的成员在团队精神纽带的维系下产生强烈的群体统一感时，团队才能产生相应的工作绩效。团队工作方式以其良好的互动性及明确的分工协作，很好地满足了组织的发展需要。

团队工作方式的出现，使组织和工作方式发生了深刻的变革，为了适应这种工作方式，团队中的人力资源管理也产生了很多改变。团队中人力资源管理的特点有以下几个方面：

第一，从管理模式看，团队工作方式要求人力资源管理打破传统的"自上而下"方式，体现现代及未来企业"员工参与式管理"的发展趋势，强调员工在团队中的价值，强调员工对管理工作的参与性，最大限度地满足员工个人发展的需求。

第二，从工作绩效看，团队工作方式重视员工对团队的长期价值，而不是既往和目前

的业绩，强调个人绩效和团队绩效并重，引导团队成员追求"团队产出"的最大化。在追求高工作效率和业绩的过程中，员工的发展潜力、员工的忠诚以及企业的良好声誉等目标都能够不同程度地实现。

第三，从员工素质看，团队工作方式对成员素质提出了新的要求。其成员应该既是合格的工作者，又是自我管理和人际关系的管理者。团队成员的工作更加灵活和弹性化，团队内的工作关系要和谐，不在于分工的清晰，而在于成员之间的"默契"与协作。

第四，从培训开发看，在团队管理方式下，组织的培训不仅要对员工的知识和能力进行培养，还要对员工进行团队精神和团队生活技巧的培养，通过多种方式的培训使员工具备团队工作能力。

（四）学习型组织与人力资源管理

自 20 世纪 80 年代起，随着科技的飞速发展，知识经济的到来，企业的生存环境发生了空前的变化。在这种情况下，如何在新的经济、技术环境下，增强企业的竞争能力，延长企业的生命周期，成为企业界和理论界的研究焦点。

学习组织是一种有机的、高度柔性的、扁平的、符合人性的、可持续发展的组织。这样的组织能够不断地进行学习，并且在整体表现上比个体表现更好。学习型组织的五大要素是：共同的愿景，团队学习，思维模式的改变，自我超越，系统思考。

随着管理理念的不断创新与管理实务的不断发展，学习型组织与人力资源管理的联系日益密切。学习组织是一种有效的管理方法。它们之间的关系可以从以下两方面来理解：

首先，研究发现，学习型组织的职能目标与人力资源管理的职能目标有着高度的一致性。人力资源管理是为了实现组织的目标，对人力资源获取、培训、利用、开发以及激励所进行的计划、组织、控制、指挥和决策等一系列活动的总称。

它强调对人的能力与潜力的运用和开发，通过激励员工，提升员工的工作和管理，达到组织的目的。学习型组织至少可以在两方面促进这一目标的实现：第一，学习型组织结构扁平，组织边界灵活，自我管理能力强；第二，创新管理的组织保证了学习型组织。组织成员在努力构建适合自己的学习系统，进行积极的交流和学习，不仅可以使其更好地发挥其创造力，还可以促进其个人的综合素质提升。

其次，建设学习型组织是人力资源管理的主要内容与目的。随着管理理论和实践的发展，管理的内涵和外延也在不断地延伸，而在人力资源管理方面，也出现了许多新的领域和内容。人力资源管理部门不仅要做组织的附属职能部门，还要从组织发展的大局去发掘和利用各种可以促进组织协调、稳定发展的管理手段，使其在各个决策层次上都能起到作用，使之成为一个有系统的管理功能。在此背景下，加强和改进企业文化的学习型组织，应当成为企业人力资源管理中的一项重要内容。

（五）企业文化与人力资源管理

企业文化是企业在长期的经营活动中所形成的经营理念、文化氛围和企业精神。企业的文化分为物质、制度、精神三个层面，而精神层面则是企业的灵魂与核心，制度层则是中层，物质层面则是企业的外部形象与整体文化的载体。从一定程度上讲，人力资源管理的一个重要任务就是构建良好的企业文化，并根据这一文化对员工进行相应的管理。

1. 二者具有相同的核心要素和目标

企业文化强调以人为中心，以文化手段作为主要的调控方法，激励员工的自觉行为，并通过自身的经营和企业文化的作用来影响其价值观和行为，从而推动企业的发展和进步。人力资源管理以"人本管理"为主要的管理理念，强调对员工的积极性、创造性与主动性的发挥，与企业文化创建的理念一样。换言之，二者都是通过对人的管理来实现企业的目标，都强调企业软管理的作用，都体现了现代管理理念。

2. 二者相互促进、相互作用，共同推动企业发展与进步

企业文化构成了企业管理的软环境，任何一种企业文化的建立，都要与人力资源开发策略相一致。企业文化是一双看不见的大手，把企业的发展目标与员工的事业心和成功感结合起来，可以减少企业的硬性规定，缓解员工的自治心理和被治现实之间的矛盾，在员工与企业、各级员工之间建立起一种相互尊重、理解和信任的气氛，形成一种强大的凝聚力和向心力。人力资源管理是企业文化的载体，是企业文化建设与实施的有力保证。有效的人力资源管理能够持续增强员工对企业的归属感和文化认同，并通过公平、合理的奖惩、薪酬、晋升、考核等制度，有效的筛选出消极的企业文化，充分调动员工的主动性和创造力，从而推动企业的文化建设和完善。

第三节　人力资源管理的功能与分工

一、人力资源管理的功能

人力资源管理的功能在许多著作中常被称为人力资源管理的职能，并且在英文中，"功能"和"职能"所对应的单词也都是"function"。严格说来，功能和职能在含义上存在一定的差别，但很多时候两者又难以区分，故本书对二者不作区分，使用人力资源管理功能一词表示人力资源管理自身所要开展的一系列活动。

人力资源管理的功能主要体现在五个方面：获取、整合、保持和激励、调控、发展。

（一）获取

获取是人力资源管理的首要功能，也是实现其他功能的基础，主要包括人力资源规

划、招聘、录用等。为了实现组织的战略目标，人力资源管理部门要根据需要制订相应的人力资源需求与供给计划，通过选择合适的渠道和方法开展招聘、选拔、录用和配置等工作，保证组织能够及时获得所需要的人才。

（二）整合

整合是指使员工了解和接受组织的宗旨与价值观，使员工之间和睦相处、协调共事、取得群体认同的过程，即通过组织文化、价值观和技能培训，增强人与组织的凝聚力，能动地推进人与事的协调发展，实现人与人之间的互补增值以及关系的和谐，从而达到人与事、人与人、人与组织和谐发展的目的。

（三）保持和激励

保持功能，即通过一系列薪酬、晋升等管理活动，留住组织的核心员工，保持员工有效工作的积极性和安全健康的工作环境，从而使员工安心和满意地工作。激励功能，即为员工提供与其绩效匹配的奖酬，最大限度地调动其积极性和创造性，提升组织的绩效。

（四）调控

这是对员工实施合理、公平的动态管理的过程，通过绩效考核与绩效管理等活动发挥人力资源管理中的控制和调整功能，对组织的人力资源进行再配置，帮助员工提高工作效率，寻找到与员工需要和能力相匹配的发展路径。

（五）发展

根据组织或岗位的需求，对人力资源进行培训与开发，以提高员工素质和组织整体效能，并结合员工个人的行为特点和期望为他们提供充分的发展机会，指导他们明确未来的发展方向和道路，激发他们的潜能，达到个人与组织共同发展的目的。

这五项基本功能相辅相成，彼此互动。获取是基础，整合是保障，保持和激励是途径，调控是手段，发展是目标。这五项功能在工作岗位研究的基础上，通过不断地获得人力资源，把得到的人力资源整合到组织中并融为一体，维持并激发员工对企业的忠诚度和动力，并根据需要对员工的工作表现进行适当的调整，充分发挥员工的潜力，从而达到企业的目的。

总之，人力资源管理帮助组织科学地选人，保证组织对人力资源在数量和质量上的需求得到最大限度的满足；帮助组织科学地育人，使其人力资本得到应有的提升与扩充，提高工作效率，充分挖掘和使用人力资源，推动企业的可持续发展；帮助组织科学地用人，维护与激励组织内部人力资源，使其潜能得到最大限度的发挥；帮助组织科学地留人，加强企业文化建设、职业生涯规划管理，使员工形成与组织一致的价值观，发挥最大主观能动性，为组织战略的实现提供支持。

二、人力资源管理制度的制定与实践活动的分工

（一）人力资源管理部门的职能

随着"人力资源是第一资源"的观念逐渐深入人心，人力资源管理部门在组织中越来越受到重视，其所担负的职责也越来越重要。传统的人事管理是通过档案、工资、福利等内容来维系一种固定的人员管理体制，而现在人力资源管理部门更多地参与组织战略决策过程，因而也承担了更多的职能，其中最重要的职能就是制度与政策的制定：一方面，人力资源管理部门参与组织战略的制定，这表现在人力资源管理部门为组织战略决策的制定提供必要的人力支持；另一方面，人力资源部门是组织人力资源管理制度的建构者、完善者，负责制定组织中各项人力资源管理制度和规范，并指导与协助直线部门的应用。

（二）人力资源管理实践活动的分工与合作

尽管人力资源管理部门的全部工作都是从事"人"的管理工作，但不是说所有人力资源管理的责任都要由它来承担，组织所有的管理者都是人力资源管理者，凡是有组织、有人的地方就有人力资源管理。人力资源管理者一般分为：专业人力资源管理者与一般人力资源管理者。专业人力资源管理者指人力资源管理部门的专业管理人员，他们是人力资源管理程序、方法、政策的制定者。普通人力资源管理者是指在实际工作中起主导作用的直线经理，如负责基层业务的生产或销售经理、办事处主任等。直线经理可以通过良好的沟通，有效的激励，适当的集权授权，有计划的培训和人才的培养，对属下开展人力资源管理实践活动，使部门在完成工作计划的基础上实现可持续的发展。

高效的人力资源管理是一个永不停歇、螺旋上升的进程，实现这一过程有赖于直线经理和专业人力资源管理者的妥善分工和配合，以保证这个"游戏"顺利、高效地进行。直线经理一般是各职能部门的管理人员，具备较强的职业素养和工作经历，但未必具备人力资源管理的经验，因此，必须在专业人力资源主管的指导下，对其进行工作分析，明确其工作责任，并具备基本的人力资源管理技巧。这样，直线经理就很清楚如何履行权限范围内的人力资源管理职责，而专业的人力资源经理则可以专注于整个机构的人事统筹、规划与协调。在企业内部发生人力资源管理问题时，需要有专门的人力资源管理人员与之交流，并为其提供必要的人力资源管理服务，以寻求解决问题的途径，并最终解决问题。反过来，直线经理也会根据实际情况向专业人力资源管理者提出意见，从而促进人力资源管理制度的规范、完善。

（三）人力资源管理者与直线经理在具体职责上的角色分工

人力资源管理工作的有效开展，依赖于直线经理和专业人力资源管理者的合理分工和

协作。这种分工和协作也是一个动态调整的过程，在不同组织或者同一组织的不同阶段，在人力资源管理中，直线经理和专业人力资源管理者的职能分配比例也是不同的。

第四节 管理人性观与管理的基本原理

管理人性观和管理的基本原理是人力资源管理理念的基础，即管理人性观决定了管理领域中对"人"的基本看法，因此也就决定了人力资源管理的基本态度和方法。

一、管理思潮的变迁

（一）科学管理理论

科学的管理理念在 19 世纪后期 20 世纪初期逐渐形成，其产生的原因是由于管理部门没有合理的劳动定额，而对员工缺乏科学的引导，所以要在管理实践中应用科学的知识和科研体系，对员工进行科学的选择与训练，对员工进行科学的研究，制定出严格的规章制度和合理的日工作量，通过差异计件工资来激发员工的积极性。

（二）文化管理理论

文化管理理论认为人是组织中最宝贵的资源，管理人的最有效的方式就是通过组织文化的象征和暗示作用，从人的心理和行为特点入手，培育并倡导共同价值观和行为准则，形成组织自身的文化，坚持把人作为组织管理和一切工作的中心，把管理的软要素作为组织管理的中心环节，以文化导向为基础，以激励员工自觉行为为目标，提高员工的忠诚度、向心力和凝聚力，从而激发人的主动性、积极性和创造性，增强企业的生存能力和应变能力，实现企业的社会价值。

二、人力资源管理的基本原理

与其它管理活动一样，人力资源的管理必须遵守一定的原则，才能使管理做到科学和有效。深入认识人力资源管理的原理是做好人力资源管理工作的认识前提。

（一）在用人观念上要遵循要素有用原理

尺有所短，寸有所长，每个人都有自己的不足，同时也有各自的优点。因材施用，用其所长，则人人可用，各得其所。要素有用原理告诉我们，在人力资源管理与使用过程中，首先要遵守这样一个目标：所有的要素（人员）都是有用的。换句话说，没有废物，只有不能利用的人才，问题在于，如何发掘人才，创造人才。

要素有用原理包含两个方面的内容：

第一，找到人员的可用之处。正确识别人的素质和其内外的特征、优缺点，不要因为员工的某一项不足而一叶障目，而要从中寻找掩盖或交织着潜力的因素，这是了解和正确识别人员、合理配置人员的主要基础。正所谓伯乐相马，伯乐式的管理者对员工识别和使用发挥着关键作用。

第二，创造人员可用的条件。要使员工成为有用之才，或者展示自身的才华，需要创造良好的用人条件，如建立双向选择、公开招聘、竞争上岗的"动态赛马"机制，让更多的员工能够在这一制度中脱颖而出，避免被动和单纯需要伯乐的局面。

（二）在人与事的关系上要符合能位对应原理

人们的能力特征和能力层次都有差异。具备不同能力特征和水平的人员，应当被安置到需要相应特征和水平的岗位，并给予其适当的权限和职责，以使其与岗位相匹配，所谓"位得其人，人适其位，人尽其才，才尽其用"，这就是能位对应原理。

能位对应原理应注意以下两个要点：

第一，在能位对应的基础上，要根据职位要求赋予明确的责、权、利。所谓"在其位，谋其政，行其权，尽其责，取其利，获其荣"。

第二，能位对应原理承认能位本身的动态性、可变性与开放性，组织应当根据事物的发展变化，人才成长的客观规律，以及人的特殊条件，及时地对人员、事进行适当的调整，以达到合适的人员配置、能位对应，处于良性状态。

（三）在人与人的关系上要遵循互补增值原理

人各有长处，也有短处，利用自己的长处来弥补别人的短处，能最大限度地发挥自己的长处，避免短处对工作造成的影响。这样互补产生的合力比单个人能力的简单相加要大得多，从而实现1+1>2的加倍成效，这就是互补增值的原理。

互补增值原理有两个突出的特点：

第一，互补没有绝对的量化标准。只要互补产生的合力大于单个人能力的简单相加，即实现互补增值。

第二，任何差异都可能要求互补，如能力互补、知识互补、年龄互补、性格互补、性别互补、社会关系互补等。互补可以发挥个体优势，形成整体功能优化，得到事半功倍的效果。

（四）在激发能动性上要注重激励强化原理

激励即激发、鼓励，含有激发动机、鼓励行为、形成动力的意义。人的行动源于人的动机，而人的动机是人的需求。动机是由需要引发的内在动力，行为是人在动机支配下的外在表现，而行为的保持和巩固，必须强化内部动力，没有"强化"，行为就难以维持。通过恰当的激励来调动员工的主观能动性，强化其心理动机，使其达到充分发挥积极性、努力工作的状态，就是激励强化原理。

人所拥有的能力和他在工作中发挥的能力往往是不等量的。在同一客观要素的情况下，个体的能力能否发挥取决于主观因素。激励的作用则在于刺激员工的主观因素进而激发其在工作中的能动性。在激励过程中应注意以下几点：

第一，激励以人的心理作为出发点，而人的心理又是一种看不见、摸不着的东西，只能通过在其作用下的行为表现来加以观察。

第二，激励的对象是有差异的，不同的人其需要亦不同，对激励的心理承受力也各不相同，这就要求对不同的人采用不同的激励手段。

第三，激励的前提是员工的潜在能力，激励应该是适度的，不能超过人的生理和能力的限度。

（五）在制度设计上要体现公平竞争原理

公平竞争是指竞争者之间所进行的公开、平等、公正的竞争，体现在人力资源管理活动中，是指让竞争者各方在相同的起点，相同的原则下，公平地进行考核、录用、晋升和奖惩。采用公平原则，要坚持公平竞争、适度竞争和良性竞争三项原则。

1. 公平竞争

从时序角度可以将公平分为起点公平、过程公平与结果公平。只有在起点公平与过程公平的基础上，只有这样，才有可能实现结果的公正，而起点的公正和程序的公正则是保障结果公正的必要条件。人力资源管理者要在制度设计上努力创造起点公平和过程公平，最终实现结果公平。

2. 适度竞争

竞争不足会缺乏生机和活力，竞争过度会破坏协作，甚至有损组织的安定与团结，正所谓适度竞争，过犹不及。如何处理好竞争与合作的关系，是一项值得研究的管理艺术。为避免过度竞争带来的负面影响，可以用制度加以引导，在强调适度竞争的同时更强调团队合作。

3. 良性竞争

良性竞争是指以组织目标为重心，个人目标与组织目标相结合，在竞争中摆正自己、他人和组织间的关系，取人之长补己之短，互相学习，共同提高。这种竞争可以提高效率、增添活力，但不会削弱组织的凝聚力。

运用公平竞争原理就是在组织管理中创造竞争有度、公平合理的环境，以利于人力资源主观能动性和自主性的充分发挥。

（六）在氛围营造上要运用文化凝聚原理

企业的核心能力不仅在于人才、技术，更在于其独特的企业文化，以及能够凝聚人心的管理方式。优秀的组织文化对外是一面旗帜、一个宣言，对内是一种向心力。建立良好的群体价值观和组织文化已经成为组织凝聚成员、鼓舞士气的重要因素。

营造优秀的组织文化氛围，应从两个方面着手：

第一，在硬性方面，比如管理，制度等等，是绝对不可以逾越的。企业的制度文化如员工管理制度、劳动合同等硬性规定，是企业凝聚人心的基础，没有这些约束，企业将会像一盘散沙，无法形成凝聚力。企业的制度文化也是企业物质文化和精神文化有机的结合体。

第二，在软性方面，例如，在严格、有序、规范的行政体制下，营造一个健康、和谐、文明的工作与居住环境，是提高企业凝聚力与凝聚力的重要因素。企业目标、道德、精神、哲学、形象等是企业凝聚力的根本，缺了它们就无法满足成员的社交、尊重、自我实现、自我超越的精神需要。

第二章　人力资源战略规划

随着全球市场竞争的加剧，人力资源管理出现了新的变化动向，即从人本型向战略性演进的新趋势。新的动向是要建立"整体增长型组织"，其人力资源管理部门能直接参与公司战略决策，深刻领悟公司战略意图，与其他职能部门协调一致，共同实现公司战略目标。

第一节　人力资源规划

人力资源规划，又称人力资源计划。目前，这一概念有广义和狭义之分。广义的人力资源规划，是指根据组织的发展战略、组织目标及组织内外环境的变化，预测未来的组织任务和环境对组织的要求，为完成这些任务和满足这些要求而提供人力资源的过程。它包括预测组织未来的人力资源供求状况、制定行动计划及控制和评估计划等过程。狭义的人力资源规划，是指具体的提供人力资源的行动计划，如人员招聘计划、人员使用计划、退休计划等。

人力资源规划的目标是：确保组织在适当的时间和不同的岗位获得适当的人选（包括数量、质量、层次和结构）。一方面，满足变化的组织对人力资源的需求；另一方面，最大限度地开发利用组织内现有人员的潜力，使组织及其员工需要得到充分满足。

一、人力资源规划的涵义

这里给出人力资源规划的三个定义：

（1）人力资源规划就是一个确保组织在适当的时间里和在适当的岗位上获得适当的人员（包括数量、质量、种类和层次等）并促使组织和个人能获得长期效益的过程。

（2）人力资源规划就是一个在组织和员工的目标获得最大一致的前提下，使组织的人力资源供给和需求达到平衡的过程。

（3）人力资源规划就是一个分析组织在所处环境和条件发生变化时的人力资源需求并制定必要的政策和措施以满足这些需求的过程。

以上三个定义尽管着眼点不尽一致，但是确有共同之处。事实上，人力资源规划就是组织人力资源供给与需求的平衡过程。

从整体看，组织可以制定总体的人力资源规划；而从局部看，为了某一特殊类型的员工，则可以制定专项或专题人力资源规划。从计划的时限看，人力资源规划又可以分为短期、中期和长期规划。月度、季度、半年和年度计划为短期规划；五年以上的计划为长期规划，有的长期规划可以长达二三十年甚至更远；中间阶段即为中期规划。短期、中期、长期的时限并没有太严格的规定，只是大致的区分。短期规划重点放在经费预算和招聘方面，以保证目前的需要。而制定长期规划则难度较大，因为预测未来总是一件困难的事，长期规划着眼于组织的发展战略。

任何一个组织都要维持生存和考虑发展，这就必须提高组织效益，拥有一支合格的和富有较强竞争能力的员工队伍。首先，人力资源，尤其是技术人力资源的获得并不是轻而易举、想要就有的，这是因为人的培养期较长。当然，一般而言，培养一名适用人才未必就要百年，但是花上二三十年的时间并不是奇怪的。其次，科学技术的迅速发展导致新的职业和工作岗位的产生。这种新的职业和工作岗位会对人在知识、技能等方面提出全面的要求。

企业人力资源规划的种类繁多，可根据实际需要灵活选择：

（1）从规划的时间期限上，企业人力资源规划可分为三种：短期规划，一般是指6个月至1年；长期规划是指3年以上；中期规划介于二者之间。

（2）从规划的范围上，可分为企业整体人力资源规划、部门人力资源规划、某项任务或工作的人力资源规划。

（3）从规划的性质上，可分为战略性人力资源规划和战术性人力资源规划。前者的主要特点是具有总体性和粗线条性，后者一般指具体的短期的规划。

人力资源规划就是组织的人力资源供给和需求的平衡过程。这个过程是主动的和科学的，因而可以避免某些盲目性和减少浪费。人力资源规划效益可以有七个方面：

（1）任何组织的最高管理层在制定组织目标、任务及计划时总要考虑人力资源供给与需求。人力资源规划的制定有助于组织目标、任务和规划的制定和实施。

（2）引起技术及其他工作流程的变革。

（3）提高竞争优势，如最大限度削减经费、降低成本、创造最佳效益。

（4）辅助其他人力资源政策的实施，如招聘、培训和发展等。

（5）改变劳动力队伍结构，如数量、质量、年龄结构等。

（6）按计划检查人力资源规划与方案的效果。具体的检查方法是计算机模拟法和成本核算法。前者在制定人力资源战略与规划中有着重要作用；后者是指通过核算有关人力资源规划方案实施的成本以及带来的效益，帮助管理者进行快速而准确的决策。

（7）适应国家法律和政府政策。

在人力资源管理职能中，人力资源规划职能最具战略性和积极的应变性。组织发展战略及目标、任务、计划的制定与人力资源战略及计划的制定紧密相连。人力资源规划是在实施组织目标和计划过程中并用实施结果来衡量人力资源管理的项目和措施。因此，人力资源规划是人力资源管理各职能的联系纽带。工作分析、岗位设计和工作评价有利于人力资源规划的制定；人力资源规划又规定了招聘和挑选人才的目的、要求及原则；人员的培训和发展，人员的余缺都得依据人力资源规划进行实施和调整；员工的报酬、福利等也是依据人力资源规划中规定的政策实施的。在企业的人力资源管理活动中，人力资源规划不仅具有先导性和战略性，而且在实施企业目标和规划过程中，它还能不断调整人力资源管理的政策和措施、指导人力资源管理活动。因此，人力资源规划又被称为人力资源主管开展各种职能管理活动的纽带。企业工作岗位分析、劳动定额定员等人力资源主管的基础工作是人力资源规划的重要前提。而人力资源规划又对人员的招聘和选拔、报酬、福利和保险，以及人力资源的教育和培训，企业内部人员余缺的调剂等各种人力资源管理活动的目标与实施步骤，做出了具体而详尽的安排。

人力资源主管负责编制的人力资源规划在企业组织（尤其大企业）中对人力资源的开发、利用效果十分显著。具体讲，有如下优点：

（1）提高企业人力资源的利用率。

（2）使企业员工个人行为和组织整体目标相一致。

（3）降低人才的招聘成本。

（4）建立人力资源信息系统，有利于人力资源部门的组织与管理工作。

（5）充分利用劳动力市场信息，满足企业自身对劳动力的需求。

（6）协调不同的人力资源管理计划。

人力资源规划的切入点是评估组织对雇员的未来需求，要涉及不同技能的组合配备。如前所述，人力资源规划是一个整体框架的一部分，而该框架是战略性人力资源管理与企业战略相互作用的产物。与此相反，传统的人员规划主要关注于确保组织在恰当的时间、恰当的地点，聘请合适数量的雇员。人力资源规划则不受这种考虑的限制，它扭转了我们的有关认识。在传统的人员规划中，很偏重定量分析，也就是趋向于处理和解决"硬"问题。但在人力资源规划管理中，由于它强调人是一种关键资源，同时认识到对"硬"问题的处理和解决还应由"软"问题手段加以补充。而在"软"问题手段中，应着重关心的是与雇员创造力，创新活动，灵活性，处理高难度工作等有关的定性问题。

雇员资源化，也就是在组织内获取和利用人力资源的过程，包含多种专业性活动，它们之间需要相互协调，以保证获取足够数量和较高质量的人力资源去实现公司的总体目标。这里所指的专业性活动包括人力资源规划。

人力资源规划的总体框架主要包括下列三个方面：

（1）人力资源需求，在战略性人力资源计划中有所涉及；

（2）以节省成本，追求高效率的方式利用人力资源；

（3）人力资源供给：基于现有雇员基础（内部供应）和依靠组织外部潜在的应聘者

资源（外部供给）。

上述三方面之间在动态的相互影响，总体进程是由组织中的各种情况（内部环境）和组织所受外部力量（外部环境）所协调制约。两种环境产生动荡，从而是变化无所不在，必须加以管理。

二、人力资源规划的程序

人力资源规划是企业人力资源管理的一项基础性活动。

（一）人力资源规划的步骤

（1）调查、收集和整理涉及企业战略决策和经营环境的各种信息。影响企业战略决策的信息有：产品结构、消费者结构、企业产品的市场占有率、生产和销售状况、技术装备的先进程度等企业自身的因素；企业的外部环境包括社会、政治、经济，法律环境等。这些外部因素是企业制定规划的"硬约束"，企业人力资源规划的任何政策和措施均不得与之相抵触。例如，《劳动法》规定：禁止用人单位招用未满16周岁的未成年人。企业拟定未来人员招聘计划时，应遵守这一原则。否则，将被追究责任，计划亦无效。

（2）根据企业或部门实际确定其人力资源规划的期限、范围和性质。建立企业人力资源信息系统，为预测工作准备精确而翔实的资料。

（3）在分析人力资源供给和需求影响因素的基础上，采用以定量为主，结合定性分析的各种科学预测方法对企业未来人力资源供求进行预测。它是一项技术性较强的工作，其准确程度直接决定了规划的效果和成败，是整个人力资源规划中最困难，同时也是最关键的工作。

（4）制定人力资源供求平衡的总计划和各项业务计划。通过具体的业务计划使未来组织对人力资源的需求得到满足。

（二）规划流程

人力资源规划过程还可以归纳为三个：评价现有的人力资源；预估将来需要的人力资源；制定满足未来人力资源需要的行动方案。人力资源规划流程包括以下几个步骤：

1. 当前评价

企业高层管理者要对现有人力资源的状况作一考察。这通常以开展人力资源调查的方式进行。在计算机系统高度发达的时代，对于绝大多数组织来说，要形成一份人力资源调查报告，并不是一项困难的任务。这份报告的数据来源于员工填写的调查表。调查表可能开列姓名、最高学历、所受培训、以前就业、所说语种、能力和专长等栏目，发给组织中的每一个员工。此项调查能帮助管理当局评价组织中现有的人才与技能。

当前评价的另一内容是职务分析。人力资源调查主要告诉管理当局各个员工能做些什么，职务分析则具有更根本的意义，它确定了组织中的职务以及履行职务所需的行为。例如，在博伊斯—凯斯凯德公司中工作的第三级采购专业人员，其职责是什么？若其工作取得绩效，最少需要具备什么样的知识、技术与能力？对第三级采购专业人员与对第二级采购专业人员或者采购分析员的要求，有些什么异同之处？这些职务分析能明确问题的所在，职务分析将决定各项职务适合的人选，并最终形成职务说明书说明职务规范。

2. 未来评价

未来人力资源的需要是由组织的目标和战略决定的。人力资源需求是组织的产品或服务需求状况的一种反映。基于对总营业额的估计，管理当局要为达到这一营业规模配备相应需要数量和知识结构的人力资源。在某些情况下，这种关系也可能相反，当一些特殊的技能为必不可少而又供应紧张时，现有的符合要求的人力资源状况就会安定营业的规模。例如，税务咨询公司就可能出现这种情况。它常发现经营机会远比自己所能处理的业务大得多。其扩大营业的惟一限制因素可能就是，该咨询公司能否雇佣和配备具有满足特定客户要求所必须的工作人员。不过，大多数情况之下是以组织总目标和基于目标规定的营业规模预测作为主要依据，来确定组织的人力资源需要状况。

3. 制定面向未来的行动方案

在对现有能力和未来需要作出全面评估以后，企业高层管理者可以测算出人力资源的短缺程度（在数量和结构两方面），并指出组织中将会出现超员配置的领域。然后，将这些预计与未来人力资源的供应推测结合起来，就可以拟订出行动方案。可见，人力资源规划不仅为指导现时的人力配备需要提供了指南，同时也预测到未来的人力资源需要和可能。

也有人将人力资源规划的程序，分为五个步骤：

（1）弄清企业的战略决策及经营环境，是人力资源规划的前提。不同的产品组合、生产技术、生产规模、经营区域对人员会提出不同的要求。而诸如人口、交通、文化教育、法律、人力竞争、择业期望则构成外部人力供给的多种制约因素。

（2）弄清企业现有人力资源的状况，是制定人力规划的基础工作。实现企业战略，首先要立足于开发现有的人力资源，因此必须采用科学的评价分析方法。人力资源主管要对本企业各类人力数量、分布、利用及潜力状况、流动比率进行统计。

（3）对企业人力资源需求与供给进行预测，是人力资源规划中技术性较强的关键工作，全部人力资源开发、管理的计划都必须根据预测决定。预测的要求是指出计划期内各类人力的余缺状况。

（4）制定人力资源开发、管理的总计划及业务计划，是编制人力资源规划过程中比较具体细致的工作，它要求人力资源主管根据人力供求预测提出人力资源管理的各项要求，以便有关部门照此执行。

（5）对人力资源计划的执行过程进行监督、分析，评价计划质量，找出计划的不足，给予适当调整，以确保企业整体目标的实现。

三、企业人力资源规划的原则

企业的人力资源规划应遵循以下原则：

（一）目标性原则

没有行为目标就没有行为意义，所以人力资源主管在编制人力资源规划时，其首要目标是服从企业整体经济效益提高的需要，使其具体化。人力资源效益、人才效益、全员实物劳动生产率或人均利润率等量化指标，应构成为企业人力资源规划目标的核心。

（二）系统性原则

把人力资源规划作为一个子系统，放到整个企业的发展规划这个大系统，甚至整个国家经济和社会发展的大系统中来考虑；同样，人力资源主管也可把企业人力资源规划本身作为整体，而将企业内不同层次、不同部门环节的人力资源规划作为其子系统统一考虑，统一规划。

（三）适应性原则

企业人力资源规划的方向、目标、内容、规模与速度，要适应企业发展的需要。在当前特别要注重使之适应于市场经济体制和现代企业制度的需要，适应于企业自身发展特点与改革深化的需要。这种适应是以人才的类型结构、才智结构、专业结构、素质结构、年龄结构、观念结构等诸多方面的广泛适应为基础的。

（四）协调性原则

人力资源规划是整个企业发展规划的组成部分，在其编制与执行过程中，自始至终要同其他因素，尤其是密切关联因素相平衡、相协调。主要应处理好五个关系：整体和局部、当前和长远、需要和可能、数量和质量、速度和效益的关系。

（五）科学预测原则

人力资源主管在编制人力资源规划时，必须以人力资源预测作基础。所谓人力资源预测包含两个方面：一是企业未来的事业发展预测；二是以这种发展需求为前提的人才需求预测，这两个方面是统一的。不以预测为基础的人力资源规划必然是盲目的，以此来指导实践，必将造成事业荒废或人才浪费的严重后果。

四、人力资源规划与企业计划的关系

企业人力资源规划作为企业人力资源管理的重要环节，与企业计划关系紧密。国外人力资源管理专家认为：要使人力资源计划真正有效，就必须将它与不同层次的企业计划相联系。

企业计划分为三个层次：战略计划、经营计划及年度计划。它从这三个层次上影响着人力资源计划。

在战略计划的层次上，人力资源计划涉及如下问题：预计企业未来总需求中管理人员的需求；企业外部因素（如人口发展趋势，未来退休年龄变动的可能性等）及估计未来企业内部雇员数量。其重点在分析问题，不在于详细的预测。在经营计划的层次上，人力资源计划涉及对雇员供给量与未来需求量的详细预测。

在年度计划的层次上，人力资源计划涉及到根据预测制定具体的行动方案（包括具体的招聘、提升、培训、调动等工作）。

现代企业无论大小，无论是单一经营还是多元经营，所有的管理者都必须决定雇佣多少人、这些人应该具备什么样的技能、他们应该在什么时候被雇佣。只不过从事大型的、多元化经营的企业面临的决策会更加复杂。企业的就业计划就是回答这些问题的人力资源管理活动。

为了增长和繁荣，企业还必须不断地保持充足的人力资源供给。在企业的发展过程中，人力资源会由于各种原因发生损耗，从而产生职位空缺，企业的发展也会不断产生新的职位需求。不断地保持企业人力资源的充足供应是一个复杂的过程。要完成这一任务，必须对职位进行分析，寻找潜在的雇员并鼓励他们应聘相应的职位，必须对可能的雇员进行筛选。就业计划是这一过程的基础之一。

（一）人力资源计划的作用

"人无远虑，必有近忧"。处在信息时代的今天，技术突飞猛进，产业结构不断调整，人力资源的转移也跟着加速。所以，人力资源计划越来越显示出其重要作用：

（1）可以避免职业的盲目转移。职业转移（或指劳动转移）是社会生产发展的必然结果。以美国为例，20世纪50年代，全国65%的劳动力在工业部门工作，到1982年减少到13%，而从事服务业工作的则已占75%。由于新技术的采用，许多原有的职业被淘汰，新的职业大量出现，"白领"人员比例越来越大。20世纪初，美国"白领"人数占熟练劳动力的17.6%，而到1981年已增到52.7%。在这种情况下，不对人力资源进行计划，势必增加盲目性，酿成恶果。如美国某盐厂，20世纪70年代初进行技术改造节省人力1/4，但是，由于事先没有计划，致使1972年新设备投产后，多余的846名生产工人不能及时转移，长期窝工。

（2）便于改变人力分配不合理状态。人力资源计划着眼于发掘人力资源的潜力，其改善方案不受现有状况的局限，视野开阔，谋求改进人员结构、人员素质，改变人力分配上的浪费和低效现象。

（3）为企业的发展提供人力保证。人力资源计划的任务，不仅研究现有人力结构和劳动力在原有规模上的更新，而且还要分析、预测企业未来发展（生产能力的更新和扩大，经营范围和手段的拓展）对人力结构的影响，以及社会人力市场的供需关系发展趋势。因此，可以及时地引进所需人才，调整人力结构，保证企业发展。

（4）有利于促进人力资源的开发。本单位的人力资源计划制定过程，是一个发动群众、集思广益的过程，有利于使本单位各级干部和员工透彻地了解人力资源开发上存在的问题、努力目标和相应的政策、程序和方法，从而更积极更自觉地为开发人力资源潜力，提高人员素质而努力工作。

（二）人力资源计划和开发的过程

从管理的观点看，人力资源计划和开发是一个极其复杂的过程：

（1）在创造一个有效的组织的总过程中，必须加以管理的不只是人力资源。人力资源必须与其他资源，如金钱、技术、空间和信息相配合。

（2）人力资源不是消极被动或固定不变的。人们会对如何管理他们以及他们在一段时期中的变化是如何作出反应很难把握。对一个年轻雇员起作用的东西在他中年时不一定起作用。

（3）人力资源能够造成组织的失败和成功。如果组织中的雇员不称职，或者雇员工作不是尽心尽力，或者在组织需要改变时不能学会新技能；那么，组织就不大可能有效地实现自己的目标。

（4）多数组织任务是相当复杂的，需要有各种各样的人采完成工作。不存在适用于每个人的单一的人力资源管理的方法。人们的需要会有变化，，要求经理对开发和管理不同类型的雇员有更灵活的方法。

（三）企业人力资源计划主要内容

（1）劳动力更新计划。劳动力更新是组织维持的必要条件。任何一个企业的员工队伍都有新增、成长、减员和淘汰的交替过程。劳动力更新计划是预测各种"吐故"的人员数量和时机，拟定人员的"纳新"、调整与培训计划。有了计划，就可以做到"先补员后退休"，政变目前的"先退休后补员"状况。

（2）职业转移计划。包括必须转移的具体工种和人数，造成转移的原因，预计发生的时间，安置的去向与措施等。

（3）人力发展计划。人力的发展指人员的征补和素质的提高。它应包括：

①计划期内的人员需要量；

②效率提高规划（由于新技术改造项目投产，效率自然提高幅度等）；

③人员征补计划；

④全员培训计划；

⑤专案培训计划（主要是为新产品、新设备、新工艺的采用而必须提前培训的专业、人数、目标措施）；

⑥职业转移培训计划；

⑦重点培训计划（个别管理人员、科技人员的深造）；

⑧经费预算。

（4）劳动力的维护计划。目的是维护劳动者有效的工作能力，使之以旺盛的精力和饱满的热情从事工作。主要包括：

①安全生产计划；

②工业卫生计划（防止职业病）；

③员工保健计划；

④员工福利计划。

（四）编制人力资源计划的方法

编制人力资源计划的方法，总的来说就是分析、预测和决策。

人力资源计划分析，是指对企业现有人力资源的"盘点"与查核。分析的重点是：人员使用情况的分析。包括：

（1）现有人数与编制定员的比较，判断人员适用程度。

（2）实际工作率与标准工作率的对比，判断工作潜力。

所谓工作率实际上就是工时利用率，与生产任务的饱满程度和管理水平等多种因素有关。分析时，应分类进行即把一线、二线、三线人员分类对比。

对一线工人：可以从劳动时间使用情况的统计报表中获取。

对二、三线人员：靠"工作日写实"或"工作抽样"的方法，取得一次性工时研究资料进行分析计算。

第二节　人力资源供需预测

人力资源需求预测以组织的战略目标和发展计划、工作任务为依据。人力资源需求取决于组织的生产、服务需求以及投入、产出之间的要素等。通过对组织内现有人力资源供给的认真测算和员工流动情况的调整，就可以预测出在未来某一时间里组织的人力资源供给情况。

一、人力资源需求预测

人力资源需求可定义为满足组织未来需要所应配备的员工数量，以及所需技能的总体组合。例如，组织活动的扩张会导致招聘具有特定技能的新员工。另一方面，如果预测到对产品的需求下降，组织会计划减少员工人数。当然雇员数量的调整还与其他多种考虑有关，如降低成本的范围，改善工作习惯，从而在保持现有产品，甚至是提高现有产出的前提下，减少员工数目。外部环境中新的竞争力量会对人力资源需求产生显著影响。具体反映是员工数量的下降，保留后的岗位工作特性及相关技能有所变化，旧式计算人力资源需求的方法是找比率。简单的例子如下：企业研究发展部门所用的比率是 4：1。这就是说在企业认为要再聘用 4 位科技官员时，它必须为同时聘用一位技术员作好相应准备。

人力资源需求的特点在于它的派生性。人力资源需求不是人的直接需求，而是由人的消费需要产生的次级需求。人们为了消费而进行生产，为了生产而投入劳动力。只有当生产能够满足人们的消费需求时，劳动力投入才是必要的，人

力资源需求才会产生。人力资源需求的派生性，使它与生产和消费之间存在着复杂的关系。

人力资源是一种需求，但不是直接需求，而是从属于其他需求的次级需求，以人们的消费需求为前提和基础。从人力资源需求的社会本质来看，只是因为社会生存所需的消费资料必须通过生产劳动来提供，因此才有对人力资源投入的需求，才有对劳动力的需求。社会生存资料的生产方式，决定人力资源需求的状况。

人力资源的需求预测是根据公司发展的要求，对将来某个时期内，公司所需员工的数量和质量进行预测，进而确定人员补充的计划方案、实施教育培训方案。

员工需求预测是公司编制人力规划的核心和前提条件。预测的基础是公司发展规划和公司年度预算。对员工需求预测要持动态的观点，考虑到预测期内劳动生产率的提高、工作方法的改进及机械化、自动化水平的提高等变化因素。

(一) 员工需求预测

员工需求预测的基本方法有以下三种：

1. 经验估计法

经验估计法就是利用现有的情报和资料，根据有关人员的经验，结合本公司的特点，对公司员工需求加以预测。经验估计法可以采用："自下而上"和"自上而下"两种方式。"自下而上"就是由一线部门的经理向自己的上级主管提出用人要求和建议，征得上级主管的同意；"自上而下"的预测方式就是由公司经理先拟定出公司总体的用人目标和建议，然后由各级部门自行确定用人计划。

最好是将"自下而上"与"自上而下"两种方式结合起来运用：先由公司提出员工需求的指导性建议，再由各部门按公司指导性建议的要求，会同人事部门、工艺技术部门、员工培训部门确定具体用人需求。同时，由人事部门汇总确定全公司的用人需求，最后将形成的员工需求预测交由公司经理审批。

2. 统计预测法

统计预测法是运用数理统计形式，依据公司目前和预测期的经济指标及若干相关因素，作数学计算，得出员工需求量。

这类方法中采用最普遍的是比例趋势法，和经济计量模型法比较复杂，用得也不多。

①比例趋势分析法。这种方法通过研究历史统计资料中的各种比例关系，如管理人员同工人之间的比例关系，考虑未来情况的变动，估计预测期内的比例关系，从而预测未来各类员工的需要量。这种方法简单易行，关键就在于历史资料的准确性和对未来情况变动的估计。

②经济计量模型法。这种方法是先将公司的员工需求量与影响需求量的主要因素之间的关系用数学模型的形式表示出来，依此模型及主要因素变量，来预测公司的员工需求。

这种方法比较复杂，一般只在管理基础比较好的大公司里才采用。

3. 工作研究预测法

这种方法就是通过工作研究（包括动作研究和时间研究），来计算完成某项工作或某件产品的工时定额和劳动定额，并考虑到预测期内的变动因素，确定公司的员工需求。

（二）人力资源需求预测的影响因素

人力资源需求预测，是指以企业的战略目标、发展规划和工作任务为出发点，综合考虑各种因素的影响，对企业未来人力资源的数量、质量和时间等进行估计的活动。它是企业人力资源规划的起点，其准确性对规划的成效有决定性作用。

人力资源需求的影响因素大体分为三类：企业外部环境因素、企业内部因素及人力资源自身因素。

1. 企业外部环境因素

经济环境包括未来的社会经济发展状况、经济体制的改革进程等，它对企业人力资源需求影响较大，其可预测性较弱；社会、政治、法律因素虽容易预测，但何时对企业产生影响却难以确定；技术革新对企业人力资源影响较大，如工业革命，大大提高了劳动生产率，使对人力资源的需求锐减。目前以生物、新材料等为代表的技术革命势必对企业的技术构成产生重大影响；企业外部竞争对手的易变性导致社会对企业产品或劳务需求的变化，也会影响企业人力资源需求。

2. 企业内部因素

企业的战略目标规划决定了其发展速度、企业新产品开发和试制、产品市场覆盖率等。所以它是企业内部影响人力资源需求的最重要因素。企业产品或劳务的销售预测以及企业预算也对人力资源需求有直接影响。如企业需重建新的部门或分公司等，其人力资源也要相应变化。此外，企业劳动定额的先进及合理程度也影响其人力资源需求量。

3. 人力资源自身因素

企业人员的状况对其人力资源需求量也有重要影响。如退休、辞职、辞退人员的多寡，合同期满后终止合同人员数量，死亡、休假人数等都直接影响人力资源需求量。

（三）人力资源需求的预测技术

在企业人力资源的预测中有相当多的可资利用的技术和方法。有的企业运用数量预测技术，这些技术中使用的主要是统计和数学方法。在人力资源管理预测中，用得比较多的方法有时间序列分析法。这种方法通过对过去的人力资源配备水平进行考察，经过回归分析来预测未来的人力资源配备水平。另外一种运用得比较普遍的预测方法是，通过预测未来的生产率或者未来的销售额，来计算未来需要的人力资源的数量和种类。在这些方法中，都是由上层决策者对未来整个企业的人力需求进行判断，这些方法都是"自上而下"的预测。

预测专家的建议是，如果出现下列情况，就不应该运用客观技术来预测人力资源需求：

①企业缺乏能够熟练运用复杂分析技术的人才；

②企业内没有相应的进行文件处理的计算机设备；

③进行预测的资料基础不充分；

④可资利用的预测技术对于想要预测的时间期限是不适合的。

精确的数量分析技术和方法，既需要充足的资料又需要接受过培训的专业人员来运用这些技术并对结果进行科学解释。运用回归模型之类的技术，起码需要积累几年的资料以构建参数以及这些参数与就业需要之间的关系。

1. 趋势分析法

趋势分析法，是通过分析企业过去一定时期的就业需求情况来预测未来需求的方法。一般分析的年限为5~10年。例如，你可以计算过去5年来企业每年年末的雇员人数，或者更详细的每个部门（如市场部、人力资源部、研究与开发部等）或每个职位群体（如销售人员、生产制造人员，行政人员等）过去5年来年末雇员的人数。当然，只有在你假设过去的趋势会延续到未来的时候，这种方法才有意义。

2. 德尔斐法

它是专家们对影响组织某一领域的发展的看法达成一致意见的结构化方法，是一种定性预测技术。专家的选择既可是来自一线的管理人员、也可是高层经理。在估计企业未来劳动力需求上，可选择在计划、人事、市场、销售和生产部门的经理作为专家。

其过程是：以问卷方式，由预测组织分别听取专家对未来人力资源需求量的分析评估，然后归纳专家意见后再反馈给专家，通过 3~5 次重复，专家意见趋于一致。为确保德尔斐法预测结果的准确性，须遵循如下原则：

①给专家提供已收集的历史资料及有关的统计分析结果；

②所问问题应是一个主管人员能回答的问题，如只问某些关键雇员的预计增加数，而不应问的人员要求等；

③不要求精确，允许专家粗估，并要求提供预计数字的肯定程度；

④尽可能使过程简化；

⑤保证所有专家能从同一个角度去理解雇员分类和其他定义；

⑥向高层管理人员和专家讲明预测对组织和下属单位的益处对生产率和经济效益的影响，以争取他们对德尔斐法的支持。

3. 比率分析法

比率分析法，是一处利用销售量和需要雇员数量之间的比率来预测未来企业人力资源需求的方法。例如，你发现一个销售人员一般年销售额为 50 万元，而过去两年企业的销售额为 500 万元，企业为此雇佣了 10 名销售人员。假设明年你的企业需要将销售额增加到 800 万元，后年增加到 1000 万元。那么，如果销售收入——销售人员比率不变，则明年你需要 6 名新的销售人员（他们每个人年销售额仍为 50 万元），而后年你还需要 4 名新的销售人员，以完成再增加 200 万的销售额。

比率分析法还可以用于分析其他的雇员需求。如你可以通过计算销售人员——秘书比率来预测要支持新增加的销售人员的工作，需要多少新的秘书。与趋势分析法一样，比率分析法也假设生产率是不变的，即假设每个销售人员没有被提供新的激励，他们仍然每年销售 50 万元。如果销售人员的销售额上升或者下降，则销售收入——销售人员比率会变化。建立在过去比率的预测就不再准确了。

二、人力资源供给预测

（一）外部供应和内部供应

企业人力资源供给来自两方面：一是企业内部人力资源供给如人员晋升、调动等；二是企业外部人员的补充。

1. 外部供应

如果组织在需要增加员工时不能从内部供应得到满足，那么它就需要从外部人才市场招聘。外部劳动力供应将从下列几方面加以讨论：

（1）供应紧缺程度。当外部人才库中满足组织所需能力条件的人数很少时，劳动力供应将出现紧缺。相反，宽松的供应意味着有大批符合条件的人可供挑选。在目前英国失业率相对较高的情况下，人们可能会得出结论：劳动力的外部供给较为宽松。从定量的角度来看的确如此，但定性分析一下，情况相当复杂。例如，在失业者中组织可能还是很难找到掌握它所要求的特定技能的求职者。

（2）人口因素。人口变革（如进入就业大军的年轻人人数的变化）影响着劳动力的外部供给。

劳动力结构也会在其性别方面发生变化。社会/地理方面：劳动力的外部供给还会受到社会/地理因素的影响。如在英国的某些地区（如英格兰北部、苏格兰、威尔士等地），旧的行业迅速萧条，有大量有技能的劳动力可供选择。这促使许多实业家将生意迁移到此类地区。还有其他一些因素，其中包括高质量的运输系统和接近产品市场等，促使企业做出将生产转移到劳动力供给充足的地区的决定。

2. 内部供给

当组织已聘用人员补充人员需求时，我们称为内部供给。首先要明确下列内部供给特征：年龄、级别、素质、资历、经历及技能。

在开始上述评估之前，首先要明确组织针对规模要做的扩张或收缩决策。例如，如果组织计划收缩规模，相应的决定可能是超过 50 岁的员工要考虑提前退休。因此要确定员工的年龄和级别状况。然而，这项工作完成后发现有大批局、中级经理均在 50 岁以上年龄段，就需要重新考虑提前退休的方针，因为这会使组织丧失大量有经验的管理人员。

如果条件允许从组织内部提拔人员补充经理队伍，则组织应注意"连续性规划"。这要求对候选人在目前职位上的业绩作出评估，并时时考虑到他（她）的提升潜力。一般需要制定正式计划拓展此人在特定领域的多种工作知识和经验，并且安排培训提高其技术和人事关系方面的技能。要注意不能使"连续性规划"伤害到组织某一部门的利益。

决定谁有机会获得这种发展机会要依靠管理层的判断，重要的一点是保证对不同经理作判断时具有公平性。对某些经理有意无意的偏向，会导致评判标准对组织中的特定群体有不利影响。例如，如果某位经理认定管理层更欣赏"进取性"或"男性"化风格，那么在"谁能成为好经理"这一判断上，男性就会比女性有种没有道理的优势。

一般而论，提升是事业进步的表现。随着组织纵向层次的减少，管理层数减少，跨层升迁的机会也就有所减少，那么横向的职位变迁（如在某个同级工作部门中调换不同的岗位）也受到欢迎。很显然，通过学习新的技能，熟悉部门内其他的新角色，增大了雇员技能的多面性。打个比方，一维的事业阶梯变成了多维事业升迁框架，其中某些侧向运动，有时偶尔向下的运动，都越来越多地成为组织内员工发展的特点。

3. 内部与外部供给

利用内部资源作为劳动力供给源比外部供给有多种优势。组织的现有雇员对其行为方式和组织各部门的协同运作有很好的了解，也适应了组织的文化属性。负责选择内部空缺候选人的人员可以对其能力、过往记录和潜在成就有更深的了解，而对从外部劳动力市场选拔人员在这方面要逊色许多。利用内部劳动力填补空缺，当内部候选人得到提升，也给所有员工传递了一个明确的信号，即组织认可了他们的进步和发展。

然而，对内部选拔的弊端亦应有所认识，尽管负责选拔的人员对候选人可以有更多的了解，但有些情况下这些信息带有倾向性。而且，有关候选人的一些不利资料也会容易由选拔人员掌握，而外部求职者则可较好地掩饰一些有关失败和遭遇困难的记录。最后，内部候选人已被深深包围在组织文化中，如果这种文化是回避风险和保守的，那么一旦空缺需要一位有创新意识的候选人，整个选拔就会大受限制。而外部候选人在工作中需要引进新思想时则会较少约束。不过要达到目的还是需要变革企业文化。

（二）人力资源供给预测

公司员工的供给预测就是为满足公司对员工的需求，而对将来某个时期内，公司从其内部和外部所能得到的员工的数量和质量进行预测。

1. 员工供给预测的内容

①分析公司目前的员工状况，如公司员工的部门分布、技术知识水平、工种、年龄构成等，了解公司员工的现状。

②分析目前公司员工流动的情况及其原因，预测将来员工流动的态势，以便采取相应的措施避免不必要的流动，或及时给予替补。

③掌握公司员工提拔和内部调动的情况，保证工作和职务的连续性。

④分析工作条件（如作息制度、轮班制度等）的改变和出勤率的变动对员工供给的影响。

⑤掌握公司员工的供给来源和渠道。员工可以来源于公司内部（如富余员工的安排、员工潜力的发挥等），也可来自于公司外部。对公司员工供给进行预测，还必须把握影响员工供给的主要因素，从而了解公司员工供给的基本状况。

2. 影响员工供给的因素

①地区性因素

其中具体包括：

a. 公司所在地和附近地区的人口密度；

b. 其他公司对劳动力的需求状况；

c. 公司当地的就业水平、就业观念；

d. 公司当地的科技文化教育水平；

e. 公司所在地对人们的吸引力；

f. 公司本身对人们的吸引力；

g. 公司当地临时工人的供给状况；

h. 公司当地的住房、交通、生活条件。

②全国性因素

其中具体包括：

a. 全国劳动人口的增长趋势；

b. 全国对各类人员的需求程度；

c. 各类学校的毕业生规模与结构；

d. 教育制度变革而产生的影响，如延长学制、改革教学内容等对员工供给的影响；

e. 国家就业法规、政策的影响。

3. 企业内部人力资源供给预测技术

企业内部未来人力资源供给是企业人力资源供给的重要部分。企业未来人力资源需求，应优先考虑内部人力资源供给。影响企业内部人力资源供给的因素包括：企业员工的自然流失（伤残、退休、死亡等）、内部流动（晋升、降职、平调等）、跳槽（停薪留职、合同到期解聘等）。企业内部人力资源供给预测技术常用的有两种。

（1）管理人员接替模型。它主要是针对管理人员供给预测的简单而有效的一种方法。对大、小企业管理者的未来供给预测均具实用性。下面通过一案例来介绍这种方法。

加拿大安大略省交通部共有雇员近万名（管理人员 2600 人，工会会员 7700 人），在对 1300 个中、高层管理职位制定接任计划中，他们将工作分为 5 种主要职能和 8 种次要职能。后备人员在每年鉴定考评后由主管确定下一年度是否提升，形成一种接替模型。

针对某一部门具体管理人员的接替，用给制接替图表的方法较为直观。接替图表至少要包括两方面信息：一是对管理者工作绩效的评价；二是提升的可能性。前者一般由考核部门或上一级管理人员确定，后者则是在前者基础上由人事部门通过心理测验、面谈等方式得出。通过对组织内现有人力资源供给的认真测算和员工流动情况的调整，就可以预测出在未来某一时间里组织的人力资源供给情况。

组织内现有人力资源状况可以从组织的信息系统中提取。一般而言，组织的信息系统都有人力资源数据信息库。预测未来人力资源储备（即供给）情况，必须分析人力资源流动。

（2）人力资源流动及预测方法。人力资源流动是指人力资源在组织内部的岗位变动以及人力资源流人和流出等情况。一般来说，组织里较低级岗位上的员工大多是从外面招聘进来的（流人）；而专业技术人员和较高级岗位上的员工，如出版社的编辑、公司的部门经理等，既可以通过培训较低级岗位上的员工而获得（内部流动、晋升）；也可以从外面招聘（流人）。因此，组织内的员工就有以下的流动情况存在：

——滞留在原工作岗位上；

——平行性调动；

——晋升性调动；

——辞职或被开除；

——降职；

——退休；

——伤残；

——死亡。

这些变动都属于人力资源流动的分析范畴。

对企业人力资源需求的预测仅仅完成了企业人力资源配置工作的一半，即仅仅回答了企业需要多少人力资源以及需要什么样的资源。接下来必须回答企业现在和未来人力资源的供给方面的问题。不过，在决定需要从企业外招聘多少雇佣者之前，必须首先预测在所有的空缺的职位中，有多少可以通过从内部招聘或者提升来填补。

对企业人力资源供给的分析集中在下列问题上：企业当前有多少人？这些人有什么资格和兴趣？在未来的计划期内，这些人中间有多少仍然能够在企业服务？

供给分析应考虑两个人力资源的来源，内部资源（在企业内可以利用的人）与外部资源（在劳动力市场可以利用的人）。对这两个来源，供给分析都不仅仅考虑数量，还考虑其他因素，包括这些人的能力、兴趣和工作经历。供给预测一般是由对于当前企业的内部人力资源进行技能清单分析开始的，这是对企业当前雇佣的雇员的人数和技能进行的清点。

在当前供给的基础上对未来的供给进行预测。这样，企业就可以了解在预测年内，还会有多少员工留在企业内继续服务。在这期间，必然有的员工会退休、会被提升、会调换职位、会离开企业。预测人力资源的供给就是要搞清楚企业内部的这些流动，从而对未来的人力资源供给进行调整。

在做就业计划时，员工流失率在供给预测中有重要作用。一般说来，就业计划者，都会确定一个员工流失率作为人力资源管理的目标。然后，人力资源的项目会围绕这个目标进行工作和活动。有的企业在员工流失率方面的目标可能是降低员工流失率，而有的企业的目标则可能是提高员工流失率。如果一个企业处在其发展的上升期间，它就会努力降低员工流失率，尤其是降低高技能员工和优秀员工的流失率。如果一个企业处在发展的低潮，就可能以提高员工流失率为目标。采取的措施可以有，鼓励年老的、经验丰富而工资高的员工提前退休；制定裁减计划；实行招聘冻结等。一个特定的员工流失率被当成人力资源管理的目标，至于是增加还是降低员工流失率取决于企业面临的环境。

一旦员工流失率被确定了，就可以结合当前的员工供给来判断未来的人力资源供给。这听起来太简单。实际上，对于一个小企业或小公司来说，这的确是比较容易的。比如，一个私营的食品杂货店，是由雇主自己经营的。他还有两个帮手，是非全日制的。因此，这个雇主只有两个员工可以"计划"。他在确定员工流失率时知道了有一个帮手会在明年离开这个职位，因此他需要二个新的员工供给。而对他来说，供给的来源有：他自己的孩子、把非全日制的雇员转成全日制的；在门口张贴广告；进行"走进来"式的招聘等等。但对于一个在不同的地方雇佣了成百上千的员工的企业来说，情形就完全不同了。

（三）供给预测方法

1. 技能清单法

在预测未来需要多少及需要什么样的雇员之前，必须对当前企业所有的人力资源和他们的技能状况进行清点。通过计划过程和对职位需求的分析，就可以得出未来企业的需求了。而通过评估现有人员的技能，并将其与需要的技能进行对比，就可以得出未来的职位需求信息了。比如，计划过程显示，在未来 5 年内由于退休会产生 4 个主管的空缺。如果对现有人员的评估发现，在现有人员中，缺乏具有主管才能的人，企业就必须考虑通过培训现有人员来满足对这 4 个主管的需求，或者通过外部招聘满足这一需求。相反，如果企业内部已有相应的人员可以满足这些职位的要求，那么企业就必须作出进一步的计划，对这些可能被提升的人离开他们原来的职位后产生的新的空缺进行替补。

2. 手工技能清单系统和更替图

依靠手工登记保持关于员工的资格方面的资料，已经有相当长的历史了。在长期的发展中，形成了一些不同的登记系统。一种常用方法是收集每一个雇员的相关资料，然后将这些信息登记在清单中。所收集的信息包括：教育、由企业资助进修的课程、职业生涯和开发兴趣、语言和技能。这样的信息可以用于决定当前的员工中，哪一个适合晋升或者转换到空缺的岗位上去。

一些雇主采用人事更替表来跟踪企业内部的候选人，为其最重要的职位预备人才。

对于大型或者特大型企业来说，要依靠手工来常年维持和人事清单和开发记录更新成千上万的员工的技能清单上的资料，是一件十分困难和乏味的事情。计算机自然就被人们利用来完成这件艰苦的工作。现在已经有一些这方面的系统软件可资利用。这种系统大大节约了人力和时间，员工只需填写几页或者十几页纸的表格，将这些描述他们资格和经历的信息输入计算机就行了。当一个经理需要选择填补空缺职位的候选人时，他只要将职位的具体要求输入计算机，计算机就会自动进行搜索，将合格人选的名单打印出来。

三、人力资源供求综合平衡

人力资源供求平衡（包括数量和质量）是人力资源规划的目的，人力资源供求预测就是为制定具体的供求平衡规划而服务的。企业人力资源供求关系有三种可能：一、人力资源供求总量平衡，结构不平衡；二、人力资源供大于求；三、人力资源供小于求。

人力资源供求规划即是根据企业未来供求关系的预测结果，制定相应的措施，实现供求平衡。

1. 企业人力资源结构不平衡的措施

应根据具体情况制定针对性较强的各种业务计划，如晋升计划、培训计划等。

2. 企业人力资源供不应求的措施

当预测企业的人力资源未来可能发生短缺时，可根据具体情况选择下列不同方案以避免。

（1）将符合条件，而又处于相对富余状态的人调往空缺职位。

（2）如果高技术人才出现短缺，拟定培训与晋升计划，在企业内部无法满足要求时，再拟定外部招聘计划。

（3）如果短缺现象不严重，且本企业员工又愿延长工作时间，则可根据《劳动法》有关规定，制定延长工时适当增加报酬计划，这只是一种短期应急措施。

（4）制定提高企业资本技术有机构成的计划，提高工人劳动生产率，形成初器替代人力资源的格局。

（5）制定聘用非全日制临时工计划，如返聘已退休者、或聘用小时工等。

（6）制定聘用全日制临时工计划。

总之，以上措施，虽是解决企业人力资源短缺的有效途径，但最为有效的方法是制定科学的激励计划，以及培训提高员工生产业务技能，改进工艺设计，来调动员工积极性，提高劳动生产率，减少对人力资源的需求。

3. 解决企业人力资源供大于求的措施

企业人力资源过剩是发展中国家目前企业在人力资源规划中所面临的主要问题，解决企业人力资源过剩的常用方法有：

（1）永久性辞退那些劳动态度差，技术水平低，劳动纪律观念不强的员工。

（2）合并和关闭某些臃肿机构。

（3）鼓励提前退休或内退，对那些接近退休年龄而未达退休年龄者，制定一些优惠措施，如提前退休仍按正常退休年龄计算养老保险工龄，有条件的企业，还可一次性发放部分奖金（或补助），鼓励提前退休。

（4）加强培训工作，提高员工整体素质，如制定全员轮训计划，使员工始终有一部分在接受培训，为企业的扩大再生产准备人力资本。

（5）在加强培训，使员工掌握多种技能，增加他们择业竞争力的前提下，鼓励部分员工自谋职业，同时可拨出部分资金，开办第三产业。

（6）减少员工的工作时间，随之降低工资水平，这是西方企业在经济萧条时经常采用的一种解决企业临时性人力资源过剩的有效方式。

（9）采用由多个员工分担以前只需一个或少数几个人就可完成的工作和任务，企业则按员工完成工作任务量来计发工资的办法。这与上一种方法在实质上是一样的，都是减少员工工作时间、降低工资水平。

在制定平衡人力资源供求措施的过程中，不可能是单一的供大于求或供小于求，往往出现的是某些部门人力资源供过于求，而另几个部门又可能供不应求，也许是高层次人员供不应求，而低层次人员的供给却远超过需求。所以，应具体情况具体分析，制定出相应的人力资源部门或业务规划，使各部门人力资源在数量、质量、层次、结构等方面达到协调平衡。

第三节　组织设计

组织设计一般是对新企业而言的，对于大量的成熟企业来说则是根据变化了的情况进行再设计。古典的管理学把"组织"作为企业管理的一项基本职能；现代管理则进一步强调组织是有效管理的重要手段，组织结构是实现企业战略的组织保证。

有效组织设计对提高组织活动的绩效有重大作用。它能为组织活动提供明确的指令，有助于组织内各部门各成员之间的合作，使组织活动更有秩序，有助于组织及时总结经验教训，以便使组织架构形式更为合理，更加有助于组织内部分工与协作，提高组织工作效率。

一、组织设计的原则、方法和程序

组织设计主要是研究如何合理设计企业的组织架构。组织架构（组织结构）是指组织内部各组成部分之间关系的一种模式。它决定了组织中的指挥系统、信息沟通网络和人际关系，最终影响组织效能的发挥。组织架构模式能随组织任务的发展而不断演变着。

组织设计是对组织活动和组织架构的设计过程，主要是对组织架构的设计。组织设计工作体现在三个方面上，即：

（1）是指管理者在一定组织中所建立起来的最有效的相互关系，是一种合理化及有意识的过程；

（2）组织设计的结果是组织架构形式；

（3）确定组织架构内容：

①工作职务的专业化；

②部门划分；

③确定直线指挥系统与职能参谋系统的相互关系等方面的工作任务组合；

④建立职权、指挥系统、控制幅度，集权与分权等人和人相互影响的机制；

⑤建立最有效的协调手段。

（一）组织设计的原则

设计组织结构要从垂直分工和水平分工的合理性、组织的统一性和灵活性以及效率效益几方面出发，遵循以下一般原则：

1. 精简原则

精简原则是指组织结构的设计与组织目标任务相适应，根据任务设置机构，包括管理层次和部门设置的合理性。这一原则要求：

（1）管理层次：管理层次要与垂直分工的精细程度相适应，考虑管理等级之间的沟通和联络。

（2）部门划分：部门划分精细适当，要有明确的职责和足够的工作量。

（3）部门规模：每个部门的规模（即人员配备）与其任务相适应，无人浮于事的现象。

一个组织整体只有结构合理，其内部比例恰当，机构精悍十分得要，这样才能有效率。如果机构重叠、臃肿，必然会人浮于事、权责不清，难以达到有效沟通和联络。精简的重点应该突出"精"，以精求简、精干高效。简而不精、势单力薄，既不符合组织建设的目的，也不利于完成组织任务。

2. 权责对等原则

权力和责任是同一事物的两个方面。权责对等原则是指组织中确定的职权和职责必须对等，即每一管理层次上的各个职位既要赋予其具体的职位权限，又要规定对该职位职权相对应的职责范围。

这一原则要求职权与职位职责相对应，职责与职位职权相对应，不允许职权程度大于或小于职责程度；职责职权要形成规范，使各职位之间的权力责任关系清晰，指挥明确，以减少组织中的重复、抵消、推诿、扯皮、争权、卸责等权责不清的现象，提高组织的工作效率。

3. 统一指挥原则

统一指挥原则是指组织设计必须使组织的各分系统和个人在完成任务的过程中必须服从一个上级的命令和指挥，以达到协调统一。

统一指挥原则要求指挥命令系统明确，即上下级之间的权力、责任和联系渠道必须明确，一个下级只接受来自一个上级的决策和命令，不得政出多门，上级对下级不得越级指挥。"多头领导"和"政出多门"是造成权责不清，管理混乱的主要根源，因此一定要杜绝。

4. 灵活性原则

结构设计应该使组织内部的部门和机构最大限度地发挥其主观能动性，同时可以根据内外条件的变化，自行调整一部分部门范围内的组织工作，而并不牵动整体结构的变化，增强整体结构稳定条件下的内部灵活性。

这一原则要求集中统一管理必须与各管理层次和各部门的分权相结合，分工与协作要紧密结合，使相对静态的组织结构与动态环境变化相适应。

5. 效率效益原则

效率效益是设置组织结构的最根本的准则。效率是组织结构合理协调的标志，效益则是设置组织结构的目的，规定了组织活动必须达到一个什么样的目标。这一原则要求所设计的组织结构必须能实现效率运转，而组织活动的结果必须有一定的效益。

6. 管理宽度原则

管理宽度原则是指宽度的有限性决定了管理宽度的确定要因不同的组织与管理者及被管理者的具体情况而定。这一原则要求确定管理宽度必须分析影响宽度的直接因素与间接因素，以使主管人员能确定一个适合自己的宽度，避免主管人员的能力过剩和能力不足。

7. 目标明确和分工协作原则

（1）目标原则。任何一个组织，都有其特定的目标，组织结构是为实现组织的目标而设置的。组织结构的调整、合并、增加、减少都应以是否对其实现目标有利为衡量标准，而不能有其他标准。所以，在设计组织结构时，一定要首先明确组织目标是什么，每个分支机构的分目标是什么，以及每个人的工作是什么，根据目标来设置相应的机构。即因事设机构、设职务、配人员，而不能因人设职务、因职"找"事。即先把人调进来。然后再"找"事安排职务，设立机构。这样搞法，该加强的组织机构可能加强不了，"无事可做"的组织机构取消不了；出现"有人无事干"，"有事无人干"的怪现象。这是一种"先请菩萨后搭庙"的做法。这种做法就会产生机构臃肿，人浮于事之类的问题。

（2）分工协作原则。组织目标的实现，要靠组织全体成员共同的努力。这就要求组织必须坚持分工协作原则，把组织目标分解并落实到各个部门各层次和各个成员，这就是分工。分工规定各个部门、各层次和各成员的工作内容，工作范围，即明确干什么的问题。

有分工还必须有协作。为了确保组织目标的完成，组织内各部门、各岗位都必须进行协作。协作就是要规定各个部门、各层次和各岗位相互之间的关系，协调配合的方法。如果组织内各部门、各岗位不协调一致，相互间的力量就会削弱和抵消，组织的职能将受到严重削弱。

8. 弹性原则

组织结构要富有弹性，要根据客观情况的变化实行动态管理。组织是整个社会环境的一部分，组织与社会环境的密切关系，它受社会的政治、经济、文化等因素的制约。组织内的各个方面因素也在不断地变化着。因此，组织结构既要有相对的稳定性，不要轻易变动，又必须随组织内部和外部条件的变化，根据长远目标做出相应的调整，使组织结构具有弹性。墨守成规、长期不变的管理结构，不符合组织结构设计的弹性原则，它抑制职工的积极性与创造性。组织结构的弹性原则要求组织定期分析社会环境，组织内的人的因素及技术因素等的变化，对管理进行适当的调整与改进，这样才能使组织适应情况的变化。

（二）组织设计的方法

1. 组织分析方法

（1）定义。组织机构要根据组织的性质来定。组织本身并不是目的，而是一种手段，是借以实现某种目标的形态。所以，切不可以组织机构为出发点设计组织，而必须以分析为出发点。

（2）工作分析法。这种方法是以组织的基本目标为依据，用科学的方法，分析组织工作的过程及结果。通过分析才能明白组织该做什么工作，哪些工作必须加强，哪些工作可以取消，由实际需要拟出一个工作机构系统，而不是抽象的编制机构规划，只有彻底地从工作上来分析，才能找出组织本身影响成绩的因素，才能有根据地增加、减少或合并机构。

（3）决策分析法。研究一个组织需要有什么样的机构，第二种方法就是决策分析。一个庞大的组织，由哪一层次的人来最后做决定，由哪一种专长的人来做决定，哪些业务或活动与这些决策有关等问题，在未做决策之前要作考虑。一般的组织决策，通常都是由高层主管来做，一个组织如果要把各种不同决策权委托给各适当的层级来做时，就要将决策加以分类。例如，政策性决策、业务性决策和事务性决策等。任何组织的决策，可由四个基本特性来决定其性质：第一，决策的事项所涉及将来时间的长短，组织本身有多少会受其限制，要修改是否容易；第二，做一项决策对其他机能，领域及其关系的影响程度如何？如果只影响一个机能，则属于基层来决策，如果涉及范围很广，则由高层主管决定；第三，有关行为的基本原则，伦理价值，管理方针，涉及面，应由高层机构来决定；第四，一些问题重复发生，或很少发生，影响范围只限某单位，影响的时间短暂，则由该单位直接做决策。从以上四个原则来看，决策必须尽可能地与事情发生的地点最接近的层级与专长配合起来做决策。

（4）关系分析法。现代的组织虽然仍在上下的关连中活动，但平行的关系尤为重要，一个组织要依据专业和分工来决定其结构时，平行的协调更加重要，因此，上下关系，平行关系都要分析。关系分析不仅对决定组织机构是必不可少的，而且在分派人员时，也是必要的，只有分析职务的关系，才能善用人才，才能促进组织成功。因为机构不是目的，而是工具，通过分析，才能看出一个组织需要什么机构，需要什么形态的机构。也只有根据这些原则，才能建立起有效的组织机构。

2. 组织设计方法

（1）以效率为主，以结构为辅的设计方法。效率是组织所有活动的综合，其前提是各种活动必须为目标服务。如果将组织当做一部机床时，结构好比是传动装置，把各种活动转变为推动力，也就是将组织中的各种因素，转变为成效，从机械传动原则来看，组织越简单，越是直接，其效率也越高。这就是说传动的连续越长，毛病的发生率也越高。组织结构通常的问题是觉察不到这个结构是否把所在成员的努力，带到了组织目标，甚至带错了方向时，组织本身也没有能力觉察到已经进入错误方向。组织不断地受情况的考验，它在环境中是否保持高度的适应力及扩张力，而取得成绩？如果把组织比作机体，这个机体惟一的意愿是生长和发展，而不能懒惰而长肥。

（2）以工作为主，层次为辅的设计方法。组织中的管理人员，往往喜欢增加编制和层次，从而扩大自我价值和影响。许多组织的层次，往往是没有必要的，但没有必要的层次对管理者与成员来说，可能是一件非常重要的事情，当结构中多一个层次时，他们就到高升一层，成员也就多一个晋升的机会。可是这对组织效率来说，是增加了一个包袱或负担。组织每增加一个层次，对共同目标的实现和相互的了解，将增加一些困难，出就是每增加一个层次，就会扭曲目标一度，并且分散注意力和削减参与的机会，组织会增加一些麻烦。尤其是规模较大的组织，每增加一个层次，工作人员就越多，而实际工作人员相对减少，机构越来越臃肿，效率就越来越低下。这是在设计组织时应防止的。

（三）组织设计程序

1. 组织设计通常有三种不同情况

其一是新建组织需要设计管理组织的系统；其二是当原有组织机构出现较大的问题或整个组织的目标发生变化时，需要对原有组织机构进行重新估价与设计；其三是对组织机构的局部进行增减或完善。虽然情况不尽相同，但组织设计的基本程序是一致的。

2. 组织设计按以下步骤进行

（1）对管理工作过程的总设计。在对组织结构进行设计时，首先要在已定组织目标的引导下，围绕组织目标的完成进行管理工作，使管理工作达到最优化，这是组织设计的出发点。管理工作活动在相对稳定的程序中反复循环的过程，叫做管理工作过程。它好像是管理工作活动的轨道。但对管理工作过程方案的选择不仅仅是一个，而是多个。所以就有一个选优问题。要寻找哪些过程时间最短，管理岗位设置数量最少，最省费用的过程，并使管理工作过程内达到四项衔接，即工作项目衔接、岗位衔接、实物衔接、信息衔接，从而达到管理工作过程最优化。

（2）设计管理岗位。管理岗位是管理工作过程的必要环节，又是组织结构的基本单位。由岗位组成科室，再由科室组成部门以至整个管理系统。岗位的设置要适度，既要考虑管理工作过程的需要，又要考虑管理的方便。

（3）规定岗位的输入、输出与转换。管理岗位是管理工作的转换器，也就是把输入的业务，经过加工、转换为新的业务进行输出。通过输入与输出就能从时间上、空间上把各管理岗位纵横联系起来，形成一个整体。因此，设计岗位时，要对每个管理岗位进行工作分析，规定输入与输出业务的名称、时间、数量、表格、实物、信息等，并寻找出该岗位最优化的管理操作程序，并用工作规范将其固定下来。

（4）给岗位定员定编定质。这一步骤就是按照管理岗位上工作量的需要定下相应数量的人员编制，岗位所需人员的素质特长。

（5）规定岗位人员工资和奖励级差。设计时应根据该岗位在管理工作过程中的重要程度、任务量大小、工作强度、技术复杂程度、工作难易程度、环境条件、政策水平高低、风险程度等八个指标来考虑管理工作岗位报酬的差别。

（6）设置控制的组织机构。这就是按照管理工作过程的连续程度和工作量大小确定管理岗位以上的各组织机构。这套组织机构必须保证管理工作过程的畅通无阻。

二、组织结构的设计

（一）组织结构的类型

1. 直线制组织形式

对于生产规模小，生产非常简单的工业企业，通常采用直线制组织形式，即厂长下设若干车间主任、每一主任下又设若干班组长。这种组织形式，一切指挥和管理职能基本上都由行政负责人自己执行，只有少数职能人员协助，但不设专门的职能机构。这种机构形式比较简单，指挥管理统一，责任和权限比较明确。但它要求行政负责人通晓多种专业管理知识，能亲自处理许多业务。因此，这种形式只适用于比较简单的管理系统。

2. 职能制组织形式

职能制结构是按分工负责原则组成的机构，各级行政负责人都设有相应的职能机构，这些职能机构在自己的业务范围内，有权向下级下达命令和批示。因此，下级行政负责人，除要服从上级行政领导的指挥外，还要服从上级职能机构的指挥。

职能制组织设计的主要优点是职责明确，每个人都能在职能组织之下有自己的岗位，了解本身的任务。它的缺点是：妨碍组织的集中统一指挥，多头领导，不利于明确划分各级行政负责人和职能科室的职责权限；弹性较差，对于调整、改革，易于产生一种自发的抗拒倾向；在工作人员缺席（如病、事假）的情况下，易导致工作无法继续进行。职能制结构在企业的作业性工作岗位上是适用的。职能制结构不适用于高层次管理，也不适用于知识性生产的领域。因为在这些领域中是创造性的非重复劳动，要求组织成员有整体观念、随机应变能力和决策能力，要求组织有充分的柔性和弹性。此外，在这些领域中，工作交叉多，分工不宜很明确，工作成果也不易鉴别。

3. 直线——职能制组织形式

这是在吸收了上述两种组织结构的优点和克服了它们的缺点的基础上形成的一种组织结构。结构中，一方面，各级行政负责人有相应的职能机构作助手，以充分发挥其专业管理的作用；另一方面，每个管理机构内又保持了集中统一的生产指挥和管理。因此，这是一种较好的组织形式。

4. 矩阵组织

矩阵组织也叫规划——目标结构组织。这种组织形式，把按照职能划分的部门和按照产品或项目划分的专题小组结合起来，形成一个矩阵。专题小组是为完成一定的管理目标或某种临时性的任务而设的。每个专题小组的负责人，都在厂长的直接领导下工作。小组成员既受专题小组领导，又与原职能部门保持组织与业务联系，受原职能部门领导。这种组织结构有以下优点：

①纵横交错，打破了传统管理中管理人员只受一个部门领导的原则，加强了各部门的联系，有利于互通情况，集思广益，协作配合，可以提高组织信息传递和效应控制的效率。

②可以把不同部门、不同专业的人员组织在一起，发挥专业人员的长处，提高技术水平和管理水平。

③能够充分利用各种资源、专业知识和经验，有利于新技术的开发和新产品的研制。

④既能适应管理目标和组成人员的临时性，又能保持原有组织的稳定性。

采取矩阵组织形式，可促进综合管理和职能管理的结合。在总结企业管理经验的基础上，提出的四项最基本的综合管理即全面计划管理、全面质量管理、全面经济核算和全面人事管理，包含着矩阵组织的思想。

5. 分权事业部制组织

分权事业部制，是指在大公司之下按产品类别、地区或经营部门，分别成立若干自主营运的事业部，每个事业部均自行负责本身的效益及对总公司的贡献。事业部必须具备三个基本因素：

（1）相对独立的市场；

（2）相对独立的利益；

（3）相对独立的自主权。

这一组织制度实际上是在集中指导下进行分权管理，它是在职能制和直线职能制结构的基础上，为克服两者的缺点而发展起来的组织形式，是现代社会化大生产发展的必然趋势。

分权事业部制组织形式的基本原则是："政策制定与行政管理分开"，即"集中决策，分散经营"。就是说，使公司最高一级领导阶层摆脱日常行政事务，集中力量来研究和制定公司的各项政策。例如财权，重要领导人的任免。长期计划和其他主要政策由总公司掌握，而公司所属的各个事业部，则在总公司政策的控制下发挥自己的主动性和责任心。

6. 立体的多维组织

这种结构是矩阵结构的进一步发展，是近期来适应形势要求产生的一种新的管理组织形式。它是在一个具体企业的组织机构中包括三四个方面的管理机构，使企业能够更好地协调，更易发挥效率。其结构一般分三种：

（1）按产品划分的事业部，是产品利润中心；

（2）按职能（市场研究、生产、调查、技术、管理）划分的专业参谋机构，是专业成本中心；

（3）按地区划分的管理机构，是地区利润中心。

在这种组织结构形式下，事业部经理不能单独作出决策，而是由产品事业部经理，专业参谋部门和地区部门的代表三方面共同组成产品事业委员会，对各类产品的产销进行领导。这样，就把产品事业部经理和地区经理以利润为中心的管理与专业参谋部门以成本为中心的管理较好地结合起来，协调了产品事业部之间、地区之间的矛盾，有助于及时互通情报，集思广益，共同决策。

（二）组织结构设计后的实施原则

为了使组织机构形成一个系统整体，有效、顺利、合理地发挥作用，需要知道组织工作的实施原则。

1. 明确责任和权限的原则

（1）责任和权限的定义。所谓责任就是指必须完成与职务相称的工作义务。所谓权限就是完成职责时可以在一定限度内（有时未经上级允许）自由行使的权力。责任就是完成工作的质量和数量的程度。权限就是完成工作职责时，应采用什么方法、利用什么手段、通过什么途径去实现目标。责任与权限是相互联系、相互制约的，不应授予不带权限的责任，也不应当行使没有责任的权限。为了履行服务，必须明确每个人应负的责任，同时也明确其应有的权限。

（2）明确责任和权限。管理人员（上级）应尽可能把责任委托给下级，并授予所需的权限，这种组织就有灵活性，有利于下属主观能动性的发挥。当然上级也要注意，即使已把责任和权限委任给了下级，也应当负起"监督、指导、检查"的责任，不能一推了之。

2. 命令管理系统一元化原则

一个管理人员所能指挥、监督的人数是有限的。管辖的人数的多少应根据下级的分散程度、完成工作所需要的时间、工作内容、下级的能力、上级的能力、标准化程度等条件来确定。一般来说，从事日常正常工作可管辖 15~30 人；从事内容不变，经常需要作出决定的工作，可管辖 3~7 人。

3. 分配职责的原则

分配工作，划分职责范围，要避免重复、遗漏、含糊不清。主要的是遵守以下几条原则：（1）相同性质的工作要归纳起来进行分析；（2）分配工作要具体、明确；（3）每一项工作不要分得过细，而由许多下级一起承担；（4）量材使用；（5）经常检查，拾遗补缺，以防止出现缺口。

4. 优先组建管理机构和配备人员的原则

组织机构应优先物色管理人员。建立组织机构时，为了达到目标，要确定工作岗位的要求，并选择最合适的经济管理人选。

（三）组织结构中的日常考核

1. 日常考核的主要内容

机构建立后，还必须重视日常考核。因为它的建立是从理想出发，实际是否满足需要则应当认真加以考核。所谓考核，是指对功能执行程度的分析，即检查建立的机构在多大程度上执行了所规定给它的功能。包括：机构是否完全执行了功能要求；有无事故发生；有无拖延的情况并找出产生拖延的原因；有无浪费、损失（无形的、有形的）；有无新的方法与经验。

2. 工作效率的考核

工作效率的考核，不仅应考核下层，也应考虑中层和上层。它应该包括：

（1）决策机构的反应速度。即从接到一项要求或一项情报后，到开始正式研究的时间。

（2）决策效率和效果。这是接到相关情报后做出决策的时间，及由于采取了该项决策给企业带来的收益。例如企业原生产甲产品，现在根据预测分析，生产了乙产品多收入多少，这是决策的效果。

（3）执行效率。在某个问题决定后，从开始执行到取得执行的结果的时间。为了形成对比的条件，可按决策执行的复杂程度进行分类，并根据实际数据，订出标准。

（4）文件审批效率。一项报告或其他文件在转到负责人手中后到批复的时间。这也是根据问题的复杂程度、重要性和需要调查研究的时间，订出几种标准。对于重大问题应计算延误损失。

（5）文件传递效率。这是指文件发出单位到达承阅单位的时间。主要是企业内部文件的传递效果。对于一个健康的机体，一项功能信息的延误将导致疾病。对一个正常运行的企业，例行工作也必须保持最好的效率。

3. 企业机构间的协调关系

（1）除了应考核各层次的工作效率之外，还应检查企业机构间的相互协调关系。企业机构的建立必须保证企业整体活动的协调，具体考核组织机构间的协调关系，应检查以下几种关系：

①制造协调关系，即零件制造。只有当一切制造条件都具备时才能开始，这是"与"的关系。一个条件不具备也不应列入投入计划，因为计划规定了的必须是现实可行的，这是最基本的要求。反过来说，有些单位必须按期提供所承担的制造条件，用以约束自己的行动。

②总装协调关系。这是指产品总装配的协调。只有产品总装配所需要的一切条件，如零件、部件、协作件、工具等都按照过程进度的协调要求完全齐备后，才能列入正式装配计划。

③总体协调关系。某些生产技术准备工作何时开始、结束，某个零件、部件何时投入、何时完工，一台产品何时开始总装、何时结束等等，这些都要由总体协调来加以解决。

（2）在处理机构关系中，必须克服以下两种情况：

①整体中的任何一个分系统超越其他系统而占有独特地位。例如，企业经常出现生产超越生产准备、生产发展、环境系统、设备维修系统的情况。

②月末突击生产、加班加点、全厂工人干部一齐上阵，破坏了系统正常运行的要求。

企业机构协调的另一个重要的问题是管理体制的分级问题。

企业的管理体制一般是采取分级管理的形式。分级管理的必要性在于大多数系统采取多级形式，即系统→分系统→若干分支系统。由于不同层次的分系统、母分系统、子分系统的存在，就存在着同级分系统的协调动作和同级分系统的功能交叉问题，以及生产过程的分段与结合的问题，因此需要进一步设置更高一级的管理机构来处理这些问题。这是完成系统功能所必需的。

建立分级管理体制也是为了明确各级的领导关系和职责范围，以提高管理效率，及时处理横向管理的问题，也有利于对不同范围和性质的问题，在相应的级别上做出决策，避免过度集中或过度分散。

体制的分级实质上是系统目标的分散和功能的分级。这相当于一台机器由不同的零件、部件的功能所构成一样，适当分配功能，有助于提高产品的性能和效率。

三、职能设计的内容

职能设计就是对企业的经营和管理业务进行总体设计，确定企业应当从事哪些生产经营活动和管理业务，并规定其合理的结构比例。职能设计是企业组织设计的首要工作，是科学地设计组织框架的基础和前提。

（一）职能设计的内容

1. 基本职能设计

企业作为从事生产经营活动的组织，为了获得生存和发展，必须对自身所需的人、财、物等资源和供、产、销等环节构成的动态循环过程进行系统的、有效的管理，从而就必须具备一些基本的生产经营和管理的职能。例如：制造企业的基本职能一般包括工程技术、财务、工业关系（劳工关系、人事）、生产（制造）、采购、公关、研究与发展、质量等。

2. 关键职能设计

关键职能设计就是根据企业的生产特点，在众多的基本职能中寻找一两个对企业发展起关键作用的职能，在职能结构的设计中突出关键职能的作用，把它置于企业组织框架的中心地位，以保证企业能强有力的发挥关键职能对实现企业战略的促进作用。

美国管理学家德鲁克在《管理——任务·责任·实践》一书中阐述关键职能，以组织结构比喻为一幢建筑物，各项管理职能如同建筑物的砖瓦材料和各种构件，而关键职能就好比是建筑物中承担负荷量最大的那部分构件，因此一家卓有成效的公司总是把关键职能配置在企业组织结构的中心地位。

哪一项基本职能应该成为企业的关键职能？这是由企业经营战略决定的。为了保证关键职能设计的正确性，组织设计人员应根据企业经营战略，认真思考以下三个问题：第一，为了达到企业的战略目标，什么职能必须做到出色的履行，取得优异成绩？第二，什么职能履行得不佳，会使企业遭受严重损失，甚至危及企业的生存？第三，企业的经营宗旨是什么？对体现这一宗旨具有重要价值的活动是什么？

（二）职权与职能部门设置

1. 职权

职权是人员在职务范围内的管理权根，是其履行管理职责的前提。一个正式组织的职权有：

（1）职能职权，职能职权指参谋人员或某职能部门的主管人员所拥有的原属直线主管拥有的那部分权力。在纯粹参谋的情形下，参谋人拥有的只是建议权，当组织的规模较小，管理职能相对集中的情形下，参谋的职能是比较广泛的。这一点在军队组织中表现十分突出。随着组织规模的扩大，许多职能日益独立化、专业化，原来专为实施这种职能而出谋划策的参谋人员也就获得了一部分专门履行这种职能的权力，我们称其为职能职权。

职能职权是部门职能划分下分权的结果，形成职能取权就必然要设置职能管理部门。

（2）直线职权，指组织内的直线管理系统的管理人员所拥有的管理权力，它是通过授权形成的。对分层授权在前一节已作了阐述。

（3）参谋职权，即作为主管人员的参谋或幕僚所拥有的辅助性职权，主要是建议、咨询的权力。参谋起源的历史很早，有些管理思想史学家估计，我国著名的古代理论家孙膑的身份就可能是一位参谋。现代组织中，参谋角色更是比比皆是，已成为不可缺少的组织部分。组织的规模越大，越是在较高的管理层次，参谋人员的角色也就越重要。

2. 参谋机构的设立

当代稍大一点组织都设有参谋机构，如各级政府中的政研室等性质的部门是政府的参谋机构，一些企业设立了政研室或类似的机构。由于现代高层决策问题复杂、影响因素众多，组织中设立参谋机构是十分必要的。

设置中应注意的问题：

（1）切实从实际出发，有必要设置就设置，不能跟潮流、搞形式，看到别人设立了，自己也设立一个。

（2）真正分权。设立的参谋机构应拥有独立的参谋权力，能独立地提出自己的看法，不能把参谋机构拿来摆门面，更不能看做是论证主管人员意见正确的御用班子，只接受符合自己想法的意见，不接受相反的意见。

（3）明确权力，参谋机构不能拥有指挥下一层次直线主管的权力。

（4）人员应精炼、尽量多用兼职专家。

（三）专业职能部门的设置

1. 定职定责

设立专业职能管理机构实质上也就是对专业管理职能进行划分，对管理人员定职定责的过程；是提高管理人员的管理水平，充分挖掘组织内的管理资源，实现管理职能专门化、组织活动有序化的重要手段。设置职能管理机构，首先使管理职能专门化，第一部分管理人员专门从事第一职能管理工作，可以较快地提高专业水平和管理能力。其次，对管理职能进行合理地划分，使综合性极强的管理工作分解为各种专门性的管理工作，可避免在管理过程中胡子眉毛一把抓，缺乏轻重缓急的现象，使管理工作有条不紊地展开。再次，设置必要的职能机构，合理地划分管理职能，是使管理适应社会化大生产的基本要求。今天，社会化大生产高度发达，各种关系日趋复杂，分工日益细分化，协作日益广泛化，也要求管理随之发展，对各种专业分工实施专门化管理，以提高生产和管理的效率。

2. 应注意的问题

（1）做好职能的划分工作，从实际出发，不能太细，也不能太粗职能划分是设置管理机构的基础和前提。职能划分正确，机构设置才会合理，避免出现机构对立，办事效率低的现象。职能划分必须从实际出发。在不同的组织内，同一项职能的任务量多少会不同，多的需要设置一专门的管理机构，少的就没有必要设置专门的机构来负责了。对职能进行划分，首先要弄清本组织内各处管理职能的工作量，最好运用定量分析的方法予以评估；其次要界定各职能的工作内容，与其他职能的关系，对相近的职能要归并到一起。工作任务少的相近职能应尽可能合并，以便精简机构，又加强协作。一般来说，越到组织的上层，管理任务繁重，职能划分应细一些，专业化一些；在组织的基层，管理任务应单一，职能划分粗一些，综合一些。这就不能强求上下层机构对口，上层设一专门机构，下层也必须同一专门机构。否则，会形成庞大的官僚机构和过多的管理部门而难以协调，从而影响管理效率。我们过去在这方面有过深刻的教训。

（2）机构设置应精简、高效。机构精简是减少管理费用，提高管理效率的途径。机构精简，简单地说就是可设可不设的机构不设。怎样来判定什么样的机构可设可不设呢？标准很简单，就是从机构的工作量来判断。如果一般机构的工作任务饱满，则证明这个机构是必要的。如果任务不饱满，要么是人员配置过多，要么是机构多余。这是最基本的标准；其次是看该机构的工作性质与其他机构有没有重复，如果重复就是多余的，如果不重复，工作任务饱满则是必要的。如果不重复，但任务却不足，也表明没有单设一个机构的必要。

（3）明确各职能部门之间的关系，建立完善的协调制度管理是一个整体，各种职能必须为实现管理的总目标服务，但设置职能管理部门，是管理职能分工和管理权限分权的过程。有分工就必须有协作。管理职能部门之间的协作不可能通过市场交换实现。做好各部门之间的协调工作就十分重要。为此：

①在职能管理部门之间要建立完善的信息沟通制度。信息除了在决策层与职能部门之间传递之外，在各职能管理部门之间的横向传递也是十分必要的。它使各部门之间互相了解，便于自动地协调。

②明确各职能部门之间的协作责任，特别是职能相关部门的协作责任。

③建立必要的协调制度，如有的组织定期召开各部门工作协调会，讨论管理过程中的协调问题，对重大问题取得一致的意见，共同采取措施，予以解决。

④划清各部门的权力与责任，这是最为根本性的一条。现实生活中出现的部门之间互相"踢皮球"，推诿责任，其根本原因是部门之间的权责不清，工作内容不明。特别是跨部门的综合性问题，应建立部门联合处理制度。避免出现都不管、或者说都管不了的问题。

（4）配备合适的人员，因事用人，不能因人设事。机构是靠人来运转的，配备人员也是机构设置的内容之一。在现实生活中有不少这样的现象。为了安置某一个人或某些人，设置了一个机构甚至是一个机构系统，并且还给予了一定的权力。这种因人设事、因人设机构做法是错误的，其危害无庸赘述。机构设置中的人员配置一定要因事用人，不能因人设事，本末倒置。

四、如何进行岗位设置

岗位就是工作位置。这里所说的工作，是特定的具体岗位的工作。只有存在某种特定工作需要专人来完成时，才有必要设置岗位。这里所说的位置，是特定的分工协作的位置，即从事具体工作的人员与其他相关人员的协作方式。岗位不是独立的，总是相互联系，是分工协作体系中的一个环节，它的作用，就是以其特定的工作保证整个分工协作体系的正常运作。因此，人们在固定的岗位上工作，也就是通过完成具体的工作任务进入组织的分工协作体系，使组织得到有效的运转，在企业中，员工通过在各自的工作岗位上完成任务，来保证企业经济效益的实现。

（一）设置岗位结构

每一个工作岗位，都由职务、责任、权力、利益构成。职务即该岗位应该完成的工作任务，具有具体性和稳定性。这是设置岗位的基础。责任是组织对职务完成状况的约束，体现为相应的组织约束手段。例如经济奖励和惩罚。权力是完成工作的条件，每个岗位都必须占有一定的人力、财力、物力，并以人财物为依托进行工作，否则工作就难以开展。对人财物的支配权就是岗位的权力，常以一定的条件配置和一定的工作条例来体现。前者如机器设备的配置，后者如关于领导关系和协作关系的规定。利益是推动工作的动力。工作由人来完成，利益是人们行为的动力。每个工作岗位，都必须有相应的工作待遇，才能促使该岗位的工作者努力工作和履行职责。上述职务、责任权力、利益是构成工作岗位的四个方面内容，缺一不可。

（二）职位的分类

职位分类是指按业务性质和难易程度对工作岗位进行排列组合，把它们分成不同的系列和等级，并制定相应的工作说明书，作为对上岗人员进行管理的依据。岗位分类的结果，是形成不同的职系、职组、职级、职等。职系与职组是对岗位按业务性质进行的划分，职级与职等是对岗位按难易程度进行的划分。

1. 职级与职等

职级与职等是工作岗位的纵向分类，即按工作的难易程度、责任轻重、宽严等因素对工作岗位所进行的划分，凡是上述因素相同或相近者，划人相同职级或职等。其中职级是岗位等级的基本分类，是同一职系中不同岗位的等级划分。例如中学教师中的一级教师和二级教师。一个职系划分为多少职等，根据工作的差别程度而定。在同一职系中划分不同的职级，对管理工作具有合适的工作岗位，从而更好地发挥自己的能力。同时，职级的划分也是确定员工劳动待遇，促进员工业务发展的重要手段；同级同薪，提级提薪的原则，体现了劳动贡献与劳动报酬的内在联系。职等与职级的区别在于，它不是同一职系内不同岗位之间的等级划分，而是不同职系之间的相似岗位等级的比较和平衡。例如中学教师的职系的二级教师与机械操作职系的五级车工进行比较，看二者是否在工作难易程度和人员资格水平之间有相似之处。如果大致相似，就划为同一职等。在进行职等划分时所依据的，是工作水平的相似性，只有撇开不同岗位之间的业务差别，才能找到其中所体现的水平上的可比性。进行职等划分也是一个重要的管理工作，它能够揭示不同职系中工作岗位的联系，为员工的工作能力贡献找到比较普遍的评价标准，有助于对从事不同业务工作的员工给予公平的报酬和待遇。

2. 职系和职组

职系和职组是工作岗位的横向分类。

即按业务性质对工作岗位所进行的划分，凡业务性质相同或相似者，划为相同职系或职组。其中职系是最基本的岗位业务分类，一个职系相当于一个专门职业。例如中学教师就是一个职系。职组是相似职系的集合，由若干相似的职系构成。例如，教师就是一个职组，它包括中学教师、小学教师、大学教师等，职系划分的主要功能，在于根据业务性质的相似性，找到管理的相通办法，提高管理的效率。其中一个最突出的的作用，是根据岗位的职系归类，确认员工的业务特长，为员工的使用、调配、晋升等提供依据。在实际工作中，由于工作岗位的内容常常涉及到不同职系的业务，因此在确定该究竟划人哪一职系时，要分析哪一方面业务内容占主导地位，从业务量、业务占用时间、业务管理方式等方面进行测量。

3. 岗位分类的意义

在实际工作中，工作岗位是繁杂多样的。不同产业、不同行业、不同企业有不同的岗位，每一个企业内部也有多种多样的工作岗位。那么这些工作之间的关系如何？哪些岗位的工作内容具有相似性，可以按相似的方式管理，其工作人员可以相互调配使用？哪些岗位的工作难度具有相似性，对工作人员的素质和能力有相当的要求，应该给予相同的待遇？所有这些问题，都需要通过岗位分类来解决。岗位分类又称为职位分类，就是按业务性质和难易程度对工作岗位进行排列组合，找到它们之间的相似性和差异性，把它们分成不同的类型，然后进行分类管理。只有通过岗位分类，才能在繁杂多样的工作岗位中找到规律性的东西，找到管理的依据，使岗位管理具有可操作性。例如，当对某一岗位的工作进行考察时，如果没有考核同类岗位的标准和方法，就事论事，很难得到有说服力的考核结果。又如，当确定某一岗位的工作报酬时，如果没有同等岗位的报酬水平为参照，就很难使报酬合理化。考核不客观和报酬不公平，势必影响员工的工作。因此岗位分类是企业管理的一项重要任务。

（三）岗位设置

1. 因事设岗

有两种工作任务。一种是需要专人负责的工作任务，一种是不需要专人承担的工作任务。只有那些需要专人负责的工作，才必须设置相应的工作岗位。因此，设置工作岗位时，必须研究不同工作任务之间的区别和联系，使工作任务相对集中和稳定，努力以较少的工作者完成较多的工作任务。哪些工作任务需要专职人员？哪些工作任务不需要？如果不设专职人员，工作任务如何落实到人？这是一项复杂的工作，必须科学地处理。从总体上看，岗位设置的基本原则，是因事设岗，而不能因人设岗。

2. 认识工作岗位要求

（1）为认识工作岗位要求的条件，我们必须回答以下这些问题：在这项工作中必须做些什么？怎么去做？需要什么背景知识、什么观点以及什么才能？因为职位不是静止不变的，我们可能还必须考虑其他一些问题：是否可以用另一种方法来完成这项工作？假如可以，需要具备什么新的条件？要回答这些以及类似的问题，我们必须通过观察、访问、发询问表格对工作岗位进行分析，甚至进行系统的分析。基于对工作岗位进行分析而写出的工作岗位说明经常列举重要的职责、职权与责任的关系以及与其他职位的关系。最近，有些企业还把目标和预期的成果包括在工作岗位的说明中。

（2）原则：

①适当的工作范围。把工作范围限定得太窄，就不会有挑战，不会有发展的机会，也不会有成就感。结果，好的管理者将会感到厌倦和不满。另一方面，工作范围也不能定得太宽，太宽了就不能有效地进行，其结果将是有压力、受挫折和失去控制。

②挑战——使工作无空闲。有时管理者并不需要用全部时间和全部精力去完成交给他们的工作。他们没有遇到任务的挑战，就觉得他们的力量没有得到充分的发挥。结果，他们经常干涉下级的工作，而下级也会感到他们没有充分的工作自主权。不久前，一家公用事业公司要求帮助解决公司的目标。情况很清楚，应该设计出带有挑战性的目标，任务以及职责的工作岗位。

③为设计工作岗位所必需的管理才能。一般地说，设计工作岗位应该从待完成的任务开始。设计的面通常较广，足以适应人们的需要和愿望。但一些研究管理学的学者建议我们最好学会设计出能适合某个人领导作风的工作岗位。这一点可能特别适用于为突出人物设计工作岗位，以便于发挥他们的潜力。然而，问题在于如果这样做，每一位新管理者上任，都必须重新修订职责内容。如此，工作岗位的说明就必须对某职位的人员应该做出什么成绩提出一个清楚的概念。但也必须容许一定的灵活性，以便雇主利用个人的特点和能力。

3. 工作岗位设计

（1）为个人和班组设计工作岗位。设计工作岗位的重点可放在个人的职位工作组上。首先，个人的工作岗位可将任务集中在自然工作组而加以充实，这就意味着将一类有关联的任务集中起来，分配给一个人去完成。另一种相关的方法是将好几种任务合并成一个工作岗位。例如，在安装水泵的任务中，不要在安装线上同时安排好几个人，可以建立这样的工作站：由个别人将所有配件组装起来完成全部的任务，甚至还进行水泵的测试工作。第二种充实工作岗位的方法是与客户建立直接的联系。一个负责对方法进行分析的人员可以向分工负责改变方法的管理者直接提交研究结果和建议，而不提交给可以转向最高层管理者提出建议的自己的上级。第三，适当的时候应将迅速和具体的反馈结合方法中去。例如，一家零售商店的售货员可知道每天的销售额和每月的总销售额。第四，个人的工作还可以通过纵向工作量得到丰富和充实，纵向工作量会增加个人在计划、实际工作和检验工作方面的职责。

可以用同样的道理来改进班组工作岗位的设计。设计的工作岗位应使班组有一个完整的任务去执行。还有，应使班组有决定工作应完成得怎么样的权力和自由，给班组很大的自主权。在班组中，个人能经常得到培训，从而使他们能轮流到班组的不同岗位去工作。最后，报酬可以根据整个小组的工作成绩，这样就会促进班组各成员之间的合作，而不会竞争。

（2）影响因素。在设计工作岗位时，应该考虑企业的要求。但是为实现最大限度的利益，其他一些因素也必须加以考虑，诸如个人的情况不相同，岗位需牵涉到重组工作的技术和费用、组织结构以及内部环境等。

人们有着不同的需求。那些没有人尽其才而希望在事业上得到发展的人，通常总是要求他们的工作十分充实而且承担更大的责任。有些人喜欢自己干工作，而另一些在社交上有需要的人常在班组中干得出色。对工作性质及与工作有关的技术一定要加以考虑。诚然，瑞典的沃尔沃工厂有可能做到以班组形式装配汽车，在美国通用汽车公司的大批量生产中，这一工作设计不可能出高效率。还应考虑到，为转向设计的新工作岗位要付出代价。一个工厂究竟是新设计的，还是一个老厂必须重新设计，或是必须改变以适应新设计的工作岗位，这几种概念区别很大。

（四）岗位评价

岗位评价，就是分析和确定不同岗位在整个岗位体系中的地位和相对价值，为岗位分类提供依据。在一个组织中，整体任务是通过不同岗位的工作来完成的。这些岗位不仅在业务性质上各有区别，而且在工作的难易程度和影响范围上也各有区别，要求具有不同素质和能力的人员来担任，岗位评价的作用在于，它能对工作岗位的性质和特征作出定量说明，从量的角度划分不同难易的程度和相对价值，使工作岗位在职级职等上的划分具有科学的依据。由于企业员工的待遇与岗位的职级职等是直接相关的，因此岗位评价还直接影响员工的待遇，影响工作报酬的公平性与合理性。

1. 内容

岗位评价的内容，也就是岗位评价所要考察的属性。每一项具体工作，都有多方面的属性。在岗位评价中，应该考察哪些属性，不考虑哪些属性，这属性中哪些最为重要，哪些相对次要，诸如此类的问题，就是确定岗位评价的内容时所要解决的问题。一般说来，岗位评价所涉及的内容大致包括三个方面，即劳动方式、工作责任、任职资格。对劳动方式的评价，是为了刻画岗位所要求的劳动力付出状况，包括体力智力的付出状况。劳动强度大，工作难度大的岗位，相对地位较高。包括它对全局工作的影响范围和影响程度。影响大责任大的岗位，相对地位较高对任职资格的评价，是为了刻画岗位对任职者所具条件的要求，包括素质条件和技能条件。条件要求高，具备条件者少的岗位，相对价值较高。把这些方面的评价结果加总起来，就是岗位的总体评价结果。由于不同岗位的评价尺度是相似的，因此岗位评价结果可以加以总体排列，从而确定不同岗位的相对等级。

2. 方法

（1）在各种岗位中，确定最有代表性的岗位作为评价对象，这种代表性，包括业务性质的代表性和难易程度的代表性，对有代表性的岗位进行评价，评价结果容易推广到相关岗位中去。

（2）对所确定的岗位进行全面分析，找到其中最重要的制约因素。每个工作岗位都受到多方面因素影响，但其中必然有影响最大、最直接的，这是岗位特性赖以形成的主要制约因素。对它们进行评价，有助于抓住岗位的本质特征。

（3）确定合适的评价尺度，对岗位主要因素进行测量评估。这一步是关键的一环，其作用在于把岗位评价的一般尺度与具体岗位的特殊属性结合起来，使岗位属性的质转化为岗位评价尺度的量。例如在企业推销员的岗位中，岗位的主要制约因素是推销活动的辛苦、推销成果的价值、推销技能的熟练。但这些制约的因素应该怎么打分？对辛苦的程度、价值的程度、熟练的程度怎么度量？就涉及到与别的岗位进行比较的问题。而岗位评价的尺度，要综合考虑不同岗位的测量方式和相互关系来确定。因此，合理地确定评价尺度，并把它用于具体岗位的测量，是最关键的一步，也是最复杂和最困难的一步。

（4）把不同因素的测量结果归总计算，得到一个岗位的评价总值，把这个评价总值纳入所有岗位的评价结果之中，就通过相对位置，从量上说明了岗位的等级地位。

（5）为了保证岗位评价的公平合理，必须注意不同职系乃至不同职组之间的横向比较，使岗位评价的值在不同职系职组之间具有可比性。具体做法是，在不同的职系之间找到公认难易程度相似的代表性岗位，给予它们相等的评价值，然后以这两个岗位的量值为参照系，调整各自所在职系内的职级划分，从而使不同职系的职级划分之间得到平衡。职等正是由此形成的，体现了不同职系之间在等级上的可比性和公平性。

第四节　职务设计

职务设计，又称工作设计，由于原有的职业规范已不适应组织目标、任务和体制的要求；或由于现有人力资源在一定时期内难以达到职务规范的要求；或由于员工的精神需求与按组织效率原则拟定的职务规范发生冲突时需要重新进行职务的设计，以满足一个新的组织目标的需要。

职务设计是指为了有效地达到组织目标与满足个人需要有关的工作内容、工作职能和工作关系的设计。职务设计是根据组织需要并兼顾个人需要，规定某个职务的任务、责任、权力以及在组织中与其他职务关系的过程。这种设计的好坏，经常对工作绩效有直接影响。

一、职务设计的内容

职务设计的主要内容包括以下五个部分：

（一）工作内容

即确定工作的一般性质问题。

（二）工作职能

指每件工作的基本要求和方法，包括工作责任、权限、信息沟通、工作方法和协作要求。

（三）工作关系

这是指个人在工作中所发生的人与人的关系，包括与他人交往关系，建立友谊的机会和集体工作的要求等。

（四）工作结果

这是指工作的成绩与效果的高低，包括工作绩效和工作者的反应。前者是工作任务完成所达到的数量、质量和效率等具体指标，后者是指工作者对工作的满意程度，出勤率和离职率等。

（五）工作结果的反馈

主要指工作本身的直接反馈和来自别人对所做工作的间接反馈。即指同级、上级、下属人员的三方面的反馈。一个好的工作设计可以减少单调重复性工作的不良效应，而且还有利于建立整体性的工作系统，此外可以充分发挥劳动者的主动性和创造性提供更多的机会和条件。

二、职务设计应考虑的因素

职务设计主要需要考虑三个方面的因素。

（一）环境因素

主要包括人力资源和社会期望。职务设计必须充分考虑到人力的供应问题以及人力的满足欲望。

1. 人力资源

这是指在职务设计时要考虑到能找到足够数量的合格人员。如亨利·福特设计汽车装配线时，考虑到当时大多数潜在劳动力缺乏汽车生产经验，因而把职务设计得比较简单。不发达国家往往引进生产设备时，缺乏对人力资源的充分考虑，在花钱购买技术时没有考虑某些关键职务国内合格人才的缺乏，所以事后又不得不从外国高薪聘请相应专家担任所需职务。

2. 社会期望

指人们希望通过工作满足什么。工业化初期，由于城市找工作不容易，许多人可以接受长时间、体力消耗大的工作，但随着文化教育水平的提高，人们对工作生活质量有了更高的期望，单纯从工作效率、工作流程的考虑组织效率往往欲速不达。所以在职务设计时，也必须同时考虑"人性"方面的诸多要求和特点。

（二）组织因素

包括专业化、工作流程及工作习惯。

（1）专业化。就是按照所需工作时间最短、所需努力最少的原则分解工作，结果是形成很小的工作循环。

（2）工作流程。主要是考虑在相互协作的工作团体中，需要考虑每个岗位负荷的均衡性问题，以便保证不出现所谓"瓶颈"，不出现任何等待停留问题，确保工作的连续性。

（3）工作习惯。它是在长期工作实践中形成的传统工作方式，反映工作集体的愿望，这是职务设计过程中往往不可忽视的制约因素。

（三）行为因素

行为科学研究提醒人们，职务设计不能只考虑效率因素，还应当考虑满足工作人员的个人需要。

（1）任务一体化。某项职务的突出问题就是缺乏任务的一体化，员工不能参与某些完整的几件工作，他们几乎毫无责任感及缺少对成果的骄傲，在完成本职工作后无任何成就感。如果任务组成能够使职工感到自己作出了可以看得到的贡献，工作满意感将大大增加。

（2）多样性。工作时需使用不同的技巧和能力，如缺乏多样性，会导致疲劳厌烦，可能产生更多的失误。通过职务设计考虑工作的多样性特征，能减少疲劳引起的失误，从而减少效率降低的诱因。经过研究表明：工作轮换对于有效的工作会产生积极的作用，自主权以及多样性的运用是职工满意的主要原因。

（3）自主权。对从事的工作有责任，人们有自由对环境作出自己的反应，给予员工的决策权力，提供附加责任可增强员工自尊受重视的感觉，换句话说，缺乏自主权可引起员工的冷淡及低绩效。

（4）任务意义。和任务一体化密切相关的是任务意义。做任何一种工作如果本身缺乏意义就不可能使执行者对职务工作产生满意感。任务意义就是使工作人员知道该项工作对于组织中或外部的其他人是重要的，使职务对工作人员来说甚至更有意义，因为他们知道其他人正依赖自己的工作，因而加强了自身重要性的感觉，自豪、允诺、激励、满意及较好的绩效就可以自然产生。

（5）反馈。当职务不能给予员工们其工作做得如何的反馈，那么就几乎没有引导和激励。例如让员工知道自己的产量与日定额相比如何时，就给了工作人员的反馈，并允许他们调整自己的努力，在这种情况下，就可以通过反馈改善激励状况。

以上三大因素之间往往是有矛盾的。行为因素要求职务设计增加自主权、多样性、任务的完整性、意义及反馈从而提高员工的满意度，但往往导致组织效率降低，劳务成本上升；效率因素要求提高专业化程度，指挥的统一性，分工的细化，但又可能引起员工不满而导致怠工、缺勤、离职，因此必须在两者之间权衡好，才能确保职务设计的有效性。

三、职务设计的要求

职务设计必须达到下述四点基本要求：

（1）全部职务的集合通过职务设计应能顺利地完成组织的总任务，即组织运行所需的每一件工作都落实到职务规范中去。

（2）职务分工应有助于发挥人的能力，提高组织效率。这就要求职务设计全面权衡经济原则和社会原则，找到一个最佳的结合点并保证每个人有效地工作和积极性的发挥。

（3）全部职务所构成的责任体系应能保证组织总目标的实现，即组织运行所要达到的每一工作结果，组织内每一项资产的安全及有效运行都必须明确由哪个职位负责，不能出现责任空挡的情况。

（4）每个职务规定的任务、责任可以由当时资源条件决定，不能脱离资源约束来单独考虑组织的需要。

四、职务设计的方法

（一）工作专业化

1. 定义

工作专业化是一种传统的职务设计的方法。它通过动作和时间研究，把工作分解为许多很小的单一化、标准化和专业化的操作内容及操作程序，并对工人进行培训和激励，使工作保持高效率。此种职务设计的方法在流水线生产上应用最广泛。

2. 特点

①机械动作的节拍决定工人的工作速度；

②工作的简单重复性；

③对每个工人所要求掌握的技术比较低；

④每个工人只完成每件工作任务中很小的工序；

⑤工人被固定在流水线上的单一岗位，限制：工人之间的社会交往；

⑥工人采用什么设备和工作方法，均由管理职能部门作出规定，工人只能服从。

3. 优缺点

此种专业化职务设计的优缺点如下。

专业化职务设计的优点：

①把专业化和单一化最紧密地结合在一起，从而可以最大限度地提高工人的操作效率。②由于把工作分解为很多简单的高度专业化的操作单元，因此对工人的技术要求低，可以节省大量的培训费用，并且有利于劳动力在不同岗位之间的轮换，而不致影响生产的正常进行。③专业化对工人技术要求低可大大降低生产成本，因为只需廉价的劳动力来完成职务设计所规定的岗位要求。④由于机械化程度高，有标准化的工序和操作方法，加强了管理者对工人生产的产品数量和质量的控制，以保证生产的均衡。

专业化职务设计的不足：它只强调工作任务的完成，而不考虑工人对这种方法的反应，因而专业化所带来的高效率往往会因工人对重复单一的工作不满与厌恶所造成的缺勤、离职所抵消。

（二）工作轮换与扩大化

1. 工作轮换

定期地将工人从一种工作岗位换到另一种工作岗位，但必须保证工作流程不受损失，这种方法并不改变职务设计本身，而是使员王定期地进行工作轮换，这样，会使员工具有更强的适应能力，对工作的挑战性以及在一个新职务上产生的新鲜感，能够激励员工作出更大的努力。在日本企业，工作轮换常被广泛地应用，对于提高工作绩效是有很大的影响。

这种职务设计的方法主要不足在于：员工实际从事的工作没有真正得到重大改变，只是一种为了解决员工对这份专业化的单一重复性工作所产生的厌烦感并且能在一定范围内作适当的缓冲，轮换后的员工长期在几种常规的简单的工作之间重复交替工作，最终还是感到单调与厌烦的，但不容忽视的是此种职务设计方法给员工提供了发展技术和一个较全面地观察以及了解整个生产过程的机会。

2. 工作扩大化

这是通过增加职务的工作内容，使员工的工作变化增加，要求更多的知识和技能，从而提高员工的工作兴趣。通过职务扩大化可提高产品质量，降低劳务成本，提高工人满意程度，改善整个工作效率，生产管理也变得更加灵活。美国的诸多有名的公司都普遍用此种职务设计方法来提高工效，减低生产费用。工作扩大化的实质内容是增加每个员工应掌握的技术种类和扩大操作工作的数目，目的在于降低对原有工作的单调感和厌烦情绪，从而提高员工对工作的满意程度，发挥内在热情，但此方法没有从根本上真正解决工人不满的缘由，所以要真正通过职务设计解决员工的不满与厌烦，还必须应用现代的职务设计方法。

3. 现代的职务设计方法

（1）工作丰富化。工作丰富化是一种纵向的扩大工作范围，即向工作深度进军的职务设计方法，与向工作的横向扩展的工作扩大化的职务设计方法相比较，此种职务设计方法的扩充范围更为广泛，主要是由于此种方法可以集中改造工作本身的内容，使工作内容更加丰富化，从而使职务设计本身更富有弹性。工作丰富化主要通过增加职务责任、工作自主权以及自我控制，满足员工的心理的多层次需要，从而达到激励的目的。

实现工作丰富化需要一定的条件，主要在以下六个方面要有所变革，才能 . 实现工作丰富化。

①责任。不仅要增加操作者生产的责任。而且还要使他们有责任控制产品质量，并保持生产的计划性、连续性和节奏性，使每一个工人都感到自己有责任完成一件完整的工作。

②决策。给工作者更多的工作自主权，以提高他们自己在工作中的权威性和自主性。

③反馈。把工作者所做的工作成绩和效果数据及时直接地反馈给本人。

④考核。根据工作者达到工作目标的程度，给操作者以奖励和报酬。

⑤培训。为使员工更好地发挥潜力，就应通过培训、学习等方式使员工掌握更多的生产技能。

⑥成就。通过提高工作者的责任心和决策的自主权，培养员工对所承担工作的成就感。

（2）优缺点。工作丰富化的优点是明显的，它与常规性单一性的其他职务设计方法相比，能够提供更大的激励和更多的满意机会，从而提高工作者的生产效率和产品质量。美国许多公司常采用工作丰富化及其他改革来减少离职率和缺勤率。此种职务设计方法的不足之处在于，要使工作丰富化得以实现，就必须使员工掌握更多的技术，企业因而会增加培训费，增加整修和扩充工作设备费，以及付给员工更高的劳动报酬。

（3）工作特征的再设计。这种职务设计方法主要表现为充分考虑个人存在的差异性。区别地对待各类人，以不同的要求把员工安排在适合于他们独特需求、技术、能力的环境中去。因为不同的工作者对同一种工作会有根本不同的反应，个人工作成效及其从工作中获得满足，取决于职务设计的方式和对个人有重要影响需求的满足程度。

（4）条件。工作特征的再设计的基本条件是：①组织能够使员工获得高层次需求满足的条件和心理状态。②职务设计的范围直接影响工作者需求的满足程度和工作成果。③成长需求的存在以及在工作范围、工作成绩上起到重要的调节作用。

（5）职位轮换。职位轮换是按照事先安排好的日期，在几个不同的职位上交换工人的职位设计方法。在职位轮换中，雇员轮流在几种被简化的职位上进行工作。职位轮换使工作安排更加灵活，使脏、苦、累、险的工作更容易分配，同时，也降低了工作的单调枯燥。不过，在实践中，如果是从本来就枯燥的职位上轮换到同样枯燥的职位，就不能达到职位轮换的预期目的。

（6）职位扩充。职位扩充是增加或扩展工作的任务，直到一个职位变成一个完整的、有意义的操作过程。职位扩充与工作简化是正好相反的人力资源管理活动。如果一个工作被简化了的职位只包括三种操作动作，工作扩充就会扩大操作的动作，直到这些操作动作对一个人来说，不再那么枯燥和单调。其理论基础是，工作被过分简化会使工作变得乏味，使工作的意义下降。职位扩充使工人不再仅仅完成一个职位工作的一部分，而是完成完整的整个职位的工作。赞成这一职位设计方法的人认为，职位扩充可以降低工作的乏味程度、扩展工作的责任和意义感并且增加工作的满足感。而反对这一职位设计方法的人认为，并没有太多证据显示工作的动机被提高了。相反，由于增加了附加的工作任务，但没有增加报酬，不仅没有提高干劲，反而降低了总体的工作动机，最后降低了生产率。

第三章 工作分析与设计

第一节 工作分析基础理论

工作分析始于"科学管理之父"泰罗于 1895 年提出的工作时间与动作研究，它应用于人力资源管理领域已经有百余年，是开展人力资源管理工作的基础。要为企业的发展招聘合适的员工，其前提就是要对企业生产经营过程中所涉及的各种工作进行分析，并在此基础上结合企业的目标制定企业的发展战略和人力资源规划，以选拔合适的员工去填补空缺，这就是工作分析的基本内容。工作分析的基础是组织结构设计理论。因此，我们将在分析组织设计的基础上讨论工作分析，并就工作分析后工作设计的指导理论作一简介。

一、组织设计

（一）组织及组织结构含义

组织有正式和非正式之分。所谓的正式组织是指在一个正式集体中，为了某种特定的目的而有意形成的相对稳定的角色职务结构。非正式组织并不是由正式组织所建立或所需要的，而是由于人们互相联系而自发形成的个人和社会关系的网络。

组织结构指企业战略得以构思和实施的整套基础设施。由于人力资源管理的主要宗旨之一就是为人才最大限度地发挥其才干而提供足够的空间和机会，因此它对组织和岗位的具体设计极为关注。

（二）组织设计的原则

一般说来，组织设计应该遵循效率性、同一性、快速性、灵活性等原则。

1. 效率性

任何组织的存在都是为了某一特定的目的，因此，组织的设计就必须满足实现目的的需要，必须提高达到目的的效率。

2. 同一性

它包括两个方面的含义。其一是目标同一，其二是管理指挥的同一性。

目标同一强调企业组织内各个部门能集中资源于同一目标，彼此合作，在运行中可能关系到相应的部门利益，但部门目标必须符合组织运行的总目标，两者没有根本利益上的冲突。管理指挥的同一性则强调了一个人只对一个上级汇报工作，听从某一个领导的直接指挥，避免管理模糊或控制模糊。

3. 快速性

现在市场竞争日益激烈，组织必须能迅速对变化的形势做出判断，提出相应的对策，确保组织目标的实现。

4. 灵活性

失去灵活性的组织必然是一个僵化的组织，不能对事物的变化做出及时的反映。因此，我们在组织设计时，必须考虑组织结构具有相当的灵活性，要使其能适应形势变化的需要。当然，我们强调的灵活性不是随意性。

（三）组织结构的基本模式

组织内部结构有繁简程度不同的特点。传统上，人们从垂直差异、水平差异、空间差异、程式化和集权与分权的角度进行归纳比较，分析在各种特征下组织运作的优劣，以及员工作用的发挥效果。20 世纪 80 年代初期，又有人归纳出分别适用于不同组织需求的 6 种组织结构类型，即简单结构、机械科层结构、专业科层结构、事业部制、特殊结构和任务组合。

1. 简单结构

这种组织结构可用于成立不久、权利集中在法人或少数人手里的公司，它的官僚组织的痕迹较少。

2. 机械科层结构

这种结构既具有科层结构的一般特点，又具有机械化组织体系的特征。这种组织通常规模较大、历史较长、经营环境比较稳定。

著名社会学家、组织管理学家韦伯对科层制的定义是：在理想状态下，基于理性—制度的框架结构。所谓理性，是指它的目的就是实现特定具体的目标；所谓制度，是指机构运行建立在涉及每个职位、每个工作的整套制度和程序基础上。理性—制度模式与其他模式如人治模式（领袖驱动）和传统模式（主要受习惯习俗影响）可以清晰地区别开来。它的主要特点是：责任义务规范清晰；专业分工最大化；权力纵向传递；尊重权威；任职者主要依赖基于技术知识的专业技能；最大限度地利用各类规划；管理层的非个性化；报酬由官衔和工作责任决定；升迁由主管或上级判断的成绩决定；组织所有权与控制权界限分明。

3. 专业科层结构

专业科层结构利于专门技能的发挥,以自治和比较灵活的划分为特点（如传统的医院和大专院校),且有不过分注重地位的倾向。

4. 事业部制

事业部制适用于规模较大、根基较厚、自身市场差异较大的公司。事业部制是分工细化的一种形式。将专业化活动归并到特定的事业部门,并对这些部门的活动进行协调。事业部可以按功能（如财务、生产、人事等）、产品或服务、客户、工艺、地域等进行划分。一些实行事业部制的大型组织,为了便于管理,又将不同类型但关系密切的几个部门组成一种混合型结构。比如,将某个地区的客户、销售、人员甚至就近的生产工艺等部门联合起来,组建一个区域性的大部门。

5. 特殊结构

特殊结构既可用于组织整体,也可用于其中的某个部门,以便在复杂而多变的环境中创新。它具有专门技能的雇员,大多数雇员参与以特定市场为导向的项目组,能享有较大的权力。

6. 任务组合

这种结构缺乏正规组织的特性,参与者只是以共同的价值观走到一起。

二、工作设计的理论简介

(一) 工作分析与工作设计的联系与区别

工作设计是工作分析的产物,它从技术和人道的角度考虑工作完善的问题,以提高组织效率和员工对工作的满意度。

所谓工作设计就是为了有效地达到组织目标,提高工作绩效,对工作内容、工作职责、工作关系等有关方面进行变革和设计。工作设计所要解决的主要问题是组织向其成员分配工作任务和职责的方式。工作设计是通过满足员工与工作有关的需求来提高工作绩效的一种管理方法,因此,工作设计是否得当对激发员工的工作动机,增强员工的工作满意度以及提高生产率都有重大影响。

工作设计与工作分析可谓是一对孪生姐妹,当工作分析出现的时候,工作设计也就产生了。如果说工作分析的出现是由于社会分工的需要而出现了不同工作岗位的差异,那么进行劳动分工本身就是工作设计。工作设计与工作分析既有联系又有区别。工作分析是对现有职务的客观描述,而工作设计则是对工作规范的设定、修改或重新调整,它需要利用工作分析所得到的信息。作为工作分析的一个产物,工作设计所关心的是工作的结构化,其目的是提高组织效率和员工的工作满意程度。组织内部进行持续的完善或重整可能会改进他们的工作，以便删除不必要的工作任务或找到更好的工作方法。工作设计应该帮助组织顺利地达到其目的，同时，设计应该确认那些从事这些工作人们的能力和需要。因此工作分析是工作设计的前提和基础，只有明确了对工作的要求，对工作人员能力的要求，才能做好工作设计。

以往的工作设计方法是一种纯理性的工作设计方法，是按照泰勒科学管理的原则进行专业化分工的，对每个工人的工作，按时间最省、效率最高的原则进行设计。而随着社会经济条件的改变，纯理性的工作设计方法已引起越来越多的不良后果，使得员工对工作不满，工作责任心不强，员工士气低落、工作消极，从而最终导致组织经济效益的下降。因此，在高度知识化的社会，工作设计再次受到重视。

工作设计是4种基本组合：设计工作要完成的组织目标；工业工程考虑，包括使工作在技术上有效的方法；人类工程学的考虑，包括工人的体力和脑力；员工的贡献，反映在员工参与使工作完善或提高决策的可操作性。

（二）工作设计理论

工作岗位简化是方法研究技术与工效学技术运用的结果，它导致了工作技能的减少，重复性增大，人的自主性减少；而以人类价值为中心的工作岗位扩大化与丰富化，更多地提高了员工的满意程度，它是工作重塑方法运用的结果。一般认为，在工作岗位设计中，工作应该提供给员工一种获得满意的东西，只有在工作中获得合理、满意的人，才可能成为增加生产力、提高工作质量等方面的优秀员工。由于两方面技术存在基本观点的对立，为工作设计与改善带来了较大的难度与争议。下面对这些理论动态进行简单的介绍。

马斯洛的需求层次论。马斯洛认识到人类动机的复杂性，把人类需求分为一定的层次，当第一层次的需求获得满足后，其他层次的需求依次渐进开始产生。这些需求依次是生理需求、安全需求、社会需求、自尊需求和自我实现需求。

尽管这种理论不容置疑地具有实用性，但人类动机行为的广泛差异，却不是该理论所能完全解释的，需求层次理论在任何情况下都不能看成是绝对的，马斯洛本人也对该理论在工作行为中的运用表现出了一些焦虑。

弗罗姆的期望理论。弗罗姆期望理论的中心内容是：效值、期望、激励动力3个基本概念。效值是某种行为结果的个人价值，如努力工作而获得提升；期望是一个人对可能发生情况机会的估计或对任何一种情况的可能结果的估计；激励动力是在各种各样情况下期望与效值结合的各种综合结果。尽管一种情况可能对自己价值很高，但预期能得到的机会却很低，那么，激励动力也可能很低。而且期望值越高，效值会越低。根据这个理论，人们愿意选择能带来最大期望值结果的行为。期望理论也称为工具理论或效值—手段—期望理论。

赫茨伯格的双因素理论。赫茨伯格双因素理论是满意理论中最为引人注目的。他提出对工作岗位满意与不满意，并不是同一个问题的两个对立面，而且也不是两个割裂的因素。他认为，当工作岗位中的几个激励特征诸如成就感、对成绩的认可、工作岗位的属性、责任、个人发展机会的体现等存在时，员工就可以感受到对工作岗位的满意。另一方面，当几种特定的保健因素不存在时，人们感觉到工作岗位的不满意，这些因素是与工作岗位有关系的工作环境部分，如工作条件、企业政策、技术监督、同事关系及上下级关系等。该理论坚持认为，当这些因素不具备时，人们感觉不满意，但当这些因素具备时，人们被假定没有不满意，但并不导致对工作岗位的满意。工作岗位的满意只能靠工作岗位中存在的激励因素所带来。

这个理论使赫茨伯格成为工作岗位设计的支持者，他在所提到的工作岗位的"水平负荷"、"平面负荷"概念上，也做了一些区别。水平负荷包括增加工作或任务的差别性、不同性，这些附加的活动与工作岗位已经存在的活动属同一类型。另一方面，垂直负荷包括一些变化的意义，如责任程度的提高、挑战、工作岗位的富有意义性、较大的自我实现等。这些变化最初是激励因素，赫茨伯格极力强调工作岗位的垂直负荷，并使用"工作岗位丰富化"这个名词，他轻视"工作岗位扩大化"这个词，认为水平负荷不能对工作满意产生贡献。

反对赫茨伯格这一理论的专家大有人在。客观地讲，这一理论对一些特殊情况比较适用，尤其对概括与工作岗位有内在联系的因素及两者之间的区别方面具有贡献，但这一理论过于简单化，缺少普遍适用性。

传统的观点认为在工作岗位满意和工作岗位行为的关系上，工作岗位满意导致工作成绩，这样就提出了各种各样的关于工作岗位满意的动机理论，目前的动机理论不外乎两类，一类是与工作岗位内在的因素有关；另一类是与工作岗位的外在因素有关。不管怎样，工作岗位设计中都必须考虑这两个方面。在工作岗位设计中，认为工作岗位扩大化能够解决动机不明、工作岗位不满意、工作效率低下等问题。如果没有对工作岗位设计普遍适用的动机原则以及个人在价值认可和需求层次上的差异，那么将使得理论概括无法实现。

工作岗位扩大化在工作岗位设计中已经成为争论的焦点，通常的理解是，工作岗位扩大化包括与人们工作岗位有关的实践、行动、政策等，如让员工自己决定工作步骤、工作时间；自我纠正工作中的错误；自己决定采取的工作方法；增加越来越多的不同性质的工作活动；扩大工作岗位的范围以便参与工作的全过程；为员工提供更大的自主性、控制性、责任性和民主性，增加信息交流渠道等。在这里，工作岗位扩大化实际上包括工作岗位的水平负荷与垂直负荷两大内容。在这种工作岗位设计中，实际上是涉及到管理与监督的职能如何在工作满意中实现的问题。

有研究结果认为，工作岗位扩大化能够给员工一定的满意感，但工作岗位重新设计，并不能从根本上改变员工的工作态度和工作行为。所以，尽管工作岗位变化对员工工作态度和工作成绩有影响，但并不是重大影响，它只不过是对员工提出了更多的责任而已。另一方面，工作岗位扩大化对一部分人群起激励作用，而对另一部分人群作用甚微，甚至是反作用。

第二节　工作分析的目的、内容和程序

一、工作分析内涵

（一）工作分析的定义

当前人们对工作分析的理解可分为两类：一类是工作的分析，它为人事管理提供信息；另一类是方法研究和时间研究，它的任务是改进工作方法和制定劳动定额。这两种分析研究方法、主要技术、目的及用途都不同。本节介绍的工作分析属第一种，是人事管理中一项重要的常规性技术。在人事管理中，经常会遇到这样一些问题：这项工作的内容是什么？其职责和权限是什么？承担这项工作的必要条件是什么？培训的重点是什么？如何衡量工作绩效？工作的重要性与报酬标准是怎样的？等等。显然，要回答这些问题不是一件简单的事情。首先，必须掌握有关工作的全面信息。工作分析的主要功能就是为人事管理部门和人事管理者提供这类完整的信息。因此，工作分析是人事管理的基础，人事管理者应当掌握好这门专业技术。

1. 工作

要正确界定工作分析，其前提就是对工作有正确的认识。所谓工作，也叫职务，是指同类职位或岗位的总称。例如某公司聘用业务员 6 名，也就是有 6 个业务员的职位或岗位，若他们的工作性质、类型、内容是相似的，那么这 6 个职位（岗位）就可以归结为一项工作（职务）。

2. 工作分析

工作分析是企业有关人员依据组织发展的目标，通过观察和研究，全面搜集企业某一工作的基本活动信息，明确每一工作在组织中的位置及其相互关系，然后确定组织最必需的工作职位及其权责、任职条件的系统过程。通过这一过程，我们可以确定某一工作的任务和性质是什么，以及哪些类型的人（从技能和经验的角度来说）适合被雇用来做这件工作。换言之，工作分析的任务是：确定公司的组织机构及其职数，认定每个职位的责任与权力，以及提出每个职位的任职人员必须具备的条件。最终应把分析的结果进行科学、系统地描述，做出规范化的书面记录。工作分析常常是在出现岗位空缺时进行的。不过，随着组织变得更加灵活，这项工作已经逐渐日常化，定期更新，以增强组织的适应性。

二、工作分析的目的

工作分析的目的是为收集人力资源管理人员所需要的一切有关员工及工作状况的详细资料，为人事决策提供依据。具体而言，一个组织的工作涉及人员、职务及环境三方面因素。因此，工作分析可以从有关工作人员、工作职务及工作环境3个方面着手。

（一）对工作人员的分析

工作人员的分析包括人员条件、能力等，经分析而编制成职业资料，有助于职业辅导工作的开展，达到人尽其才的目的。

（二）对工作职务的分析

工作职务分析包括工作任务、工作程序步骤及与其他工作的关系，对于员工工作上的任用、选调、协调合作有所帮助，使组织发挥系统的功能，达到才尽其职的目的。

（三）对工作环境的分析

工作环境的分析包括工作的知识技能、工作环境设备分析，使员工易于应付工作的要求，并使人与机器系统相互配合，从而达到职尽其用的目的。

以上分析乃是说明工作人员的分析乃"人与才"的问题；工作职务的分析乃"才与职"的问题；而工作环境的分析乃"职与用"的问题。"人与才"、"人与职"、"职与用"三者相结合乃是人力资源的运用，通过组织行为以达到组织目的。

三、工作分析的作用

（一）选拔和任用合格的人员

通过工作分析，能够明确地规定工作职务的近期与长期目标；掌握工作任务的静态和动态特点；提出有关人员的心理、生理、技能、文化和思想等方面的要求，选择工作的具体程序和方法。在此基础上，确定选人用人的标准。有了明确而有效的标准，就可以通过心理测评和工作考核，选拔和任用符合工作需要和职务要求的合格人员。

（二）制定有效的人事预测方案和人事计划

每一个单位对于本单位或本部门的工作职务安排和人员配备，都必须有一个合理的计划，并根据生产和工作发展的趋势做出人事预测。工作分析的结果，可以为有效的人事预测和计划提供可靠的依据。在企业和组织面临不断变化的市场环境和社会要求的情况下，有效地进行人事预测和计划，对于企业和组织的生存和发展尤其重要。一个单位有多少种工作岗位，这些岗位目前的人员配备能否达到工作和职务的要求，今后几年内职务和工作将发生哪些变化，单位的人员结构应做什么相应的调整，几年甚至几十年内，人员增减的趋势如何，后备人员的素质应达到什么水平等问题，都可以根据工作分析的结果做出适当的处理和安排。

（三）设计积极的人员培训和开发方案

通过工作分析，可以明确员工从事的工作应具备的技能、知识和各种心理条件。这些条件和要求，并非是人人都能够满足和达到的，必须不断培训，不断开发。因此，可以按照工作分析的结果，设计和制定培训方案，根据实际工作要求和聘用人员的不同情况，有区别、有针对性地安排培训内容和方法，以培训促进工作技能的发展，提高工作效率。

（四）提供考核、升职和作业的标准

工作分析可以为工作考核和升职提供标准和依据。工作考核、评定和职务的提升如果缺乏科学依据，将影响干部、职工的积极性，使工作和生产受到损失。根据工作分析的结果，可以制定各项工作的客观标准和考核依据，也可以作为职务提升和工作调配的条件和要求。同时还可以确定合理的作业标准，提高生产的计划性和管理水平。

（五）提高工作和生产效率

通过工作分析，一方面，由于有明确的工作任务要求，建立起规范化的工作程序和结构，使工作职责明确，目标清楚；另一方面，明确了关键的工作环节和工作要领，能充分地利用和安排工作时间，使管理者和员工能更合理地运用技能，分配注意力和记忆等心理资源，增强他们的工作满意感，从而提高工作效率。

（六）建立先进、合理的工作定额和报酬制度

工作分析可以为各种类型的任务确定先进、合理的工作定额。所谓先进、合理，就是在现有工作条件下，经过一定的努力，大多数人都能够达到，其中一部分人可以超过，少数人能够接近的定额水平。它是动员和组织职工提高工作效率的手段，是工作和生产计划的基础，也是制定企业部门定员标准和工资奖励制度的重要依据。工资奖励制度是与工资定额和技术等级标准密切相关的，把工作定额和技术等级标准的评定建立在职务分析的基础上，就能够制定出比较合理公平的报酬制度。

（七）改善工作设计和环境

通过工作分析，不但可以确定工作职务和任务特征与要求，建立工作规范，而且可以

检查工作中不利于发挥人们积极性和能力的因素，并发现工作环境中有损于工作安全、加重工作负荷、造成工作疲劳与紧张以及影响社会心理气氛的各种不合理因素；有利于改善工作设计和整个工作环境，从而最大限度地调动工作积极性和发挥技能水平，使人们在更适合于身心健康的安全舒适的环境中工作。

（八）加强职业咨询和职业指导

工作分析可以为职业咨询和职业指导提供可靠和有效的信息。职业咨询和指导是劳动人事管理的一项重要内容。例如，对待业人员选择适合自己条件的工作给予指导；为企业工作场所和工作流程的设计提供咨询；就职工如何提高能力和取得成就给予定期指导；等等。要做好这些工作，就需要了解和掌握工作的特点、要求和关键环节等。职业咨询和指导活动在国外比较普遍，目前，我国劳动人事管理也开始逐渐重视这方面的工作了。

总之，工作分析对于人力资源管理具有非常重要的作用，研究表明，通过工作分析，企业内部大量不同类型的工作系统搭配可以产生整合性、高附加值的内外部效益。

四、工作分析的内容

工作分析的内容取决于工作分析的目的与用途。一般来说，工作分析包括两方面内容：确定工作的具体特征；找出工作对任职人员的各种要求。前者称为工作描述，后者称为任职说明或工作说明。具体地说，工作分析的内容主要包括：工作性质分析、工作任务量分析、工作规范分析及工作人员的条件分析。

（一）工作性质分析

工作性质分析的目的在于确定某项工作与其他工作质的区别。分析结果是通过确定工作名称而准确表达各项工作的具体内容。

工作名称由工种、职务、职称和工作等级组成，如六级车工、一等秘书、高级工程师等。工种、职务、职称是由劳动的程序分工或专业分工所决定的，工作等级则是由工作分级确定的，它们都反映了工作性质的差别。

（二）工作任务量分析

工作任务量分析就是对同一性质的工作任务量的多少进行分析。其结果往往表现为确定同一工作名称的工作所需人员的数量。这一数量是指为完成某一性质工作应有的人员数量，而不是现实已有的人员数量。如为完成某项产品的生产需要六级车工多少名、高级工程师多少名等。工作任务量分析，是企业编制定额和定员的依据。现代企业人员的数量，需随着企业任务量的变动而变动，这样，才能保证劳动效率的提高。

（三）工作规范分析

它包括岗位操作分析、工作责任分析、工作关系分析、工作环境分析、劳动强度分析等5项内容。

1. 岗位操作分析

岗位操作分析就是为完成某一任务而必需操作的行为分析。如为加工某一产品，某机器操作的具体操作行为是：安装工件、操作机器、卸下工件、维护机器等。当有足够与此相关的操作行为时，一个工作岗位便确定了。因此，岗位操作分析，是形成独立的工种和职务的前提。

2. 工作责任分析

工作责任分析就是确定某项工作的职责范围及在企业中的重要程度。分析的内容包括某项工作在市场研究、产品设计、生产工艺、质量检验、行政管理，以及对资金、设备、仪器、材料、工具等使用和管理，对他人安全及合作关系等方面的职责范围和重要程度。这项工作，过去仅从定性方面进行分析，随着现代管理的推进，应尽量用"量化"的方法来说明其责任的大小。

3. 工作关系分析

工作关系分析就是分析某项工作与其他工作的协作内容及联系。如该工作受哪些工作领导？又领导哪些工作？上下左右与哪些工作相联系？该工作可以在哪些工作范围内升迁、调配等。工作关系分析不仅便于不同工作之间的相互衔接，而且也有利于协调人与人之间的关系，从而提高工作效率。

4. 工作环境分析

工作环境分析就是对工作场所和条件进行分析。主要包括：理化环境，如工作场所的温度、湿度、照明、噪声、污染等的分析；安全环境，即工作的危险性，可能发生的事故，以及对工人造成影响的分析；社会条件，如职工的生活条件的方便程度，工作是否孤独等分析。工作环境分析是改善工作条件、调整员工的适应能力的前提。

5. 劳动强度分析

劳动强度分析就是对工作的精力集中程度和疲劳强度的分析。可通过"劳动强度指数"来测定，但在条件不具备时，一般用"标准工作量"来表示。标准工作量是反映精力集中程度和用力大小的尺度，它包括：单位时间内完成产品的数量或成本；产品在正常情况下的超差率、不合格率；原材料的消耗率、工时和动力的消耗率以及它们的正常波动范围；工作时注意力的集中程度及作业姿势和持续时间的长度等。劳动强度分析为工作任务量分析和确定定员与定额打下了基础。

（四）工作人员的条件分析

工作人员条件分析包括应知、应会、工作实例和人员体格及特性等方面。

1. 应知

应知是工作人员对所从事工作应具备的专业知识。它包括所受教育的程度；对工作中所使用的机器设备、原材料性能、工艺规程、操作方法以及安全、管理等有关技术理论知识的了解程度；对管理人员来说，还包括对政策、法规、工作细则以及有关规定和文件的通晓程度等。

2. 应会

应会是指工作人员为完成某项工作任务必须具备的操作技能和实际工作经验。包括工作人员以往担负同样工作或相关工作的工龄及成绩；该工作要求必须具备的能力及经过的专门训练；工作人员对工艺规程、设备操作、安全技术、产品质量标准等实际执行能力。

3. 工作实例

工作实例是根据应知、应会的要求，通过某项典型工作，来分析判断从事该项工作的工作人员所必须具备的决策能力、创造能力、适应能力、应变能力、智力以及操作的熟练程度等。

4. 工作人员的体格和特性

体格包括各工作岗位对人的行走、跑步、爬高、跳跃、站立、旋转、弯腰、下蹲、下跪、举重、推力、拉力、听力、视力等方面的要求，它一般都要通过"量"的描述加以说明。特性包括对岗位所需人员的要求，如感觉辨识能力、记忆和表达能力、反应灵敏程度、性别以及年龄等具体要求。

五、工作分析的程序

工作分析是对工作一个全面的评价过程，是一项技术性强、复杂而细致的工作，其工作程序主要包括 4 个阶段：准备阶段、调查阶段、分析阶段和完成阶段。

（一）准备阶段

这一阶段的具体任务是了解情况，建立联系，设计调查方案，规定调查的范围、对象和方法。准备阶段的主要工作包括：组成由工作分析专家、岗位在职人员、上级主管参加的工作小组；确定调查和分析对象的样本，同时考虑样本的代表性；利用现有文件与资料（如岗位责任制、工作日记等）对工作的主要任务、主要责任、工作流程进行分析总结；把各项工作分解成若干工作元素和环节，确定工作的基本难度；提出原来的任职说明书主要条款存在的不清楚、模棱两可的问题，或对新岗位任职说明书提出拟解决的主要问题。

（二）调查阶段

这一阶段的主要任务是根据调查方案，对整个工作过程、工作环境、工作内容和工作人员等主要方面做一个全面的调查，具体工作包括：编制各种问卷和调查提纲；到工作场地进行现场观察，观察工作流程，记录关键事件，调查工作必需的工具与设备，考察工作的物理环境与社会环境；对主管人员、在职人员广泛进行问卷调查，并与主管人员、"典型"员工进行面谈，搜集有关工作的特征以及需要的各种信息，征求改进意见，注意做好面谈记录，注意面谈的方式方法；若有必要，工作分析人员可直接参与调查工作，或通过实验方法分析各因素对工作的影响。

（三）分析阶段

分析阶段的主要任务是对有关工作特征和工作人员特征的调查结果进行深入全面的分析总结，具体工作包括：仔细审核、整理获得的各种信息；创造性地分析、发现有关工作和工作人员的关键问题；归纳、总结出工作分析的必需材料和要素。

（四）完成阶段

这是工作分析的最后阶段。前 3 个阶段的工作都是为此阶段工作做准备的，作为工作目标，此阶段的任务就是根据工作分析规范和信息编制"工作描述书"与"工作说明书"。

第三节　工作分析方法

我国在工作分析方面，尚属起步阶段，许多企业往往只限于岗位规范的规定，还达不到工作分析的层次。西方发达国家经过人力资源专家与企业的共同努力，已经形成许多较为成熟的方法，如以工作为中心和以人为中心的分析方法等。根据组织的需要、信息使用的方式和进行工作分析所需内容的不同，可以采用多种不同的方式进行工作分析。

一、问卷调查法

问卷调查法是工作分析中最常用的一种方法，具体地说，指采用调查问卷来获取工作分析的信息，实现工作分析的目的。问卷调查要求在岗人员和管理人员分别对各种工作行为、工作特征和工作人员特征的重要性和频次做出描述或打分评级，然后对结果进行统计与分析。调查问卷的类型通常包括：既有通用型的，适合于各种职务调查的问卷，又有针对某一专业岗位的问卷；既有效度、信度很高的标准问卷，如 PAQ，又有非标准化的问卷；既有针对脑力劳动、知识工作者等管理、技术岗位的问卷，又有针对蓝领操作工人的调查问卷；既有结构化程度较高的问卷，也有开放式问卷。

另外问卷可以分成工作定向问卷和人员定向问卷。工作定向问卷强调工作本身的条件和结果；人员定向问卷则集中于了解员工的工作行为。例如，要了解交通警察的交通管理职责，就可以采取两种不同的问卷形式。在工作定向问卷中，调查项目可写成："在交通高峰时间，维持市中心十字路口的正常交通。"在人员定向问卷中，调查项目可写成："在交通高峰时间注意车流的变化，并在问题发生之前预见交通阻塞情况。"同样是交通管理职责，前者强调行为的结果，而后者注意行为的本身。

（一）管理职位描述问卷法

管理职位描述问卷法是由托纳和平托在 1976 年提出的，是常用的一种工作定向问卷方法，它是一种以工作为中心的工作分析方法。管理职位描述问卷法是专为管理职位而设计的一种工作分析方法。它利用清单进行工作分析，是对管理者的工作进行定量化测试，涉及管理者所关心的问题、所承担的责任、所受的限制以及管理者的工作所具备的各种特征共 208 个问题，这 208 个问题被划分为 13 类工作因素。管理职位描述问卷法的优点表现在：它适用于不同组织内管理层次职位分析；为员工从事管理工作所需的培训提供了依据，为正确评价管理工作提供了依据；为工作族的建立奠定了基础，也为管理工作在工作族中归类提供了依据；同时为薪酬管理、员工的选拔程序与绩效评估表的制定建立了基础。

管理职位描述问卷法的缺点表现在：它受工作及工作技术的限制，灵活性差；有时运用这种方法进行工作分析耗时长，工作效率较低。

（二）职位分析问卷法

人员定向问卷对人员行为模式的描述更具有普遍性，并且不受工作及工作技术方面的限制，它的灵活性更强，可用于不同的工作。用这种方法获得的数据更适用于人事培训方案的设计或作为员工绩效评估的反馈信息。职位分析问卷法是最常用的一种方法，是人员定向问卷法，它是一种以人为中心的工作分析方法，是美国普度大学麦考密克等人的研究成果。职位分析问卷法有其前提条件，即人类工作的领域有某种潜在的行为结构和秩序，并且有一个有限系列的工作特点可以描述这个领域。

职位分析问卷法的优点表现在：无需修改就可用于不同的组织、不同的工作，这样就使得各组织间的工作分析更加容易，这种比较将使得组织的工作分析更加准确与合理；同时这种方法考虑了员工与工作两个变量因素，并将各种工作所需要的基础技能与基础行为以标准化的方式罗列出来，从而为人事调查、薪酬标准制定等提供了依据。

但是职位分析问卷法也有其不足之处，主要表现在：采用这种方法需要时间成本很高，也非常繁琐；问卷的填写人要求是受过专业训练的工作分析人员；职位分析问卷的通用化或标准化的格式导致了工作特征的抽象化，所以不易被描述。

总的来说，问卷调查法的优点：一是搜集工作分析信息速度快，被试者可以在工作之余填写调查表，避免耽误生产时间；二是调查面较其他方法广，在工作者很多的情况下，分析者可以对所有工作者进行调查，也可以用于多种目的、多种用途的工作分析；三是用问卷法调查所得的结果可以量化，并由计算机处理，因而，可以进行多种方式、多种用途的分析。

但是，问卷调查法同样也存在一些不足。例如，设计调查表耗时多，费用也高；如果分析者对问卷中容易引起歧义的部分不亲自解释和说明，那么就可能导致分析者和被试者产生不一致的理解，影响调查结果的真实性。这种方法在获得被调查对象的积极配合方面也存在欠缺。

二、实地观察法

实地观察法是一种传统的工作分析方法，是指在工作现场运用感觉器官或其他工具，观察员工的工作过程、行为、内容、特点、性质、工具、环境等，并用文字或图表形式记录下来，然后进行系统分析与归纳总结。

实地观察法的使用原则：观察员的工作应相对稳定，即在一定的时间内，工作内容、程序，对工作人员的要求不会发生明显的变化；适用于大量标准化的、周期较短的以体力活动为主的工作，不适用于脑力活动为主的工作；要注意工作行为样本的代表性，有时有些行为在观察过程中可能未表现出来；观察人员尽可能不要引起被观察者的注意，不应干扰被观察者的工作；观察前要有详细的观察提纲和行为标准，使得观察及时准确。

另外，进行观察时应明确观察的目标是工作，而不是从事该项工作的人。因此，应选取进行同一工作的多个不同对象，分别进行观察、记录以证实工作的内容，避免片面性。实地观察法的优点是：通过对工作的直接观察，能使研究者更多、更深刻地了解工作要求。缺点：如果所研究的主要是脑力工作，那么观察法只能获得很少有用的资料；那些紧急又偶然的工作，也是不宜用观察法来搜集信息的。实地观察法仅适宜于了解工作的环境条件、危险性和使用工具设备的情况，欲了解工作全部内容就有一定困难，因此，有一定的局限性。

三、面谈法

面谈法又称为采访法，是指工作分析者请工作者讲述他们自己所做的工作内容，为什么做和怎么做，以此来获得所需的信息。这是工作分析中大量运用的一种方法，尽管它不如问卷调查法那样具有完善的结构，但是这种方法由于能面对面地交换信息，可对对方的工作态度与工作动机等较深层次的内容有比较详细的了解，因此，它有问卷调查法无法替代的作用。

面谈的程序可以是标准化的，也可以是非标准化的。在一般情况下，应用时以标准化访谈格式记录，目的是便于控制访谈内容及对同一职务不同任职者的回答进行比较。

工作分析专家和任职者面对面地谈话，主要围绕以下内容：

（1）工作目标。组织为什么要设立这一工作，根据什么确定此工作的报酬。

（2）工作内容。任职者在组织中有多大的作用，其行动对组织产生的后果有多大。

（3）工作的性质与范围，这是面谈的核心。要了解该工作在组织中的关系，其上下属职能关系，所需的一般技术知识、管理知识、人际关系知识、需要解决问题的性质以及自主权。

（4）所负的责任。涉及组织、战略决策、执行等内容。

面谈法还可以发挥其他作用，包括核实调查问卷的内容，讨论填写不清楚之处；了解工作人员的相互评价，例如，主管对下属工作负荷、工作能力的评价，下属对主管能力的评价；详细讨论问卷中建议部分的内容，使之更具体；调查责任修改及执行情况，以及原因，了解组织中各级人员的考核方法。因此，面谈法是一种很重要的调查方法，有以下优点：①既可以获得标准化工作信息，也可以获得非标准化工作信息；②既可以获得体力工作信息，也可以获得脑力工作信息；③由于工作者本身也是自己行为的观察者，因此，他可以提供外人不易观察到的情况。但是，这种方法同样也存在不足之处：①面谈需要专门的技巧，工作分析专家一般都要接受专门的训练；②这种方法耗时很多，因此其成本很高；③由于工作者的不肯合作和工作分析者问一些含糊不清的问题，会导致搜集到的信息失真。因此在运用面谈法时应注意的是：尊重被调查人，接待要热情，态度要诚恳，用语要适当；造成一种良好的气氛，使被调查者感到轻松愉快；调查者应对被调查者启发、引导，对重大问题，应尽量避免发表个人的观点与看法。

四、关键事件记录法

这种方法是在第二次世界大战中开发出来的，当时是一种在识别各种军事环境下人力绩效关键性因素的手段。根据这项技术的原创者约翰·弗拉纳根的说法，它的基本原理可以这样来加以描述：工作分析程序的主要目标应当是确定关键性的要求。事实已经证明，在许多情况下，对于完成所分配工作的某个重要部分的要求决定着结果是成功还是失败。这些要求就是上述的关键性要求。

关键事件是指使工作成功或失败的行为特征或事件。关键事件记录法通过确定关键的工作任务以获得工作上的成功。它要求分析人员、管理人员、本岗位员工，将工作过程中的关键事件详细地加以记录，在大量搜集信息后，对岗位的特征和要求进行分析研究。关键事件记录包括：导致事件发生的原因和背景；员工特别有效或多余的行为；关键行为的后果；员工自己能否支配或控制上述后果等。

在大量搜集这些关键事件的信息以后，再对它们进行分类，总结出该工作的关键特征和行为要求。

关键事件记录法是一种重要的工作分析方法，它教会了分析人员把注意力集中在与工作成功休戚相关的员工行为上。主要优点表现在：能直接描述人们在工作中的具体活动，因此，可以揭示工作的动态性，既能获得有关工作的静态信息，也能获得工作的动态信息；由于在行为进行时观察与测量，所以描述工作行为，建立行为标准更加准确；被广泛用于许多人力资源管理方面，比如识别挑选标准及培训的确定，尤其应用于绩效评估的行为观察中。其缺点表现在：搜集、归纳事件信息并且进行分类要耗费大量的时间；另外，描述的是工作成功或失败的行为，并不对工作提供一种完整的描述，所以很难对一般工作行为形成总的概念，而后者往往才是工作分析的主要目的；对中等绩效的员工难以涉及，遗漏了平均绩效水平。

五、实验法

实验法是用生理的、医学的以及心理学的测定方法，对工作进行计量测定的分析。实验法可以分为两种：实验室实验法和现场实验法，两者的主要区别在于实验的场地。企业中常用的是现场实验法。

在实验法的运用中应注意以下原则：尽可能获得被试者的配合；严格控制各种变量；设计要严密；变量变化要符合实际情况；不能伤害被试者。

这种方法的好处是比较科学、严密，但缺点是周期长、费用高。

六、日记法（工作日记法或工作写实法）

日记法是由任职人员自己记录下每天活动的内容。通常，任职者按时间顺序详细记录自己的工作内容与工作过程，然后经过归纳、分析，达到工作分析的目的。这种方法如果运用得好，可以获得更为准确的大量信息。但是从日记法中得到的信息比较零乱，难以组织；任职人员在记日记时，有夸大自己工作重要性的倾向；同时，这种方法会加重员工的负担。因此，在实际的企业管理中，日记法很少得到运用。

上述工作分析方法，并不是孤立存在的，可以结合起来使用，以获得丰富的信息，并提高所搜集信息的信度与效度。

第四章　员工职业生涯管理

第一节　职业生涯规划概述

一、职业的概念

所谓"专业"是指相对稳定的、收入较高的特定类别的工作。"职"是指职责、权力、职位，而"业"则是指工作、技术、工作。进一步来说，权利，义务，权力，责任，即就是一个人的社会地位的表现。也可以说，在人的社会作用中，专业是最重要的一环。

现代管理学的发展趋势是，越来越讲求组织运行中的社会层和文化内容，这使组织成员"人"的地位逐渐回归。在现代管理活动中，企业越来越重视个体的专业问题，而非单纯地从"组织分工"的角度来考虑人力资源的开发和管理，在最具有现代管理理念的组织中，甚至从是员工的个人意愿和生涯出发进行人力资源的开发与管理。

二、职业生涯基本分析概述

(一) 职业生涯概念

"生涯"（career），有人生经历、生活道路和职业、专业、事业的含义。在人的一生中，有少年、成年、老年几部分，成年阶段无疑是职业生涯最重要的时期。这一时期之所以最重要，正因为这是人们从事职业生活的关键时期，是人生全部生活的重要阶段。所以，一个人的整个人生的事业发展过程就是他的职业生涯。

麦克法兰德认为，"职业生涯"是一个人根据自己的长远理想而进行的一系列的工作选择，以及与之相关联的教育和培训，是一种有计划的职业发展过程。美国知名的专业人士萨帕认为，人生是人生中所有事情的发展方向，是一个人在人生中所扮演的角色，是一个人在人生中所扮演的角色，因此，他的成长是一种特殊的个体发展模式；这也是一个人从青春期到退休之间的一系列工作，包括副业、家庭和公民。

职业生涯是指一个人在其职业生涯中所从事的工作活动的一系列的工作经验。职业生涯是一种动态的过程，它不仅反映了一个人的工作年限，还包括了他的职业发展、变革的历程；第二，以人的心理、生理、智力、技术、伦理等的发展为依据，以工作内容的确定与改变、工作表现的评估、工作待遇的改变、职称的变动为特征，以满足需要为目的的工作经验与内在经验。

（二）工作三阶段

在一个人的一生中，他的职业生涯可以分为三个阶段，即早期、中期和后期。

三、职业选择理论

英国经济学家舒马赫认为，职业有三大重要作用："第一，让人们有机会发挥自己的才华，提升自己的才华；第二是与他人合作来克服自我意识；第三是为生产提供必要的产品与服务"。在一个人的一生中，选择事业都是非常重要的。伟大的哲学家罗素曾说过：选择一项事业是一生中最重要的事情，因为它决定着一个人的前途，而选择一项职业，就是在挑选自己的未来。

职业选择是指劳动者根据自己的职业期望和兴趣，根据自己的能力进行职业选择，并使自己的能力和职业需要特点相适应。职业选择是一个很复杂的工作，它涉及的因素很多，人们通常会从自己的职业期待和理想中，从个人的兴趣、能力、特点等方面，选择适合自己的工作。由于职业选择在个体的职业生涯和人生中起着举足轻重的作用，因此，很多心理咨询师和专业顾问都对其进行了专门的探讨，并给出了相应的理论。

（一）帕森斯的人与职业相匹配理论

美国波士顿大学帕森斯教授提出了"人和事业的匹配"这一概念，是最典型的职业选择理论。1909 年，帕森斯在他的著作《选择一个职业》中，提出了一种看法，即人和事业的匹配是人们的职业选择。他相信，每个人都有自己的个性，而每一种性格模式的个体都有适合自己的工作，因此，在选择自己的工作时，应该寻找符合自身特点的工作。他指出，影响其职业选择的主要因素有三：一是要了解个体的能力、兴趣、气质、性格、体质；第二，通过对不同行业对人才的需求进行分析，获取相应的就业信息；这涉及到职业性质，工资待遇，工资条件和晋升机会，找工作的最低要求（如学历要求、体能要求、职业培训等），还有其他各种能力，就业机会等等；第三，通过对个体特性和职业需求的认识，来决定一个符合自己个性和职业需求的工作。

帕森斯的基本思想就是在认识和理解个人的主观和社会的需要的前提下，把自己的主客观条件和社会的专业岗位进行比较和匹配，最终确定一个符合自己的专业需要的职业。这一理论对大学生的就业具有重要的指导作用。

（二）霍兰德的职业性向理论

美国知名的职业辅导专家约翰·大学的约翰-亨利-霍兰德。在 1971 年，他提出了一种具有较大社会影响力的"职业取向",并将其视为个体个性的一种体现和扩展,而其职业选择则依赖于个性与专业之间的互动。

该理论将"工作环境"分为六类:建筑、卡车驾驶、农业耕作;调查科研与学术研究;美术类:雕刻,表演,书法;社会性:教育,宗教服务,社会工作;商业(先锋):销售,政治,金融;一般类型:会计,电脑技术,药剂学。

霍兰德根据自己对职业性取向的调查,发现职业取向是一个人的主要职业,并据此提出了六种"人格性向":现实型、调查型、艺术型、社会型、企业型和常规型。由于个人的个性特征、职业兴趣等因素的差异,其选择和匹配的职业类型也不尽相同。因而,可供选择的职业也可划分为六大类。

霍兰德的"职业性取向"的本质就是寻找与人的个性类型相对应的职业性取向。根据这种理论,最理想的职业选择应该是个体在自己的个性中寻找符合自己性格特征的工作环境。在这种环境下工作,个体更容易感受到内心的满意与安逸,更有可能将自己的天赋发挥出来,也就是与职业类别的关系愈大,两者的适应性愈强;两者的相关性愈低,则其适应性愈差。

第二节　职业生涯管理理论

一、职业生涯管理的内涵

(一)职业规划与管理

职业规划是对人的职业生涯进行规划和安排,它包含两个层面,即个体计划和组织计划。就个体层面而言,每一个人都有一种强烈的渴望和需求,即从目前和未来的工作中获得成长、发展和获得满足感。他们不断地追求自己的理想事业,期望自己能在事业上平稳成长,不断发展,不断追求自己的目标。从组织层面上来说,企业的生涯规划是组织为实现员工的持续满足感而制订的,它将员工的个人发展与组织的发展与发展有机地结合在一起。

(二)职业生涯管理

职业规划是指在企业中进行职业规划和发展的一种过程。这一点也需要从个体和机构两方面来进行。从个人的观点来看,职业生涯的管理是指一个人为自己的职业、加入的组织、事业的发展而制定的计划和计划,以及为自己的职业发展积累知识和技能。它通常通过选择职业,选择组织,选择工作岗位,通过工作来提高技能、提升职位、提高人才。组织层面上，组织管理是一系列的计划、组织、领导和控制，以达到组织和个体发展的目的。

现代企业的人力资源管理需要具备"专业的发展理念"。其核心内容是：为会员建立与组织需求相匹配、协调、融合的职业发展通道，以满足其自身需求，实现组织和员工个体目标。职业发展的关键在于如何让个体的职业生涯和组织需要之间的互动和整合。为了达到这一目的，企业必须对雇员进行专业的管理。职业生涯管理是企业和企业之间的一种关系，是一种动态的、持续的管理。

二、员工职业生涯管理的意义

在当今世界，人们大部分的生命都是在工作中度过的，一个人的职业是一个充满活力、知识和经验的十年。专业不但为自己提供了一种生存之道，也为迎接挑战、实现自我价值创造了巨大的机遇与空间。同时，公司也日益意识到，人才是公司最重要的资源。企业要想办法维持员工的工作稳定、工作热情，不断提升工作人员的技术水平，从而获得更大的经济利益；同时，也期望能够在一定程度上保持人员、知识、观念的更新，以适应不断变化的外部环境，保持公司的生命力与竞争力。

而实施职业生涯管理，更能满足企业和员工的需求。

（一）职业生涯管理对员工个人的意义

对个体员工来说，职业生涯管理具有重要的意义和作用：第一，职业生涯发展和管理能够让个体认识到自己的优势和劣势。员工在进行职业生涯规划和管理时，不但能够培养对工作环境和工作目标的分析能力，还能够合理地安排时间和精力来进行学习和训练，从而达到工作的目的和目的。这些活动的实施，有助于提高员工对环境的掌握和处理问题的能力。

第二，职业规划能够有效地促进员工在工作和家庭之间的和谐，从而达到更好的人生目的。优秀的事业计划及发展及管理工作，能让雇员以更高的视角去思考人生中的种种问题及抉择，将个别独立的事件连结在一起，并为事业的目标服务，从而让事业更有意义、更有意义。同时，职业生涯管理可以使雇员在人生目标、个人追求、家庭目标之间进行全面的权衡，从而避免在工作中左右为难、左右为难。

第三，通过职业生涯管理，能够让员工在工作中不断地提高和超越自己。雇员寻找工作的初衷可能只是为了找到一份工作来维持家庭，然后再去寻找财富，地位和名望。通过职业规划与职业生涯管理，从多个层面精炼自己的职业目标，可以使其达到更高的个人价值，从而达到更高的自我价值。所以，职业生涯管理能够挖掘出激励员工勤奋工作的根本动机，从而升华其内涵。

（二）职业生涯管理对组织的意义

职业生涯管理对于企业来说，也有着重要的影响。

第一，职业规划能够帮助企业理解员工的现状、需要、能力、目标，协调他们与当前的工作机遇与挑战之间的冲突。职业生涯管理的首要任务是让组织与雇员了解职业发展的需要与改变，协助他们解决问题，提升他们的技术水平，从而达到公司及雇员的发展目的。

第二，企业的职业生涯管理能够促进企业对人力资源的合理使用，企业的组织结构、目标、激励等都能促进企业的发展和发展。相对于单纯的薪酬、地位、荣誉的激励，更能激发员工的深层职业需求，并使其更好的发挥其职业价值；此外，由于"量身定做"的职业生涯管理，与普通的奖励与惩罚机制相比，更具特殊性和特殊性。

第三，职业生涯管理能使员工获得同等的工作岗位，有利于公司的持续发展。在职业生涯管理中，要充分考虑到员工的不同特征和需求，从而为其制定出适合自己的职业发展路径和路径，从而使其在工作中发挥自己的优势和优势。在企业中，由于年龄、学历、性别的差异，存在着不同的发展方向与路径，因此，企业内部的员工可以获得更多的就业与发展机会。因此，深入开展职业生涯管理，对于稳定和提升企业的人力资源管理具有重要意义。虽然人员的流动性很大，但是在企业的经营中，员工的技能水平、创造性、主动性都在不断地提高，这对企业的可持续发展起着关键的作用。

三、职业生涯发展的理论周期在人格、兴趣、知识水平和职业倾向上存在差异

美国杰出的事业学家萨柏把人的一生划分为五大阶段：

（一）增长阶段（组阶段）

一般来讲，生长期是从 0 到 14 岁。在此阶段，个体的自我观念是在与家人、朋友、老师的互动中逐步形成的。在这个阶段，孩子们会尝试各种不同的行为模式，从而让他们能够对不同的行为做出反应，并且有助于他们建立自己的观念和性格。到了这个阶段的最后，青春期的孩子们已经从对职业的好奇、幻想变成了兴趣，并对各种各样的职业产生了现实的思考。

这个阶段分为三个阶段：想象期（10 岁以下）：对外部世界的各种职业有了新的认识，对自己喜欢的工作充满了想象，并且模仿着自己喜欢的工作；兴趣阶段（11-12）：从对职业的理解、评价和职业选择的兴趣出发；能力阶段（13-14）：开始思考自己所喜欢的职业，并自觉地进行技能训练。

（二）探究阶段（扩展阶段）

一般情况下，15-24岁之间会出现这种探索期。在此期间，我们将会严肃地探讨不同的职业选择。人们尝试着把自己的职业和个人的兴趣和能力结合在一起，这是因为他们通过学习、休闲活动和工作。在这个时期的早期，很多人都会做一些比较广泛的尝试，但是，当个体对自己和自己的选择有了更多的认识之后，他们的第一个选择就会被重新定义。在这一阶段的最后，他们会选择一份更适合自己的工作，而在此期间，他们最重要的工作就是对自己的天赋和才能进行客观的评估，从而为自己的教育做出正确的决定。

在此基础上，可以将其划分为三个阶段：第一个试用期（15-17）：对自己的兴趣、能力、职业价值、就业机会等进行全面的了解与思考；过渡时期（18-21）：正式加入劳动队伍，接受专业的专业训练，从一般的工作转向了具体的职业生涯；试用期（22-24）：选择一个特定的工作领域，进行一项关于职业发展的实验。

（三）建立阶段（开始）

确定期通常在25-44岁之间。这是很多人的事业中最重要的一环。特别是在这个时期，可以找到一个适合自己的工作，从而使自己在这个行业中获得持久的发展。但是，大部分时候，这个时期的人还在继续尝试着与他们原先的职业生涯完全不一样的能力和理想。

建立阶段又分为三个阶段：试用期（25-30）：在这个阶段，一个人确定目前的工作是否适合自己，如果不合适，他就会再进行一次；稳定期（31-44岁）：这个时期的人通常会有更坚定的事业目标，并且有更清晰的职业规划来决定他们的晋升潜力、工作调换的必要性以及为了达到这些目标而进行的教育活动；职业生涯的中期危机（30-40岁）：在这个时期，人们通常会以自己的理想和目标为基础，对自己的事业进行一次重大的再评估。当你在实现你所期望的事情时，你会发现你还没有接近你的理想，或者你在你完成了你的使命之后，你会意识到你以前的梦想并不完全是你想要的。在这段时间里，我们也可以考虑，工作与专业对于他们一生的意义究竟有多大。在这个时期，人们往往会首先面临一个困难的选择，那就是决定他们究竟要做些什么，哪些事情能够实现，要付出多少代价才能达成。

（四）保持期（主要阶段）

这一时期为45-65岁，为其生涯的晚期。这个时期的人从事一种长期的职业，在这个行业中占有一席之地，通常都是"功成名就"，他们放弃了改变自己的职业，只想保持自己的地位，保持自己的成绩，保持自己的社会地位，保持家人之间的和睦，继承工作经验，寻找继任者。

（五）衰退期（结束阶段）

当人们超过 65 岁时，他们的身体和工作能力会逐渐下降，他们的工作也就会终止。所以，在这个阶段，你要学会去承担更多的权利和义务，去接受一个新的角色，去适应自己的退休生活，来缓解身体和精神上的衰退，保持活力。

萨柏的职业生涯是根据年龄来划分的。由于个体的生理特点、心理素质、智力水平、社会负担、主要任务等因素的差异，在不同的生命阶段，其发展的重点和内容也会有所不同，但是，职业生涯是一个连续的过程，没有一个清晰的时间界线。其发生的时间长短取决于个体的情况和外部环境，有的长，有的短，有的慢，有的间歇。

（二）职业锚理论

美国知名的职业辅导专家埃德加 . H. Schein 教授提出了"职业锚"。他把事业的发展看作是一个不断的探索过程，在这个过程中，个人的天赋，能力，动机，需求，态度和价值观，逐步的建立起与职业相关的自我观念。当一个人对自己的认识不断加深，他就会逐渐成为一个主导的专业锚。

职业锚，就是在你必须作出选择的时候，你绝不会放弃你的工作中最重要的一项，就像"锚"这个词的意思，你可以说，你可以在你的职业生涯中，选择和发展你的事业。当你对你的天赋、能力、动机和需求、态度和价值有清晰的认识时，你就会明白你真正的事业锚是什么。具体地说，是指在进入职业初期的工作环境后，所学到的工作经验，与其天赋、动机、需求、价值观相符，逐步形成一个更为明确、全面的专业自我观，从而实现长期的、稳定的职业定位，从而实现对自己的满意和补偿。

施恩教授通过对职业锚的研究，提出了五种类型的职业锚：一是技术或职能性的职业锚，这是指在专业技术和特殊职能上的专业发展。拥有这样的专业锚定者，往往会选择在已知的技术或职能领域中继续发展的工作。第二个是管理类的专业锚，拥有这些锚定者会显示出很强的想要当经理的动力。他们的事业发展道路是在公司的权利层次上逐渐上升，他们的终极目标是担任更高的管理职务。第三，创新职业锚，这些人的事业发展都是以创业为基础的。这些创业式的工作可以让他们创造新的产品和服务，也可以让他们自己做一些创新的事情。第四，自力更生、自力更生的专业锚，拥有这类专业锚的人，往往会自己决定自己的人生，而不会依靠他人，他们可以自由地安排自己的时间，自己决定自己的生活和工作，比如教师、咨询、写作、经营小型企业等等。第五，是安全的职业锚，拥有这样的锚的人，会非常看重自己的长期稳定和工作的保障，他们希望能够在一个熟悉的环境中找到一份稳定的、有保障的工作。

第三节　个人职业生涯管理

一、个人职业生涯的影响因素

每个人的事业都不会一帆风顺，受很多因素的影响，包括个体因素和环境因素。

（一）影响职业生涯的个人因素

事业是人生最好的时期，事业的发展与其自身的认识和分析能力有着密切的联系。从自身分析中找出自己的职业倾向、能力水平和职业偏好，从而做出适合自己的职业选择。

1. 职业性向

霍兰德教授的"职业"模式把人的人格和工作分为六大类：现实型、调查型、艺术型、社会型、企业型和常规型。根据自己的职业取向，选择与自己有关联的工作，可以使自己感到轻松愉快，获得职业成功的几率也会提高。

2. 能力

对于一个企业的雇员来说，他的能力是指他的工作能力，即他能够利用他的资源从事生产、研究和经营活动。它与个人的发展程度直接相关，具体表现为身体素质、心理素质、智力等各方面的综合素质。所谓的体力，就是指一个人的身体健康和强健的程度，反映出他对体力的承受力和消除疲劳的能力。心理品质是指一个人在压力、挫折、困难等方面的心理成熟。智慧包括三个方面：第一是智力，指员工认识事物，运用知识解决问题，包括观察力、理解力、思维判断力、记忆力、想象力、创造力等。第二部分是知识，也就是员工通过学习和实践而得到的理论和实践。第三是技术，是员工在知识的支配下操作、运用、推动各种物质和资讯资源的能力。

个人能力是影响个体事业发展的主要因素。第一，个人能力愈强，愈需要实现自我价值、受人尊敬，发展的愿望愈强烈，愈有利于个人发展；同时，能力者对新知识的接受速度更快，他们的能力和发展会形成一个良性的循环。第二，如果有相同的条件，那么，能力和贡献就会更多。高收入可以为个体的发展提供物质保障，也可以促进自身发展。因此，能力不仅对个体的发展有很强的需求，而且也为个体的发展创造了可能的条件，这是一个人的事业发展的一个重要的依据和影响因素。

3. 职业锚

就像前面提到的，当人们在选择和发展自己的事业时，就会把它作为一个核心。职业锚是个体的天赋、动机和价值观的一种方式，它对个体的职业发展和企业的发展起着举足轻重的作用。

4. 职业发展阶段

每一个人的事业都要经过很多阶段，只有认识到其特点、知识水平、职业偏好，才能对其进行全面的发展。萨柏教授在职业生涯中的发展历程，可以作为一个很好的参考，可以帮助人们对自己的职业发展和分析自己的特征和需求做出正确的判断。

(二) 影响职业生涯的环境因素

1. 社会环境因素

（1）经济发展水平。不同的经济发展水平，不同的企业规模，不同的区域，个体的职业选择也不同。一般而言，经济发展程度高的地方，公司特别是好公司多，个体选择和发展的机会也就越多，这对个体的事业发展也是有利的。

（2）社会文化环境。这包括教育水平、教育条件、社会文化设施等。一般说来，一个人在一个良好的社会文化环境下，可以得到很好的教育和培养，这对他的事业发展是有益的。

（3）领导者素质和价值观。企业能否成功地开展员工的事业发展，直接关系到其能否得到领导的重视，而能否得到领导的高度评价，也直接关系到其自身的发展。

2. 组织环境因素

（1）企业文化。我们之前说过，公司的文化影响着公司对雇员的看法，因此，公司的文化影响着雇员的事业。一个公司提倡员工参与经营，明显要比专制的公司给雇员带来更多的发展机遇；那些渴望发展、追求挑战的人，在论资排辈公司里也难以得到重视。

（2）管理制度。员工的专业发展最终取决于企业的管理制度，其中包括培训制度、晋升制度、考核制度、奖惩制度。企业价值观、企业经济哲学，也要深入到企业制度中去，才能真正落实。如果没有一个系统，没有一个合理的体系，那么，就很难使一个人的事业得到发展，甚至会变成一句空话。

（3）领导者素质和价值观。企业的企业文化与管理方式与其领导人的品质、价值有关，企业的经济理念常常是企业家的经营理念，企业领袖若不注重员工的职业发展，那么企业的发展也就无望了。

3. 经济环境因素

经济状况也是事业成功的关键因素。

事业的成功，是一个人一生的终极追求。职业成功的涵义因人而异，且有强烈的相对性，在同一人的生命中，其意义也不尽相同。每一个人都能清楚的定义他们的事业成功，其中包括成功的意义、成功的时候发生的事情、必须拥有的东西、成功的时间、成功的范围、成功的健康、被认可的方式、想要的权力、以及在社会中的地位等等。对于一些人来说，成功是一种抽象的、无法量化的概念，比如愉悦、工作环境融洽、工作后的满足。在职场上，有些人追求职位的提升，有些人则追求工作内容的丰富性，而对青年雇员而言，他们的事业应该是在工作中获得满足和成就感，而非只想着要迅速提升；在工作设计方面，尽量增加工作的内容，增加工作的难度。

职业生涯的成功可以让人获得自豪感，进而提升自身的能力，并在一定程度上表现出不同的水平和取向。

现在，有五条公认的职业道路：

进取性——把它提升到团体和制度的最顶端。

安全型——追求认可，工作安全，尊重他人，做"圈内人"。

自由的——在工作中最大限度地掌握而非受控。

攀爬式——获得刺激、挑战、冒险以及"擦边"。

平衡——在工作、家庭关系和个人发展中找到一个合理的平衡点，这样工作就不会变成一种负担。

过于劳累或过于沉闷。事业的成功与标准也是多种多样的。

二、个人职业计划

在管理人员的专业发展方面，企业应该负起很大的责任。但是，最大的责任在于雇员本身。对每个人来说，最关键的是要有一个合适的个人生涯规划。

（一）制定个人职业计划的原则

1. 实事求是

这就需要雇员对自己有一个正确的认知和对自己的客观评估，这是一个人的生涯规划的先决条件。

2. 切实可行

个人的专业目标必须与自己的知识、能力、个性和工作的适应性保持一致。同时，在选择自己的职业生涯和人生道路时，也要综合考虑客观的环境和条件。

3. 个人职业计划要与组织目标协调一致

脱离了组织的目标，个人的事业就无法得到发展，在企业中也很难站稳脚跟。雇员应该与公司进行积极的交流，寻求组织的帮助和支持，以便制定出适合自己的工作方案。

4. 在动态变化中制定和修正个人职业计划

由于企业自身的知识、经验、技能、态度等因素的影响，需要对自身的职业规划进行适时的调整，包括职业发展的具体活动、短期职业目标等。

（二）职业计划设计

职业规划设计是一种规划，是一种为整个生涯规划和整体规划的规划，并为其未来的职业发展指明了方向和方向。下列要素通常是在设计工作规划时考虑的：

1. 自我评估

个人自我评估是对自身各个层面的分析和评估。员工在了解自身后，可以制定可达成的目标，而自我评估应从人生观、价值观、受教育程度、职业锚、兴趣、专长、性格、技能、IQ、情商、思维方式和方式等方面进行综合评估，以了解自己，选择职业发展道路，提高自己的成功几率。

窗口分析是一种很有价值的自我评估方式。心理学家将个人对自身的认识比喻成一扇窗户。为方便了解，将窗口置于直角坐标系统中进行分析。坐标的横轴是一个正向的，代表着一个是不认识的，一个是他知道的。

2. 评价事业发展的机遇

职业发展机遇评价，是评价不同环境因素对个人事业发展的作用。正如前面提到的，环境因素包括社会和商业环境，例如经济发展，社会文化和政治体制。在设计个人的工作机会时，要从环境发展的变化、环境的特征、人与环境的关系（包括自己的地位、环境对自己的要求、环境对自己的有利条件、对环境的不利影响）等方面进行全面的理解和理解，才能在复杂的环境中寻求最大的利益，并制定切实可行的职业规划。

3. 职业的选择

职业选择的好坏，将直接影响到你的一生和事业的成功。在选择职业时，要认真地思考自己的职业属性、能力、职业锚、人生阶段等与职业匹配程度。

4. 确立职业目标

职业规划是在职业规划中的一个重要环节。职业目标的设置是在职业选择之后，根据个体的最佳才能、性格、兴趣、环境等因素而做出的再一次选择。职业目标一般分为短期目标、中期目标、长期目标和生活目标．短期目标通常是 1-2 年，中期是 3-5 年，5-10 年是一个长期的目标。

在确定目标时应注意以下问题：

①目的应与社会和机构的需求相适应，有需求才有市场，有地方。

②要适应自己的特征，并以自己的长处为基础。

③要有远大的志向，但不能高瞻远瞩，目标越大，发展的速度就越快。

④目标范围不能太大，最好是选一个比较狭窄的区域，全身心地投入，这样才能更容易地达到目的。

⑤要把长远的目标和短期的目标相结合，长远的目标指出了发展的方向，而短期的目标则是长远的保障。

⑥目标要清晰、具体，在同一时间内不能有过多的目标，越简洁、越具体，越容易达到，对个体的发展也越有帮助。

⑦要重视职业目标、家庭目标、人生目标与健康目标之间的和谐统一，这是事业成功的根本保证。

5. 职业生涯路线的选择

在确定了自己的事业和发展方向之后，你就会面对自己的职业道路。比如，要向行政方向发展，要走专门的技术路线，要走技术路线，要走行政路线等等。因为发展道路的差异，需要有不同的职业发展。所以，在设计事业的时候，一定要做出选择，这样才能为自己的学习、工作和各种行为提供指导，才能让自己的事业按照既定的路线和既定的事业发展。

在选择职业道路的时候，可以考虑三个问题：

①一个人的理想是什么，他的价值，他的理想，他的成就，他的动机，他的目的，他的目的。

②一个人的选择应该走什么样的道路，主要是根据自己的性格、特长、经历、学历等主观因素来决定自己的能力。

③一个人的发展方向，取决于他的社会、政治、经济、组织等因素，从而决定他的机遇倾向。职业道路的选择主要是通过对三个因素的综合分析来确定自己的职业道路。

6. 制定行动计划与措施

再好的理念，再好的想法，也要付诸实践，不然就是纸上谈兵。在制定好了自己的事业规划和发展道路之后，行动就成了一个重要的环节，也就是实现这个目标的具体步骤，包括工作、训练、教育、轮岗等。

7. 评估与调整

正如前面提到的，许多因素都会对你的职业规划产生影响，而环境变迁则是最主要的。在实际的社会中，如果规划设计能行得通，就需要不断地进行职业规划的评估和调整，例如：职业的再选择、职业道路的选择、人生的目标的改变、执行措施和计划的改变。

三、个人职业发展趋向

个性（包括价值观、动机、需求等）是影响人们选择职业的主要因素。

（一）现实倾向

有此倾向的人会被吸引到从事包括体力劳动、需要技巧、力量和协调的工作，例如采矿工人、运动员等。

（二）调查趋势

拥有这一趋势的人将会被更多的认知活动所吸引，而非像研究者和大学教授这样的以知觉为主导的工作。

（三）社会趋势

有此倾向的人会被吸引去从事包括许多人际关系活动的工作，而非像精神科医师、商人等需要大量的脑力或身体活动。

（四）传统倾向

拥有这种倾向的人，往往会被吸引去做一些有组织、有条理的工作，比如会计、银行工作人员等等。

（五）公司发展趋势

有这种倾向的人，往往会被吸引去从事包括很多对别人有影响的人际关系的工作，比如经理，律师等等。

（六）艺术倾向

拥有这一倾向的人，往往会被吸引去从事包括大量自我表现、艺术创作、情感表达和个人化的工作，比如艺术家、广告创意人员等等。

在工作中，每一个人都有不同的专业倾向，而不仅仅是一种专业倾向，而是多种专业倾向的结合。如果这个倾向是类似的，那么人们在选择自己的事业时就会更不容易产生矛盾和犹豫不决。简而言之，只要个人的性格和兴趣持续地支撑着原有的职业倾向，那么，自然的职业锚就会出现。

第四节　组织职业生涯管理

一、组织的职业规划

总体来说，制定一份事业规划，是将现有的人力资源责任与结构进行整合，使其在各层面上互相加强，形成协同效应。

（一）查明个人和机构的需求

一份工作规划应该能够满足经理，员工个人和机构的需要。一方面，要确立自己的人生目标，完善自己的事业规划，必须了解自己的知识，技能，能力，兴趣，价值观，并寻求相关的职业选择；另一方面，管理人员要提供有关组织工作和工作前景等方面的资料，并提供有关工作、政策和计划的资料，并协助他们进行自我评估、培训和发展。如果一个人的动力和一个公司的组织所能提供的机遇结合起来，那么他的事业就会得到巨大的提升。

1. 机构需求

与其它的人力资源规划类似，组织需求是一个事业发展的起点和基础，重点放在了公司今后一段时间内的主要策略问题上。其内容有：

①在今后一段时间里，公司的组织将会遇到哪些最重要的需要和挑战。

②要应对这些挑战，你必须具备哪些关键的技能，知识和经验。

③公司的组织所需的员工数量是多少？

④企业组织是否需要为解决上述关键问题提供一个工作平台。

2. 对个人事业的需求

就个体的专业需要而言，要决定个体在公司内部如何找到机遇，具体包括：是否利用个体的能力？是关于个体发展的需求？是挑战吗？是为了满足自己的爱好？这是一种与自己相符的价值观吗？或者适合自己的风格？

评估需求的方式有很多种，例如测试，非正式的组织讨论，面试等，这些都是由各个团队的成员完成的。从以上几个层面提出的需求与问题，可以为企业提供就业机会提供依据。职业规划管理是把企业需求和个体的专业需求相结合的过程。

（二）营造良好环境

职业规划的执行要求是要有一定的基础，这样才能为发展事业提供一个良好的环境。

1. 管理支助

事业规划要取得成功，需要公司高层主管的充分支持。高级经理是公司的决策人，他们的想法通常是公司的文化政策的代言人。如果一个领导者没有以人为本的理念，那么他就很难把自己的工作放在第一位，更别说为自己的事业做好规划了。因此，企业应该从上到下，制定出一套能体现公司文化目标的职业发展规划体系。

2. 确立专业目标

对于企业来说，特别是对于个体来说，在制定自己的事业计划前，他们不但要对企业的文化有一个清晰的认识，而且更直接的，就是要让他们明白公司的短期目标，以便他们能够根据自己的目标来制定自己的发展计划。

3. 人事管理政策的变动

企业的人力资源管理政策直接关系到企业的工作规划，为了保证其工作计划的有效性，企业必须对现有的 HRM 政策进行修改和重新设计。比如，更换工作岗位需要雇员改变工作团队、工作地点或组织单位，或者需要进行必要的搬迁，到其他地方工作。对于企业来说，更换工作岗位可以让雇员在最需要他们的地方工作，在那里他们可以学习新的知识和技巧；而对于雇员来说，他们不但要对新的工作环境进行调整，同时也要不断更新自己的技能、知识和能力。

4. 发布一项计划

在公司内部，要有一个广泛的职业规划，让每个经理和雇员都能明白和理解公司的目标和机遇。比如，可以在公司的宣传资料中发布，也可以在员工手册中编辑。

(三) 就业岗位的展示

1. 工作条件

从公司的观点来看，一个职位的知识和技术水平是必需的。这就是对工作的分析。调查表明，一份工作必须具备三个最基本的技能：技能，解决问题的技巧，以及责任感。在这些技能中，技术技能可以分成三大类：技术型、管理型和人际型。为每个工作的三种主要能力打分，并对每个工作的总价值进行评估。

2. 职位晋升

职位晋升是指新雇员从开始工作到需要更多知识和技术的职位。公司的组织可以基于工作的重要性来决定他们需要的技术，并以此来制定工作晋升计划。一般的企业组织采用的是管理型、专家型、技术型的工作提升模式，即从人力资源管理的视角，为其提供明确的职业发展路径，并将之视为个人发展的基石和台阶。

3. 规划两种职业的发展途径

在制定工作规划时，应当向雇员提供多种职业发展的方式。例如，一名雇员最后会成为一名经理，这不但让雇员获得了公司的承认，而且还为技术专家提供了一条职业道路。特别是在某些特定的行业，如会计、营销、工程学等，可以通过给他们提供与经理级别相同的工资来提升雇员。

4. 培训需求

在个人的事业发展过程中，必须进行工作以外的训练。经过恰当的训练，能够适应新的工作模式，并能维持高效率的工作表现。当然，根据工作岗位的不同，不同的雇员需要接受不同的训练。

(四) 对雇员潜力的评估

要确保雇员在事业发展之路上取得成功，必须在事业规划中提供工具及技术来衡量雇员的潜力。一般有以下几种方式：

1. 就业规划工作手册

职业规划工作手册是通过一个自我评估体系，包括价值观，兴趣，能力，目标和个人发展规划。很多大公司和出版商都利用它来协助雇员对不同的事业做出决定，以便为自己的事业做好准备。

2. 就业辅导

职业指导是在企业中，与雇员就其目前的工作表现、职业目标、个人技能和职业发展目标进行探讨的过程。职业辅导通常由公司自行开展，有些公司会将其纳入年终业绩考核。在人力资源部门的工作人员、监考人员、专业人事顾问或其他专业顾问的协助下，对企业的职业发展起到了很大的作用。

二、职业生涯管理

在组织内部进行职业生涯管理，其重点在于正确地指导其职业发展，协调公司和员工的目标，努力使其与组织的目标相符合。协助员工制订工作发展规划，促进公司与员工的成长与发展。企业在不同的生涯发展阶段，其直接管理的侧重点是不同的。

（一）就业过程中的职业规划

企业的职业规划是一项长期而又充满活力的工作，因此，在招募新员工的时候就应该着手。招聘的流程其实就是求职者与企业之间的互相认识。在招聘过程中，公司会为求职者介绍当前的公司情况和工作前景，并将公司的基本思想和文化思想传递给他们，让他们对公司的组织有最好的理解。同时，公司要对应聘者进行全面的了解，掌握其能力、个性、身体素质、学历、工作经验，以便为其提供合适的人选，为其今后的事业发展打下良好的基础。

（二）早期职业生涯的管理

早期的职业生涯是指个人从学校到组织，在组织内部逐渐"组织化"、被接受的过程。这个时期通常出现在20~30岁，从学校走向社会，从学生到雇员，从单身到家庭，一系列的角色与身份的转变，都是一个适应的过程。在此阶段，个体组织和个体之间的相互认同是个体与组织的共同使命。因此，企业的职业管理工作有以下几个方面：

1. 将公司和个体的目标进行协调

第一，要树立发展人才的理念。在人力资源管理中，要坚持以人为本，注重人才的同时，还要注重人才的培养。职业管理是人才培养的重要手段，正确认识人才的发展理念，是实现职业管理的先决条件。

第二，理解雇员的需求。雇员的需求主要是职业兴趣，职业技能等。只有正确掌握了员工的主要需要，才能使其处于最佳的工作岗位，从而达到有针对性的工作目标。

第三，让职工和公司的利益形成一个整体。公司在设定目标时，要将公司的目标与员工的个体目标结合起来，并透过有效的交流，让员工明白公司的目的，让他们明白达成公司的目的。

2. 协助雇员制订工作规划

第一，加强对新员工的岗前训练和指导。它的目标是让新雇员了解公司的历史、现状、制度、政策、法规、工作职责、劳动纪律、企业文化等。

第二，制定一份工作规划。职业规划是一种工作分类的表格，它将公司内的各种工作按不同的顺序进行分类，从而更全面地反映出公司的人力资源分配状况。通过这张图，公司的一般职员和技术人员可以在经验丰富的管理者的指导下，根据他们的增长目标，选择合适的职业发展方向。

第三，对雇员进行就业辅导。企业对员工进行职业辅导主要有三个方面：一是由管理者进行，管理者对员工进行职业辅导是他们的职责和义务。经理们和他们的下属一起工作，他们对他们的能力和专业知识有很好的理解，因此他们可以为他们的下属提供有价值的意见。并协助部属分析其将来升迁的机会。二是外部聘请专业人士，企业可以聘请专业人士为其提供专业的职业发展顾问。三是对员工进行自我评估，有许多专业的测验工具，可以让他们对自己的能力和性格进行测试，可以将这些工具上传到公司的内部网中，让他们自己去测试。

第四，把一份工作交给雇员去做测试。通过这种方式，可以对他们的工作表现和潜力进行检验，并且能够对他们的早期业绩进行及时的反馈，让他们能够理解他们在工作中所做的事情，从而克服不确定的压力和不安，从而帮助他们学习和适应工作。

第五，帮助雇员制订个人的工作规划。公司可以定期举行顾问会议，在会上，雇员和管理层将评估每个雇员的职业发展目标，并确定他们应该在什么地方进行职业发展。公司应该在职业规划上进行培训，让雇员认识到如何制定自己的职业，并在此基础上学习一些基础的工作。

（三）中程管理

在职业生涯的初期，员工与组织之间的相互认同，使其进入到职业生涯的中期。在一个人的职业生涯的中期，主要有两种：第一种是得到提升，到一个更高层次的领导或技术岗位；二是工资和福利提高，对所选择的工作做出了稳定的贡献。职业生涯的中期，是一个相当漫长的时期（通常在25岁到50岁之间），是一个充满变数的时期，它可以在事业上取得成功，也可以在事业上遇到危险。在此期间，企业应确保员工的合理轮岗与升迁，为其提供一条合理、顺畅的发展之路。

1. 协助雇员实现自我价值

第一、多样化的、多层次的工作人员的工作。培训与员工的职业发展有着直接的联系，其基础是提升员工的能力，而提升员工的能力并不一定与当前的工作有关，而是需要不断地进行训练，因此，公司必须建立健全的培训体系，以便在每一次的岗位变动时，都能获得相应的训练。同时，公司内部和外部组织的各类培训都要鼓励和支持。不但要在时间上提供，还要在经费上提供援助。

第二，实行分阶段轮班制。工作轮班是影响职工事业发展的关键因素。一方面，通过一次又一次的尝试，可以让雇员对自己的职业取向和职业定位有一个更精确的评估；另一方面，能够让员工得到全方位的磨练，拓宽眼界，提高各种能力，以适应各种不同的需要，为今后从事更大的工作奠定坚实的基础。

第三个是以发展为目的的评估。绩效考评的目的，既是对员工绩效、态度、能力的评估，也是对分配、晋升的依据，同时也是对组织目标的实现、激发员工上进心和发展的动力。评估既是对过往的回顾，也是对未来的一次考验，而以生涯发展为目标的评估，则是要协助员工找出问题与缺陷，并将其与清晰的工作方向与改善方式相结合，从而推动员工的成长与提高。因此，企业与管理者应将绩效评估与员工的专业发展有机地联系在一起，定期与员工进行交流，及时发现问题并提供相应的解决方案，从而为其提供专业发展的指导。

第四，要加强职场氛围，防止职场中的危机。员工的工作环境是员工成长的主要因素。机械设备、设施、照明等硬环境，对员工的身心健康有直接的影响；组织文化、目标、价值观、具体规章制度、劳动关系、组织风气等软环境与条件对员工的工作动机、归属感、工作热情有很大的影响。对员工进行职业生涯规划的一项重要责任与措施，就是要对以上工作环境与条件进行持续的更新，以推动员工的职业发展。

2. 开展升职和调任管理

员工的升迁是员工职业发展的最直接体现，也是最主要的方式。为了确保员工的公平竞争，企业必须建立起一套合理的激励机制和激励机制。企业内部的职业发展渠道应该是多元化的，这样才能使各类人员能够更好地选择适合自身发展的道路。

3. 实行职业发展阶梯

职业发展阶梯是企业为其员工制定的自我认知、成长和提升的管理计划。企业为员工制定科学、合理的职业发展台阶，可以有效地激发员工的工作热情和创造力，增强他们对企业的忠诚度，进而推动企业的可持续发展。当前我国的职业发展阶梯模式有三种：单阶梯型、双阶梯型、多阶梯型。在传统的组织或公司中，只有一个台阶，那就是经理级，在此背景下，表现优异的技术人才只有在晋升管理层时才能得到晋升。

发展方向单一，发展道路窄，收效不佳。目前，企业采用的最多的是"双梯制"模式，在这种模式下，企业为员工提供了两条职业道路，一条是管理和技术两条道路，员工可以在任意一条道路上自由发展，极大地弥补了单级职业发展模式的不足。还有一些企业针对企业的实际情况，制定了多层次的管理模式，以适应企业的发展需求。

（四）中后期的职业管理

从年龄上来说，处于事业末期的员工通常是 50-退休。由于其职业性质和个性特点，在其晚期阶段的起始和终止时期也存在着显著差异。在此期间，职工的退休问题不可避免地被提上了日程。许多事实表明，员工的退休会给员工带来巨大的冲击，对公司的工作，特别是对在职员工，都有一定的影响，因此，组织有义务帮助员工认识到这一客观现实，帮助他们制订出一套详细的退休方案，让他们的退休生活变得更加丰富多彩，让他们有机会发挥自己的潜力和潜力。

1. 退休金制度意味着什么

退休计划是指企业为即将步入职场的员工提供的一项计划和活动，以协助其完成自己的职业，并使其适应自己的退休生活。合理的退休制度能让员工更快地适应自己的退休生活，维护自己的退休制度，从而实现对组织中的在岗职工的心理稳定，维护其年龄结构的正常新陈代谢，从而为企业的在岗职工创造更多的就业机会。

2. 管理退休制度

退休职工在面对财务、住房、家庭等各方面的现实问题时，也要处理好工作后的闲暇生活与角色的转变。因此，退休者既要面临社会与心理的双重调整，又要采取相应的退休金制度与管理措施，以适应其情感与发展需求。

第一，进行退休辅导，并采取措施。退休顾问是为即将和已经退休的员工提供金融，住房，家庭，法律，再就业等方面的建议和协助。同时，组织实施的退休计划如递减工作量、预备退休等与退休生活相适应的退休活动，对于员工的退休生活有很大的促进作用。

第二，做好离休人员的职业生涯衔接。职工退休了，但公司的工作仍在继续，所以，企业要有系统地、分批地安排应该退休的人，不要因为退休而耽误了工作。在退休方案中，选择合适的接班人，尽早地对接班人进行培训，以确保工作的顺利进行。第三，要做好职工退休后的工作，要有各种不同的措施。针对每个人的不同特点，制订出特定的退休方案，尽量让退休后的生活更加丰富多彩；举办座谈会，促进与企业的交流；在退休职工个人健康、家庭条件允许的前提下，可以采取兼职、顾问或其他方式聘用他们，使其发挥余热。

第五章 员工薪酬管理

第一节 薪酬管理概述

一、薪酬的概念和作用

员工薪酬是指员工在从事劳动、履行职责并完成任务之后，所获得的经济上的酬劳或回报。从广义角度理解，薪酬包括员工直接获得的报酬（如基本工资、奖金、红利等）和间接获得的报酬（如基本福利、办公条件和通讯设备等）。从狭义的角度理解，薪酬仅仅指员工直接获得的经济报酬。本章主要从狭义的角度讨论员工的薪酬管理问题。对员工来说，薪酬主要起着维持、保障和激励的作用。员工通过付出劳动获得薪酬，首先是为了维持其自身和家庭的基本生活需要，同时也要保障自身和家庭成员发展的需要。与此同时，合理的薪酬结构和计薪方式对于调动员工的工作积极性，主动性，吸纳并留住优秀的人才，增强组织的凝聚力都具有较强的激励作用。

二、薪酬管理的基本原则

薪酬管理始终要坚持贯彻下面五项原则。

（一）公平性原则

薪酬管理的公平原则主要包括薪酬的外部公平性和薪酬的内部公平性两个方面。所谓外部公平性是指与同行业其他组织相比较，工作职位的薪酬水平具有竞争性；内部公平性则是指在同一组织内部，各个工作职位的薪酬水平与该职位员工的劳动付出是相称的。

（二）激励性原则

薪酬管理的激励性原则是将员工的薪酬所得与他们的工作行为和劳动产出紧密联系起来，通过满足员工的多元化需求，强化员工的劳动行为，引导并推动员工达成更高的工作目标。

（三）竞争性原则

薪酬管理的竞争性原则要求组织在制定薪酬制度和整体薪酬水平时，要充分考虑内、外部劳动力市场的竞争性薪资水平，从而可以更好地从外部市场吸纳优秀人才，或者能够从内部市场充分挖掘具有潜力的优秀员工从事更加重要的岗位工作。

（四）经济性原则

薪酬管理的经济性原则要求组织在确定薪资水平时要分析组织自身实际经济承受能力，需要进行人力成本核算，把人力成本控制在一个合理的范围内，谋求组织和员工的双赢发展态势。

（五）合法性原则

薪酬管理的合法性原则要求组织充分关注国家、地区以及行业对最低薪资要求、特殊时期、特殊岗位、特殊人员薪酬要求的强制性规定，遵守如《劳动法》中对薪酬管理的有关规定。

三、常见的薪酬制度

薪酬制度是由公司根据劳动的复杂程度、精确程度、负责程度、繁重程度和劳动条件等因素，将各类薪酬划分等级，按等级确定薪酬的一种制度。常见的薪酬制度有结构工资制、职务等级薪酬制、岗位等级薪酬制、技术等级薪酬制、岗位技能薪酬制、岗位薪点薪酬制等。

（一）结构工资制

结构工资制是我国国有企业在工资制度改革过程中创造出来的一种工资制度。它是基于工资的不同功能，划分为若干个独立的工资单元，各单元又规定不同的结构系数，组成有质的区分和量的比例关系的工资结构。结构工资制的构成一般包括六个部分，它们分别是基础工资、岗位工资、技能工资、效益工资、浮动工资以及年功工资等。

（二）职务等级薪酬制

职务职能薪酬制是根据员工所履行职务的种类与完成某一特定职位工作所相应要求的工作能力等级确定薪酬等级的一种薪酬制度。这种薪酬制度往往较多在管理技术岗位上采用。

（三）岗位等级薪酬制

岗位等级薪酬制是按照员工在生产中的工作岗位确定薪酬等级和薪酬标准的一种薪酬制度。它的性质类似于职务等级薪酬制，区别在于这种薪酬制度多应用于企业工人岗位的薪酬管理。

（四）技术等级薪酬制

技术等级薪酬制是按照员工所达到的技术等级标准确定薪酬等级，并按照确定的等级标准计付劳动报酬的一种薪酬制度。这是一种适用于技术工人的薪酬管理形式。

（五）岗位技能薪酬制

岗位技能薪酬制是以岗位的劳动技能、劳动责任、劳动强度和劳动条件为基础而确定薪酬的一种基本制度。它是建立在岗位评价的基础上，充分突出了薪酬中岗位和技能这两个结构单元的特点。

（六）岗位薪点薪酬制

岗位薪点薪酬制同岗位技能薪酬制一样，在评价岗位四要素（岗位责任、岗位技能、工作强度和工作条件）的基础上，用点数和点值来确定员工实际劳动报酬的一种薪酬制度。

四、薪酬设计的基本流程

制定健全合理的薪酬方案，需要一套完整而正规的程序来保证。薪酬设计一般需要经过以下七个基本的步骤：

（一）制定薪酬原则和战略

设计薪酬之初，首先应该明确组织的总体发展战略和职能发展战略。在各项战略的指导下，确定薪酬战略，并集中体现组织的总体发展要求。

（二）进行工作分析

在组织结构设计基础上进行工作分析，编写工作岗位职务说明书，形成清晰的组织结构图和工作说明书体系，这是进行薪酬设计的前提条件。

（三）进行工作评价

用工作分析的结果进行工作岗位评价，衡量组织内部各项工作与职位的价值，建立各项工作价值间的相对关系，以便使薪酬制度满足内部公平性要求。因此工作评价是薪酬设计中最重要和基础的环节。

（四）市场薪酬调查

为了保证组织薪酬制度的外部公平性，还要进行市场薪酬调查，了解本地区、本行业的薪酬状况，尤其是竞争对手的薪酬情况，从而设计相应的具有竞争性的薪酬体系。

（五）薪酬结构设计

薪酬结构设计是将组织中各项工作职位的相对价值与对应的实付薪酬之间确定一种线性或非线性的联系的过程。它可以使每个工作职位的薪酬水平都对应于它的相对价值。组织往往根据自身战略发展要求，参照市场同行业数据以及劳动力市场供求情况，确定薪酬结构。

（六）确定薪酬等级和标准

确定工资等级是将工作评价以后得到的相对价值相接近的一组职务或工作编入同一等级，每一工作等级所对应的薪酬水平都有一个幅度，即每个等级有一个起薪点和顶薪点。这样整个组织就可以组合成若干个薪酬等级。

（七）薪酬方案的实施、评估和控制

薪酬方案一旦确定，就要严格地加以执行和落实。在实施过程中还要不断听取各级员工的反映，评估系统的公平性、竞争性特征，及时修正方案中的偏差，使薪酬方案更加合理完善。

第二节　薪酬的组成与确定

一、基本薪酬——工资

基本薪酬即工资，它是以一定的货币定期支付给员工的劳动报酬。

（一）工资的影响因素

影响工资的因素分为外在因素和内在因素两种。

（1）内在因素。所谓影响工资的内在因素，是指与劳动者所承担的工作或职务的特性及其状况有关的因素，主要有以下几种：

——员工付出的劳动。员工所提供的现实劳动量差别是导致工资水平高低的基本原因。

——职务的高低。职务既包含着权力，同时也负有相应的责任。通常情况下，职务高的人权力大，责任也较重大。因此其工资水平也较高。

——技术和训练水平。原则上，技术水平越高，所受训练层次越深，则应给予的工资越高。这份较高的工资不仅有报酬的含义，还有积极的激励作用，即促使员工愿意不断地学习新技术，提高劳动生产水平，并从事更为复杂和技术要求更高的工作。

——工作的时间性。对绝大多数劳动者来说，他们所从事的工作通常都是长期的，而另外一些劳动者则从事季节性或临时性的工作，这部分劳动者的工资无论是以小时、周还是以月计算的，一般都比正常受雇的同级别员工的工资高，其基本原因可归纳为三个：一是这些人在工作季节或期间过去之后，可能会不容易找到工作，而在失业期间他们将没有收入来源；二是这些劳动者在受雇期间很可能得不到社会保障的保护，因为雇主或企业通常不需要为他们支付劳动保险等费用；三是这些劳动者很可能不享受企业福利。所以，工资支出应适当高一些，以为这部分劳动者的生活提供一定的缓解余地。

——工作的危险性。有些工作具有危险性，妨害人体健康，甚至危及人的生命，还有些工作具有比较恶劣的工作环境，这样他们的工资就应当比在舒适安全的工作环境中工作的员工工资要高。这种高工资的作用一方面用于补偿他们的体能消耗、耐力和冒险精神，另一方面，从心理学的角度来说，也是一种鼓励和安慰。

——福利及优惠权利。有些企业办有种种福利或给予职工若干优惠待遇，作为职工工资收入的补充；而没有福利或优惠的企业，则需在工资方面给予适当的弥补，方能维持企业骨干人员的稳定。

——年龄与工龄。从理论上讲，工龄并不体现劳动者的劳动能力，也不能体现劳动者的劳动成果，因此工龄不属于按劳分配的范畴。事实上，工龄往往是影响工资的一个很重要因素，这是由以下几方面的作用决定的，第一，补偿劳动者过去的投资；第二，保持平滑的年龄收入曲线；第三，减少劳动力流动。连续企业工龄与工资收入挂钩能起到稳定职工队伍，降低企业成本的作用。

（2）外在因素。所谓影响工资的外在因素，是指与员工工作的状况、特性无关，但对工资的确定构成重大影响的一些经济与社会因素。与内在因素相比，外在因素更为具体而易见。如生活费用与物价水平、企业负担能力、地区和行业间通行的工资水平、劳动力市场的供求状况、劳动力的潜在替代物、产品的需求弹性等。

（二）工资的评定标准

工资标准又称工资率，是按单位时间规定的各等级的工资金额。工资标准表示某一等级的工作在单位时间上工资收入的水平，是工资收入的基础。主要有最低工资标准、固定工资标准和浮动工资标准等形式。

（1）最低工资标准。最低工资标准是指企业中从事最简单工作的最不熟练劳动者，单位工作时间的工资数额。最低工资标准是确定工资差别的基础，其水平的高低在很大程度上反映宏观工资的总体水平。企业最低工资标准的确定主要根据企业自身特征，但也要考虑以下因素的影响。

——国家或地区法定的最低工资率，或最低工资标准。企业和国家最低工资标准不是一个概念，但在一般情况下，企业最低工资标准高于国家或地区法定的最低工资率。

——以企业内最简单、最不熟练的劳动技能和劳动成果为依据。

——企业最低工资标准不应是一个固定的量，应该随着企业生产经营的发展、劳动生产率的提高以及本企业工资基金规模的变动适当地做出调整。

（2）固定工资标准。固定工资标准的含义是每一个工资等级只规定一个工资数额，一旦确定，长期稳定不变，与企业经济效益没有直接关系。

（3）浮动工资标准。浮动工资标准的含义是每一个工资等级规定 2~3 个工资数额，随企业经济效益及个人劳动贡献上下浮动。

3. 工资定级和升级

工资定级是对原无工资等级，或原有工资等级失效的员工进行工资等级的确定。国外企业重视对新员工，即无工资等级员工进行工资定级，我国还包括职业调动和恢复就职员工的工资定级。

（1）新员工的工资定级。企业对新员工的工资定级方式有以下几种：

——新员工考核（考试）定级。考核定级是指对参加定级员工按规定进行考核（考试），合格者按照其所达到的等级标准确定工资等级。对未有工作经历的新员工来说，定级顺序一般是从所任职务内的最低工资等级起，按照职务和岗位的变动，工资逐级上升。

——按职定级。按职定级是对职务已经明确的员工，确定相应的工资标准。这种方式一般是指有专业特长，或者企业专门招聘的管理技术人员而言的。

——比照定级。比照定级是在工作岗位发生变化以后，比照新岗位的职务或其他定级标准确定工资等级。比较典型的是我国部队退役人员和军队转业人员到地方企业工作时，按照国家的政策，对照企业工资等级确定等级。

（2）职业调动员工的定级。企业员工因公调动，或企业认可的工作调动以后，其工资、津贴、奖金等待遇，按照调入地区和企业现行的制度和标准评定工资等级。

（3）重新就业员工的定级。重新就业员工，仍从事原工种的，经考核合格后，承认原工资等级；改变工种的，试用期间一般按高于最低等级的工资标准支付工资。

二、奖金

奖金是一种补充性薪酬形式，它是对员工超额劳动或者增收节支的一种报酬形式。劳动者在创造了超过正常劳动定额以外的劳动成果之后，企业以物质的形式给予补偿。其中，以货币形式给予的补偿就是奖金。主要特点是：

第一，具有较强的针对性和灵活性。奖励工资有较大的弹性，它可以根据工作需要，灵活决定其标准、范围和奖励周期等，有针对性地激励某项工作的进行；也可以抑制某些方面的问题，有效地调节企业生产过程对劳动数量和质量的需求。

第二，可弥补基本工资制度的不足。任何工资形式和工资制度都具有功能特点，也都存在功能缺陷。例如，计时工资主要是从个人技术能力和实际劳动时间上确定劳动报酬，难以准确反映经常变化的超额劳动；计件工资主要是从产品数量上反映劳动成果，难以反映优质产品、原材料节约和安全生产等方面的超额劳动。这些都可以通过奖金形式进行弥补。

第三，有较强的激励功能。在各种工资制度和工资形式中，奖金的激励功能是最强的，这种激励功能来自依据个人劳动贡献所形成的收入差别。利用这些差别，使员工的收入与劳动贡献联系在一起，起到奖励先进、鞭策后进的作用。

第四，将员工贡献、收入及企业效益三者有机结合。奖金不具有保证企业员工基本生活需要的职能，它既随着企业的经济效益而波动，又能体现个人对企业效益的贡献。例如，当企业经营效益好的时候，企业和员工的总体奖金水平都提高，但个人奖金不一定与总水平同步提高，因为每个人的贡献是有差异的；反之，企业经营效益不变，总体收入水平下降，但贡献大的员工奖金收入不一定会下降，甚至会脱离总体奖金水平而提高。

（一）奖金标准的制定

奖金标准的作用有两个：其一是规定奖金提取的总额度；其二是规定奖金分配的各种比例关系。在奖金标准的确定中，有几个比例关系需要注意：

（1）奖金与标准工资的比例。基本工资与奖励工资是员工工资的两大组成，二者的比例一定要适当。按照一般的工资结构和工资职能原理，基本工资的比重应超过奖励工资，这种比例关系是由两者的不同性质和作用决定的。

首先，奖金是超额劳动的报酬，工资是定额劳动的报酬。在劳动定额合理的情况下，员工超额劳动只相当于定额劳动的一部分，不会超过定额劳动。按照我国的经验，奖金不超过薪酬总额的30%为常见比例。如果比例过高，说明劳动定额太低，员工很容易完成工作量，造成人力资源闲置；如果比例太低，则不能发挥奖金的激励作用。其次，与基本工资相比，奖金具有单一性的特点，因此在工资收入中所占比例不宜过大。基本工资是对员工劳动成果诸因素，例如劳动技能、劳动熟练和繁重程度、责任程度以及劳动态度的全面反映，奖金只反映员工的超额劳动情况，因此，奖金的总和特征不如基本工资。如果将奖金比例定得过高，容易对员工劳动起片面的引导作用。

再次，基本工资不仅反映同一企业和同一劳动岗位的劳动差别，还可以反映不同行业、企业和部门间的劳动差别。如果个别企业奖金比重过大，不利于协调各企业之间的工资关系，也不利于国家对企业工资的宏观调控。

（2）奖金占超额劳动的比重。奖金是员工部分超额劳动的报酬，但不是全部超额劳动的报酬。一般而言，奖金在超额劳动报酬中所占的比重，应高于基本工资在其定额劳动中所占的比重。各企业劳动生产率的不同，超额劳动的标准也会不同。劳动生产率高的，标准也高，劳动生产率低的，标准则低。为了克服企业间的差异，应以同行业平均劳动生产率和劳动定额为标准制定一个奖金提取系数。

这种奖金提取方式虽然可以克服不同企业间高低悬殊的情况，但在实施中难度很大。我国目前许多企业还是在本企业范围内，以纵向比较的方式，提取奖金。

（3）各类人员奖金标准比例。各类人员奖金标准比例主要是由一些团队共同创造的超额劳动成果，在集体成员之间的报酬分割。在某种意义上讲，奖金相对比例比绝对额分配更影响员工的劳动情绪。

在一般情况下，根据指标完成情况和工作责任两个因素确定内部奖金分配比例，即主要职务（工种）高于辅助职务（工种）；繁重劳动高于轻便劳动；复杂劳动高于简单劳动。例如，第一层次的奖金是主要经营者和管理者；第二层次的奖金是主要生产者；第三层次的奖金是一般生产者和辅助人员。

2. 奖励条件

奖励条件是指特定奖项所要求的超额劳动的数量和质量标准，在确定时要注意以下原则：

（1）要与员工的超额劳动紧密结合，实行多超多奖、少超少奖、不超不奖的奖励原则。

（2）对不同性质的超额劳动，采用不同的评价指标和奖励方式，准确反映各类员工所创造的超额劳动的价值。

（3）将奖励的重点放在与企业效益有关的生产环节和工作岗位，以实现提高企业生产经营效益，降低生产成本的最终目的。

（4）奖励条件做到公平合理、明确具体、便于计量。科学化、数量化和规范化的工作评估体系是奖励工作的基础。

三、分红制度

劳动分红制又称"利润分红"或"利润分享"制，是指企业每年年终时，首先按比例提取一部分企业总利润构成"分红基金"，然后根据员工的业绩状况确定分配数额，最后以红利形式发放的劳动收入。传统的利润分享制度是年终企业给员工分红，现代分享制度除了分红之外，还包括员工有权购买企业的股票，拥有企业股权，甚至还有的组织向员工提供虚拟的股份，被称之为"幻影股份计划"，其目的是为了激励员工创造最佳的长期的工作业绩。

（一）建立依据

劳动分红制是对企业税后利润的一种内部再分配，是对工资和奖金的一种补充形式，其建立的理论和实践依据是：

（1）在现代企业中，企业员工的收入不仅取决于个人的劳动成果，还取决于企业总的经济效益，即集体劳动的成果。

（2）企业在一个年度中所取得的利润，是各种资本形式的回报，包括物质资本、技术资本和人力资本等多种资本，员工作为人力资本的主要投资者，有权以分红的形式分享企业利润。

（3）工资一般是按短期形式支付，例如，月工资、日工资等，难以反映全年的企业经营成果，分红制采取年终结算的形式，企业与员工之间的再分配，有助于补充其他分配形式的不足，协调企业与员工之间的分配关系。

分红收入确定后，员工的全部薪酬为：

薪酬＝基本薪酬+绩效薪酬+分红+津贴+补贴

（二）主要特点

（1）劳动分红是对企业年终净利润的分配，属于企业内部再分配，一般不进入工资成本；而工资和奖金是预支的人工成本，属于生产费用，在企业初次分配中进行。

（2）劳动分红是对企业剩余劳动成果的分配，分红的数量和规模受企业扩大再生产投资的影响，两者是彼此消长的关系；而工资和奖金是定额和超额劳动的报酬，受劳动力日常供求状况和劳动力价值的影响。

（3）劳动分红一般不与员工的劳动成果直接挂钩，而与个人工资收入基数有关，它对劳动者的激励作用不同于基本工资和奖金，起着一种长期激励的作用。

（三）分红比例与方式

（1）分红总额与比例。劳动分红总额及其比例一般由企业最高决策层做出。分红比例分为"首期比例"和"续期比例"。

"首期比例"是指企业初次建立分红制度的年度所确定的分红比例，用公式表示为：

$S = H \times G \div L$

式中：S 为首期劳动分红比例；H 为劳动分红总额占工资总额的百分比；G 为年度工资总额；L 为年度可分配利润总额。

"续期比例"是指建立劳动分红制度以后的年份中，劳动分红比例可以按照不变、累进或浮动三种方式确定。比例不变是指首期比例确定之后,以后年度的劳动分红占利润总额的比例不变;比例累进是指劳动分红比例逐年按一定比例上调;比例浮动是指劳动分红比例不固定,随企业利润而变化。

分红额度是按照一定的比例从企业利润中提成,比较常用的形式是浮动分红比例,计算方法是在企业获得的利润达到预先规定的"投资回报率"之后,剩余部分即为红利。

(2)员工分红比例。劳动分红总额确定之后,在员工之间的分配方式有三种:

第一,按工资的固定百分比分配。该种方式以工资为基础,把分红作为一种补充劳动报酬。

第二,按工资的累进百分比分配。在该种方式中,工资层次越高,所获劳动红利百分比越高,累进分配方式主要起着拉大工资档次,刺激员工多做贡献的作用。

第三,按"分红系数"分配。根据工作岗位的性质和特点,制定不同岗位的"劳动分红系数",用年度红利总额除以系数总额,求出标准红利,再乘以个人所承担工作的红利分配系数。

第三节 企业核心人才的薪酬制度

一、年薪制

年薪又称年工资收入,是指以企业会计年度为时间单位计发的工资收入,主要用于公司经理、企业高级职员的收入发放,称为经营者年薪制。

(一)基本特点

经营者年薪制度有几个基本的特点:①以企业一个生产经营周期——年度为单位发放经营者的报酬,故称为年薪制。②年薪制的核心是把企业经营者的劳动收入以年薪的形式发放,是对特殊性质的劳动力支出的一种回报形式,本质是一种企业经营活动。③年薪制是一种风险工资制度,依靠激励和约束相互制衡的机制,把经营者的责任和利益、成果和所得紧密结合起来,以保护出资者的利益,促进企业的发展。

(二)实施条件

作为一种特殊的企业薪酬制度,经营者年薪制的实施需要良好的实施环境:

其一,以现代企业制度为基本的运行条件。主要包括:企业所有权与经营权的分离,以保证经营者有独立的决策经营权;实行公开招聘、优胜劣汰制度,保证经营者的高素质;以契约形式确立经营者的责、权、利,通过一套科学、严密、完善的监督体系和内部管理机制制衡和规范经营者行为。

其二，有科学的外在评估机制。只有对企业资产和经营状况进行准确的评估，才能决定经营者的基薪和风险收入，这取决于两个条件：①全面反映企业经营状况的指标体系；②社会评估机构的介入。对企业经营状况的考核，必须全面考核反映企业资产的增值保值情况、企业盈利、偿还债务和企业成长的能力，以及技术改造的投入、新产品研究开发投入以及人力资源状况。社会评估单位必须有强大的评估力量，能够公正、客观地评价企业经营状况和经营者的工作绩效。

其三，理顺经营者与出资者的关系，经营者与企业其他员工的关系；加速和完善企业家市场，促进经营者职业化、市场化的运行机制；创造一个宽松的宏观经济环境和公平竞争的市场，使企业业绩能够与经营者的劳动付出和经营水平紧密联系在一起。

（三）主要内容

（1）适用范围。年薪制只适用于那些在企业中有实际经营权，并对企业经济效益负有职责的人员，例如董事长、经理等企业高级职员。

（2）年薪的构成。年薪由基薪和风险收入两部分构成。基薪的确定因素包括两部分，一部分是企业的经济效益，另一部分是企业（资产）经营规模、利税水平、员工人数、当地物价和本企业职工的平均工资水平等。风险收入以基薪为基础，由企业的经济效益情况、生产经营的责任轻重、风险程度等因素确定。风险收入部分视经营者的经营成果分档浮动发放，可能超过原定额，也可能是负数，从基薪或风险抵押金中扣除。两部分收入的发放方式不同，风险收入一般以日历年作为计发的时间单位，基薪采取分月预付，最后根据当年考核情况，年终统一结算，超出应得年薪而预支的部分退回。

（四）经营者业绩评估

经营者的业绩评估是年薪制实施的基础，也是一个较为复杂的问题。传统的工作评估方式，例如，上级或下级打分法、指标量化法和效益比较法等，在对经营者业绩评估时有很大的局限性，但因为没有更好的办法替代，许多企业在评估中还是采用这些方法。国外一些企业在选择评估要素时做了一些改进，特别注重经营者处理和解决问题的能力，例如：创造性、应变性、克服困难，以及工作的开创性等方面。还有的企业针对经营者对企业效益和企业发展的贡献制定一些硬性的业绩衡量指标，但都见仁见智，没有固定的模式。

二、期权期股

股票期权源于美国。自20世纪80年代至今，美国大多数公司都实行了这种制度。实行股票期权制度可以促使经营者关心投资者的利益和资产的保值增值，使经营者的利益与投资者的利益结合得更加紧密，所以，世界许多企业都纷纷引进这一制度。据资料显示，全球排名前 500 家的大工业企业中，至少有 89% 的企业对经营者实行了股票期权制度。我国率先实行股票期权制度的国有企业是上海仪电控股（集团）公司（1997 年）。我国国有企业实行股票期权制度应结合部分企业和地区的一些做法，借鉴吸收国外的有益经验。

（一）经营者股票期权

所谓经营者股票期权（Executive Stock Option，简称 ESO）是指授予经营者在未来以一定的价格购买股票的选择权，即在签订合同时向经营者提供一种在一定期限内按照某一既定价格购买一定数量本公司股份的权利。

在股票期权计划中，一般包含受益人、有效期、购买额、期权实施等几个基本要素。股票期权是用来激励公司的高层领导者或核心人员的一种制度安排。因此，受益人一般是公司董事长、总裁以及一些高层领导人和核心技术科研人员。期权的有效期一般为 3～10 年。购买额是指期权受益人根据契约可以购买股份的多少。根据企业规模大小，期权的数量也有不同，一般而言，占总股本的比例较小，在 1%～10% 之间。

根据美国国内税务法则，可以将股票期权分为两类：激励股票期权（Incentive Stock Option，简称 ISO）和非法定股票期权（Non-qualified Stock Option，简称 NQSO）。对于 ISO，其收益中符合税务法则规定的部分可以作为资本利得纳税，而在美国由于个人所得税与资本利得税的边际税率差别很大，因此，激励股票期权是美国政府鼓励企业使用股权激励的一种措施。但是要获得税收优惠，企业的股票期权计划必须满足以下条件：

（1）股票期权是授予公司员工的，且股票期权获授人只能在在职期间或离职后三个月内行权（如果员工因伤残离职行权期可延长至离职后一年）。

（2）股票期权计划必须是成文的，并明确计划包含的股票总额和有资格获授股票的受益人。该计划必须在采纳前后 12 个月内获得股东大会的批准。

（3）股票期权必须在股东大会同意或计划被采纳（以较早者为准）后 10 年内授予，且期权的执行期也应在这 10 年之内。

（4）期权的行权价（即获授人按约定买入获授股票的价格）不得低于股票期权授予时的市场公平价格（Fair Market Value，简称 FMV）。

（5）员工在获授股票期权时已经拥有的公司股票不得超过公司发行在外股份总额的 10%，除非该股票期权的行权价在获授时的市场公平价格的 110% 以上，且该股票期权的等待期（股票期权授予日与可执行日之间的时间间隔）要在 5 年以内。

非法定股票期权的实施则不受国内税务法的限制，可以由各公司自行规定，但是个人收益不能从公司所得税税基中扣除，且个人收益必须作为普通收入缴纳个人所得税。

此外，以下两种情况将会促使激励股票期权转变为非法定股票期权。第一，如果股票的市场价值（通常是赠予日的前一个交易日的收盘价或赠予日当日的最高价与最低价的平均价）累计超过 10 万美元，则超出部分的股票期权被视为非法定股票期权。第二，如果股票期权需要在等待授予期结束后方可执行，那么当某日可行权股票期权所指向的股票期权的价值（股票期权数×行权价）累计超过 10 万美元时，超出部分的股票期权同样被视为非法定股票期权。

结合我国实际情况对股票期权制度进行改造。

（1）经营者获得期权要投入个人资金，经营者依据股票期权持有的股票，一般应在任期届满或延后几年经考核合格后才允许流动和兑现，以更加重视对经营者长期经营业绩的考核，促使其更关心企业的长期发展。

（2）明确实行股票期权制度的范围。凡经过公司制改造的国有企业均有资格实行股票期权制度，这些企业包括：国有资产控股的股份有限公司（上市和未上市）、国有资产控股的有限责任公司、国有独资公司。未实行公司制改造的国有企业不得实行股票期权制度。

（3）实行股票期权制度的必要准备。实行股票期权制必须以合同的形式明确规定经营者的权利和责任；必须实行经营者个人财产抵押制度；要采取经营者绩效指标与股票期权挂钩的办法。

（4）合理确定股票期权的形成、比例与变现办法。

——股票期权形成的办法

股票期权形成的办法一般有以下几种，将对经营者的部分现金奖励转化为股票期权；调整公司股本结构，划出一部分形成经营者的股票权，用于设立经营者岗位股（干股）或奖励业绩良好的经营者；对有突出贡献并得到社会各方面认同的经营者，实行其无形资产（人力资本专用性）折股形成股票期权；通过股权转让形成经营者的股票期权；在公司增资扩股中形成经营者的股票期权。

在我国国有企业实行股票期权制度的初期阶段，应以第一种形式为主。将对经营者的部分现金奖励转化为股票期权，既适当降低了对经营者的庞大的现金支付，又相当于让经营者自己出钱买股票期权，使经营者承担部分经营风险。

——股票期权比例的确定

对经营者的基本年薪、效益年薪、股票期权等全部经济收入，要通盘予以考虑，合理确定各个部分的份额。其中，经营者股票期权的数额，一般应控制在其全部收入的 1/3 以内。

——股票期权变现的办法

经营者的股票期权的变现时间和方式，可以是其任期届满时以一次性方式变现股票期权，也可以是其任职期间经考核合格以每年一定比例的方式变现股票期权。在兑现股票期权时，必须按照合同规定的要求和标准进行严格考核，并按照经营者责任与权利对等的原则兑现股票期权。其中，对未达到合同要求和标准的，不仅不能兑现股票期权，还要适当扣减抵押金。

（二）期股

期股（Performance Stock）是指经营者为了获得一定数目的股票，不仅要在公司工作满一段时间，而且在期满后，公司的某个或数个业绩指标（可以预先设定）（如年平均每股收益 EPS）增长应达到一定比例。例如，某个公司授予其经理人员 1000 股期股（当时的股票市价为 50 美元），条件是经理人员必须在公司工作满 5 年，同时对此 5 年内每年公司股票平均每股收益的增长率作了规定：

（1）如果 5 年内，公司平均每股收益每年至少增加 12%，那么经理人员将获得足额 1000 股期股；

（2）如果 5 年内，公司平均每股收益每年增加 10%~12%，那么经理人员将获得 750 股期股；

（3）如果 5 年内，公司平均每股收益每年增加 8%~10%，那么经理人员将获得 500 股期股；

（4）如果 5 年内，公司平均每股收益每年增加 6%~8%，那么经理人员将获得 250 股期股；

（5）如果 5 年内，公司平均每股收益每年增加低于 6%，那么经理人员将得不到任何股票。

这样，经营者获得的股票数额是与其达到业绩指标的程度相联系的。

（三）虚拟股票和股票增值权

公司给予经营者一定数量的虚拟股票（Phantom Stock）的期权，即一个仅有购买名义而非真实股票的期权。对于这些虚拟股票，经营者没有所有权，但与公司普通股股东一样享有股票分红权。这样使得经营者在公司任职期间将其收益与股东收益相联系，而其薪酬中虚拟股票的数量越大，分红在其总收入中所占的比重越大。

股票增值权（Stock Appreciation Rights）是指公司给予经营者这样一种权利，经营者可以获得规定时间内规定数量股票股价上升所带来的收益，但不拥有这些股票的所有权。对于上市公司来说，股票增值权可以与公司股票的市场价格挂钩；而对于非上市公司，为了确定不同时期公司股票的价格就需要聘请外部独立财务顾问对公司股票的价值进行评估。不过，为了保证股票增值权的激励作用，一般获得股票增值权的员工有权在规定期限内选择执行股票增值权的时间。

与其他股权为基础的管理层激励方案不同的是，虚拟股票和股票增值权均不要求公司扩充资本发行实际的股票。因此，对股东权益的摊薄效应较小。

三、股票奖励

在一些特殊情况下，如公司创建或公司改变主要业务时，公司常常会授予经营者无偿的股票。一般公司出于以下两个原因向经营者奖励股票：第一，由于公司在创建或业务转向时，公司的股票股价都比较低，因此对公司来说，这种激励方法相对而言比较廉价。第二，公司在创建或业务转向时，资金比较薄弱，而且，此时特别需要招收并留住人才，要达到这种目的，比较好的激励办法就是股票奖励。

股票奖励通常分为两种：限制性股票奖励和延迟性股票奖励。所谓限制性股票是指经营者出售这种股票的权利是受到限制的，只有符合一定的条件才能出售。通常限制的是时间，一般的规定是，经营者免费获得限制性股票奖励，但是在一个指定的时间内，经营者不得支配这些股票。如果在此限制期内，经营者辞职、被辞退或因其他原因离开公司，那么它将丧失这些股票；在限制期内，拥有限制性股票奖励的经营者可以和其他股东一样获取股息，并拥有表决权。而延迟性股票奖励是限制性股票奖励的变通形式，即经营者只有在公司工作一段时间后才可以免费获得一定数量的股票。

第六章 国际人力资源管理

第一节 国际人力资源管理概述

一、国际人力资源管理的概念和特点

国际人力资源管理是在跨文化的背景下，涉及不同国家的企业、不同国籍员工的人力资源管理活动。从广义的概念看，国际人力资源管理和国内人力资源管理的职能相类似，它们都涉及诸如人力资源计划、员工招聘、员工职业生涯管理、绩效管理、培训与开发、薪酬福利管理等相关的职能活动。但是，国际人力资源管理由于其跨文化的特点，因而其管理活动的复杂性要比国内人力资源管理更甚。跨国公司的每一项人力资源活动不但要考虑职能本身的普遍性问题，还要考虑在不同语言、不同社会文化条件下的特殊性问题，因而跨国公司的人力资源管理活动是一种多维度的管理工作。

与国际人力资源管理相关的三种国家类型是：母国、东道国和第三国。母国是指跨国公司总部所在的国家，东道国是指跨国公司海外分公司所在国，第三国是指除母国和东道国以外的提供人力资源的国家。与此相对应，员工的类型也存在母国员工、东道国员工以及第三国员工。另外，那些被某一国境内的某公司派遣到另外一个国家管理企业的人称为外派员工。

与国内人力资源管理相比较，国际人力资源管理呈现以下几大特点：

第一，需要考虑更多的外部环境因素。对于跨国公司而言，会更多地关注东道国的社会制度、经济状况、价值观念、文化背景等问题。人力资源管理部门需要考虑不同背景下的人力资源政策，这些政策的制定既要符合母公司的利益，又不能和东道国的相关政策与文化相冲突。

第二，对跨国公司的高层管理者和人力资源管理部门提出了更高的要求。在跨国经营的情况下，需要公司高层管理者和人力资源管理部门具有更宽广、更国际化的视野，任何政策的制定都要在国际化的框架下进行。但是公司的高层管理者往往容易忽视不同文化背景的政策冲突问题，尤其是在跨国公司刚刚创立的初期。这时，公司的人力资源管理部门的职责之一是要不断加强与高层的联系沟通，强化高层的国际化意识。当然，这对人力资

源管理者本身也是一种挑战。

第三，从人力资源管理部门的工作范围看，国际人力资源管理有着更加宽泛细致的管理领域。一些在国内人力资源管理工作中不曾出现的工作事项和细节，诸如国际税收问题、跨文化的培训问题、与东道国政府和各种组织的协调问题、外派员工的个人生活细节问题、语言翻译问题等都是人力资源管理部门所要考虑的工作职责。在进行外派人员甄选时，不但需要考虑候选人自身的条件，还要关注其配偶的工作问题、文化适应能力、对于外派任务的支持程度，此外，人力资源管理部门还需要关注其子女的上学、抚养问题，甚至需要考虑到外派员工及其家属的娱乐休闲问题等等。因为任何一个细小的失误都可能影响到外派员工的绩效，从而决定外派的成功与否。

第四，从经济的角度看，国际人力资源管理的管理成本要远远高于国内人力资源管理的管理成本。基于以上所提到的各种因素，外派人员的薪水福利、培训成本、旅行费用等都相当可观，据估算，一旦外派失败（指外派人员未完成外派任务提前回国），给公司造成的损失将是国内任职失败的三倍。这是造成跨国公司人力资源管理风险偏高的原因之一。同时，东道国的社会经济状况的不确定因素，或者出现突发的政治事件，都将使跨国公司面临高风险的困境。意识到风险的存在，同时事先制定规避或补救措施，也是跨国公司人力资源管理部门义不容辞的责任。

二、国际企业人力资源来源

国际企业人力资源的来源包括三个部分：母国来源、东道国来源和第三国来源。

（一）母国来源

母国来源是国际企业人力资源的一个非常重要的来源，是指那些从国际企业总部所在国家外派的雇员。例如，一位英国高级人力资源经理被英国的母公司外派到中国上海的子公司任职。母国来源具有以下优势：在国际企业创建的早期阶段，任用母国人员更有利于传播技术和保守技术秘密，有利于和总部保持良好的沟通、配合与交流。但它也有不足之处，如可能引起东道国的民族情绪，由于跨文化的差异可能影响外派员工的工作生活质量。同时，选择、培养和维持外派员工的费用也较高。

（二）东道国来源

东道国来源是国际化人力资源中比重最大的来源，是指那些来自企业所在地的本土雇员。例如，一家在中国经营业务的美国化工企业雇用了一名上海本地的员工。东道国的选任人员有很多本土的优势：熟悉当地的环境；没有文化上的隔阂；管理费用较低；由于人员的稳定性较好，可以保持管理政策的连续性等。当然，选任东道国的人员也有不足之处，如限制了公司员工的国际化发展需求，不利于和总部的沟通和交流，公司总部对东道国员工的工作控制受到限制等。

（三）第三国来源

第三国人员也是国际人力资源的重要来源之一，是指雇用来自除母公司总部所在国家以及业务经营所在地国家以外的任何其他国家的雇员。例如，德国企业在中国的工厂雇用了一名法国的工程师。相对于母国人员和东道国人员，第三国员工有其自身的优势，如可能具备出色的技术、专业特长或者丰富的国际化管理经验，具有更大的文化适应性，同时，其管理成本比外派母国人员要低。但选任第三国人员也有不足之处，如他们的任职可能受制于东道国就业政策的限制，同时可能和东道国的员工在合作上会有一些被排斥的情况发生等。

三、影响国际人力资源管理特殊性的因素

跨国公司在进行国际人力资源管理时，存在以下几方面的影响因素：

（一）东道国的政策与法规

跨国公司选派经理管理和经营子公司时，可能发现其管理方式会受到东道国政府政策和法律法规的抵制。在一些发展中国家，当地政府一般鼓励跨国企业雇用、培训和发展当地的员工，特别是管理和技术型的员工。

（二）东道国的管理文化与技术水平

如果跨国公司的子公司所在国的管理和技术教育水平不能满足公司的要求，当地的劳动力又缺乏先进的从事生产、服务活动的基本技能，则只能由母国的管理技术人员执行东道国的管理职能。

（三）产品和技术的自然属性

如果跨国公司总部需要保持产品的标准和有效的质量监控，就需要母国公司人力资源的集中管理和配置。另外，为了提高产品在当地市场的占有率，适应东道国市场的需求，又需要实行熟悉当地市场的本土化的人才战略。

（四）经营文化的差异

母国公司的民族文化决定着跨国公司人力资源管理的惯例，比如由于日本民族更多地显示出强烈的民族优越感，因而日本的国际企业比欧美的国际企业更多地运用民族中心的管理方式。另外，跨国公司各子公司之间文化的混合和文化水平的差异情况，可能会抵制所实施的跨国公司人力资源管理的方式。

（五）企业的生命发展周期

适宜的跨国公司人力资源管理方式将由组织的生命周期和公司在多变的国际市场上的产品的生命周期决定。

第二节　国际人力资源管理实务

一、国际企业人员配置的基本方法

国际企业人员配置是指国际企业基于自身发展中合作与控制的需要，在其实施全球战略过程中对管理和技术人员的配置。具体来讲，它涉及国际企业国外分支机构的外派人员与东道国人员管理的问题。根据国际企业发展过程中产品的周期性特点，企业国际化经营可以划分为国内生产阶段、国际化阶段、多国经营阶段和全球经营阶段。

国际企业的人力资源配置是一个"动态"的发展过程，每一阶段适合不同的配置方法，归纳起来主要有民族中心法、多中心法、地区中心法和全球中心法四种方式。

（一）民族中心法

民族中心法是指跨国公司所有的关键岗位都由公司总部人员担任，形成以总部人员为中心的管理格局。这种政策普遍运用于跨国公司国际化发展早期阶段（即国内生产阶段，国际市场较小），适用于东道国暂时缺乏胜任的技术和管理人员，同时也有利于跨国分公司与公司总部之间保持良好的沟通、协调和控制等方面的联系。但是这种政策也有不少缺点，它限制了分公司员工的职业发展机会，同时关键岗位和非关键岗位之间的待遇差距很大，造成不同国别员工间收入的不公平感，从而影响当地员工的士气，造成较频繁的员工流动；担当分公司关键岗位的总部人员还需要相当一段时间的适应期，在此跨国公司发展起步阶段，很容易作出不恰当的决策，影响跨国经营的业绩。另外，完全由总部外派员工的费用也是相当昂贵的，一般是正常水平的 3 倍至 4 倍。

（二）多中心法

多中心法的人员配置原则是指招聘东道国的人员担任当地子公司关键岗位的职务，总部所在国的人员只在本国任职，从而形成了以总部和各个分公司为不同工作中心的管理格局。这种配置方法适用于企业国际化发展阶段及多国经营阶段，在管理和经营方面需要较多考虑文化差异等因素。此时产品市场的发育比较成熟，价格和生产成本的竞争激烈，企业出于控制成本的目的将推行管理的本土化建设。这种政策克服了民族中心法的弱点，降低了跨文化的风险和管理成本，有利于提高当地分公司人员的工作积极性，降低员工的流动性。当然，多中心法也有不足之处，主要表现在公司总部与分公司之间沟通困难，尤其在跨文化冲突方面，有时往往使总部对分公司失去控制。尽管多中心法有利于不同国别的员工在本国的职业发展，但是从跨国公司的整体发展战略看，却不利于培养具有国际化眼光和工作经验的员工，也限制了各国员工在整个公司的职业生涯发展。

（三）地区中心法

地区中心法是指按照跨国公司经营的地理区域划分不同的人员配置中心，人员可以在地区内部流动，但很少有机会进行跨地区的人员聘用。这就形成了以多个地区为中心的人员任用模式。地区中心法是跨国公司逐渐由纯粹的民族中心法或多中心法向全球中心法过渡的一个途径。由于同一地区的国家可能有着相近的文化背景，因而在一个地区内的人员流动将比全球范围内的流动具有更强的适应性和灵活性，同时也有利于总部与地区、地区与各分公司之间的互动和信息沟通。然而，地区中心法也可能像多中心法一样形成以地区为中心的自我保护模式，从而限制公司的全球化发展战略。尽管员工在国家层面上提高了职业生涯发展前景，但也仅仅限制在地区层面上，人员很少有跨地区或到公司总部任职的机会。

（四）全球中心法

全球中心法是指在整个组织中选择最佳的人员来担任总部或分公司的关键岗位而不考虑其国别，从而形成统一协作的真正意义上的国际化运作模式。这一方法适用于企业的全球经营阶段。在这一阶段，企业的经营将同时在生产、市场和价格等多个角度进行全球化竞争，而经营中对差异性和全球化的共同关注，使得文化差异因素再次引起管理者的注意。这时海外的分支机构的人员配置将以全球为导向。全球中心法有利于组建具有丰富国际化经验的高层管理队伍，克服多中心法分散管理的缺点，解决了具有发展潜力的员工的职业生涯发展问题，同时也有机会聘用到各地最优秀的人员。当然，全球中心法也有其缺陷。这种人员配置原则往往和各国政府的用人政策相抵触，因为大部分国家的政府希望保证本国人员的就业机会，采取某些行政性的法规限制聘用过多的非本国人员。同时，由于在全球范围内设置人员配置方案，进行人员的培训和重新安置，国际化的人员配置还需要根据国际化标准设计薪酬与福利水平，这些都要花费较高的管理成本和人力成本。另外，实施全球化的人员配置政策，要求公司总部对各个分公司的人员采取更集中的控制和管理，减少了分公司人力资源管理的独立性和自主性，可能引起各个分公司的不满与抵触情绪。

事实上，跨国公司在实际运作过程中，并不一定会采取单一的人员选聘原则。它往往要根据跨国公司的整体发展战略，在不同的发展时期、不同的地理区域实施不同的人员配置政策，以期达到最佳的绩效水平。在公司发展的初期阶段，公司集中精力尝试性地建立国际市场，国际化的程度比较有限，这时往往趋向于以民族中心方式进行国际人力资源配置。在跨国公司功能性成长阶段，公司开始建立国外产品的细分市场，使国际化成为一个重要的经营部分，公司把国际业务视为组织成长的"促进因素"，这时一般采用多中心的国际人力资源配置方式。在跨国公司处于快速成长阶段，公司充分利用规模经济扩展海外业务，这时地区中心法成为国际人力资源配置的主要方式，并且向全球中心的趋势发展。当跨国公司处于战略成长阶段，国内和国际竞争的形势迫使公司将它的业务看成全球性的事务时，往往采用全球中心法配置人力资源。

二、国际企业招聘与甄选的特点与方法

（一）选聘外派人员的标准

一般来说，在进行外派人员甄选时，需考虑两方面因素：一个是个人因素，一个是环境因素。其中个人因素主要考察外派候选人的专业能力、跨文化的适应能力、语言能力以及家庭因素，环境因素主要考虑东道国的政治、文化和经济因素及跨国公司自身的因素等。

1. 专业能力

跨国公司在甄选外派人员时一般把外派人员的专业能力和管理能力作为首要的选择标准。对多家跨国公司外派人员的个性特质研究表明，导致外派成功概率高的个性特质首要因素便是专业技能高，而导致外派失败的首要因素则是专业技能缺乏和工作能力欠缺等。

2. 跨文化的适应能力

由于外派人员需要在一种跨文化的环境中工作和生活，外派人员对陌生环境的适应能力成为决定他们工作成败的重要因素。这些能力包括：思维方式的灵活性、环境的适应能力和应变能力、外交能力、学习当地语言的能力、逆境中的心理承受能力等等。

3. 语言能力

第二语言能力常常是与跨文化的适应能力相联系的，因为语言能力的缺乏将是跨文化沟通的主要障碍。当跨国公司的工作语言和员工的母语不一致时，语言的学习能力将会影响外派员工的工作绩效。

4. 家庭因素

在家庭因素中考虑外派人员的配偶对跨国公司驻外人员工作成败的影响，主要考察配偶对外派任务的支持程度以及配偶自身的跨文化适应能力。因此，在外派人员甄选过程中，人力资源管理部门同样要重视甄选人员的家庭因素，虽然有时候这种关注可能涉及员工的个人隐私，但是这关系到外派人员工作的绩效以及整个公司的利益，人力资源管理人

员应该通过非正式的途径了解外派员工家庭的想法和态度。

5. 东道国的因素

东道国的政治、经济和文化因素也是决定甄选人员的标准之一。东道国的经济发达状况、政治环境的稳定情况以及特定的宗教文化传统，都是人力资源管理部门进行人员甄选时需要逐一斟酌的因素。这些不确定的因素很可能会增加跨国公司外派人员的风险，导致外派失败。

6. 跨国公司自身的因素

跨国公司在进行外派人员的甄选时，一方面要根据上文介绍的人员配置原则进行决策，还要根据跨国企业自身特定的变量选派人员，这些特定的因素包括企业国际化历程所处的阶段、企业所在的行业类型、企业的战略和结构、企业的组织结构等等。

（二）外派人员招聘甄选过程

与国内一般企业经理人员相比较，跨国公司的驻外经理人员的工作更加具有多元性和复杂性，因而在确定了选拔的标准以后，招聘工作一般经过以下三个过程：

1. 外派子公司经理职务确认与分析

职务确认是指对该职务是否有存在的必要，或者是否有必要增减相关职务，从人员管理费用、信息沟通与反馈以及公司全球化组织战略等诸因素进行全面权衡。在职务确认之后，还要进行职务、人员要求的分析，如对行业技术和管理要求、对不同文化环境的适应能力要求、语言与人际交往能力、职业道德及责任感，以及健康状况、年龄、家庭状况等具体要求加以确认，以保证经理人员的素质水平。

2. 从公司内部招聘外派经理人员

这是跨国公司传统的招聘方式。公司往往从人才档案库和应聘员工中进行选拔和招聘工作。可以通过口头、书面方式面谈、考核，也可以通过案例模拟的方式招聘员工，或者通过将候选人员派往东道国实地实习来观察他的实际表现。

3. 从公司外部招聘外派经理人员

从公司外部招聘外派经理人员可以扩大招聘的范围，充分开发利用全球的人力资源。同时，吸收新生力量进入跨国公司，有利于给公司注入新的管理风格和管理思想。一般来说，外部招聘的来源主要有以下几种：

（1）母国大学的本科生或研究生，其中包括母国公民或东道国在母国的留学生，特别是东道国在本国的留学生，他们既熟悉东道国的语言文化，又受到母国大学的教育、培训，往往能成为国际企业青睐的对象。

（2）东道国培养的本科生或研究生。

（3）母国、东道国或第三国的高级管理人才。一般通过专业信誉良好的猎头公司，把竞争对手公司的高级人才挖掘过来。此外，还可通过传统的招聘方式如招聘广告、招聘信函以及国际互联网进行全球招聘。

（三）甄选过程中测试法的应用

许多跨国公司通过面谈、标准化测试、评估中心等方式对驻外候选人员的综

合素质进行全面评估，越来越多的公司利用 OAI 选拔可以成为国际主管的人才。OAI 中有一份问卷，利用 85 个问题衡量受测者 15 个层面的能力，分别是激励、期望、开阔的胸襟、尊重他人信仰、信赖他人、弹性、容忍力、自制力、耐力、适应力、自信创新、幽默感、与人相处的兴趣、能和谐与人相处、与配偶或家人的沟通。测试后，再将填答结果与资料库对照，资料库中有上万人的回答情形。

三、国际企业绩效管理特点与标准

国际企业随着企业地理空间的拓展、产品和运作模式的多样化和丰富化，绩效管理也将越来越复杂。其中最具挑战性的莫过于对东道国子公司和外派人员的绩效管理上。

（一）国际企业对子公司进行绩效考评的影响因素

1. 国际环境的多变性

国际环境进行巨大变动要求公司的长期目标具有灵活性，以便对潜在的市场机遇作出反应。不灵活的方法意味着子公司可能正在执行一种可能不再适合新环境的战略。例如，国际局部地区间的冲突、中国 40 年来的改革开放、2008 年全球经济危机等事件都对相关国家的国际企业的全球战略和本地战略产生了深远的影响。所以要求子公司在多变复杂的全球环境下灵活地对长期目标进行调整。

2. 时空造成的隔离

国际企业和本地子公司业务的协调性，因时空差异，公司总部与负责人同各子公司管理层的沟通情况以及报告系统的成本等进一步复杂化。而先进的现代通讯技术并不能完全取代"面对面"的交流。所以在设定绩效管理系统时，人力资源负责人需要综合考虑一国的特定因素。

3. 成熟的不同层次

一般来说，国外子公司的市场开发，如果没有子公司的支持，比国内更慢、更难以实现。国外市场需要比国内市场更多的时间来实现其目的，因此在绩效管理评估过程中应考虑这一情况。

4. 整体与局部的关系

国际企业作为一个实体在不同国家面对不同的环境，未来整体利益和必要的控制常会

牺牲子公司的短期利益。这种全球性战略决策对子公司的绩效影响应在绩效管理中予以考虑。

（二）国际企业绩效管理的标准

绩效标准一般分成硬目标、软目标和情景目标。硬目标是客观的、可以量化的指标，如投资回报率、市场份额、利润率等。软目标则倾向于以关系或个性特征为基础的指标，如领导风格、人际关系。情景目标是将绩效发生时的具体情景作为绩效评价的参考因素。同时，各国的绩效评估也存在着差异，如美国、加拿大以个人表现来进行评估；中东国家的人们认为他们主要受环境的支配，所以很少作绩效评估；日本每隔五年、十年才作一次评估；以色列比北美更重视团队活动，所以着重进行团体绩效的评估。

四、国际企业薪酬管理的特点与方法

跨国公司对外派管理技术人员确定正确的薪酬政策，不但可以吸引全球的优秀人才，而且会对企业现有的员工起到行为导向的作用，还对提高工作质量和工作效率、降低经营成本起到重要的作用。

（一）国际薪酬政策的特点

一个有效的薪酬政策应该具备以下特点：
（1）能使外派服务工作对员工具有吸引力，并能保留合格的员工；
（2）使员工在各个子公司间的调动和子公司与母公司之间的调动能顺利进行；
（3）使各子公司的薪酬制度之间有稳定的关系；
（4）要使公司的薪酬制度与主要竞争者的薪酬制度相当。
除了货币形式的报酬外，各种非货币形式的报酬对员工行为的激励同样具有重要的作用。主要包括以下几个方面：
（1）职务提升以及令人羡慕的工作岗位的同级调动；
（2）获得事业发展的机会；
（3）上级的器重与认可；
（4）顾客或下属的肯定评价与尊重；
（5）有学习新知识、技术及培养新能力的机会；
（6）有出色地完成艰巨工作任务的自我心理满足感。
跨国公司人力资源的薪酬管理与国内人力资源的区别主要是关注外派人员的薪酬制度问题，一般来说是按照国际薪酬水平制定薪酬计划。

（二）国际薪酬的主要组成部分

国际薪酬的主要组成部分包括：基本工资、出国服务的奖励或补贴、津贴以及福利制度。

1. 基本工资

外派人员的基本工资是其整个薪酬计划、各种报酬和津贴的基础，跨国公司在制定基本工资时一方面关注公司所在国当地的实际工资水平，同时还要关注国际市场的工资水平，使公司在国际环境中获得人力资源的竞争优势。

2. 出国服务的奖励或补贴

外派人员一般可以获得出国派遣的奖励或艰苦补贴，一般以工资的百分比形式支付，通常为基本工资的 5%~40%，并且随着任职岗位、实际情况、税收水平以及派遣时间的长短不同而会有所差异。还有的跨国公司将国外工作奖金分成两种形式：一种是长期国外工作奖金，即持续地支付给长期在国外工作的管理技术人员；第二种是一次性奖金，即支付给临时外派的管理人员作为一种物质鼓励。

3. 国外工作津贴

跨国公司一般根据东道国的工作环境，对外派人员支付不同的津贴。一般有以下几种：

（1）生活费津贴。由于外派人员在新的工作环境中不能很快改变自己原有的生活方式与习惯，相对母国的生活费用就比较昂贵，跨国公司在此情况下会给外派人员一定的生活费津贴。当外派人员返回母国工作后，这种津贴便会取消。

（2）国外服务津贴。外派人员到异国工作会感到生活上有种种不适应，如孩子的教育、生活福利系统的不健全、家务劳动时间的增加等，跨国公司往往考虑给外派人员一部分国外服务津贴。

（3）艰苦条件津贴。跨国企业可能派遣管理技术人员到一些气候、经济、政治条件比较艰巨的国家或地区工作，外派人员因此会增加生活的负担，或者要承受有损于身体的健康或受到人身攻击等风险。基于这种情况，跨国企业为了鼓励外派人员安心工作并且弥补他们的经济损失，会给予他们相应的艰苦工作条件津贴补助。

（3）税收调节津贴。许多跨国公司的母国政府都与其跨国子公司的东道国政府签有双边居民税收协议。外派人员应该按照当地政府有关税收法律与条款报税和纳税。如果他们的总税赋超过在母国的纳税负担，跨国公司将通过税收调节津贴给予一次性补助。

另外还有其他一些津贴，如住房津贴、探亲津贴、为外派员工子女提供的教育津贴、搬家费、配偶工作损失补助等等。跨国公司除了关注总部外派人员的津贴和补助以外，也开始关注分公司所雇用的当地高级技术管理人员，通过给他们适当的津贴和补助实施人才本土化战略。

4. 福利政策

福利政策比薪酬政策更具有复杂性。它涉及外派员工的养老金计划、医疗保险问题以及一系列社会保险问题，并且各国之间的差异很大，可移植性很差。一般美国公司的外派人员享受母国的福利计划，而欧盟各国的外派人员在欧盟范围内享受可转移的社会保险福利。有些跨国公司则让外派人员参加当地的社会保险计划，公司在此基础上给予员工一定的经济补偿。另外，跨国公司还提供定期的休假和一些特殊假期。

（三）国际薪酬的计算方法

计算国际薪酬的方法主要有两种：现行费率法和资金平衡法。

1. 现行费率法

现行费率法的特点是使外派人员的基本工资与工作所在国的工资结构挂钩。跨国公司在制定外派人员的基本工资时常常参考东道国当地市场相同职位的工资水平。跨国公司通常首先从当地的薪酬调查机构获得信息，然后以东道国人员相似职位的工资水平为基准，并对低工资国家的外派人员，在基本工资和福利之外提供额外支付。这种方法的优点在于能够使外派人员得到与当地人员平等的待遇，并且使来自不同国家的外派人员待遇平等，使薪酬管理方法简洁、明了。但是这种方法也有不足之处，它使得不同派遣地区的员工之间的收入有较大的差距，对于同一外派人员在不同的任职地点和任职期间收入存在较大差异，这给派遣工作和召回工作带来了一定的困难和阻力。

2. 资金平衡法

资金平衡法是使外派人员具有与母国公司相同的薪酬水平，并且通过经济奖励补偿不同派遣地之间的生活质量的差异，从而保证外派员工享有与总部所在国相同的生活水平。跨国公司总部的薪酬支付方式和福利政策是适用此方法的基础，跨国公司可以通过调节本国的薪酬计划来平衡工作所在国的额外支出。该方法以增加财政激励的方式使薪酬计划具有吸引力，因而是跨国公司最常用的薪酬计算方式。外派人员体现在资金平衡法中的花费主要有四种：

（1）商品和服务。某些在本国的相同花费，如食品、个人保健、衣服、家具、休闲、交通、医疗等。

（2）住房。在工作东道国与住房有关的主要费用。

（3）收入税。在本国和东道国的收入税。

（4）储蓄。存款、福利、养老金、投资、教育费用、社会保险税等款项。

若因派遣到东道国造成的花费超过在母国的花费，企业和外派人员要共同支付这些费用以确保达到与母国相同的购买力。

资金平衡法的主要优势在于使派往不同国家的驻外人员享受到与总部人员相同的待遇，降低了派遣和召回的难度，便于外派员工的理解和认同，并使员工之间有一种公平感。与之相对应，这种薪酬制度也有不足之处，它使得不同国籍的外派人员之间以及外派人员和当地员工之间的收入产生较大的差距，同时使派往经济发达地区的跨国公司在招聘当地员工时成为一种障碍。另外，这种方法在管理和操作上比较复杂。

第三节　国际人力资源开发实务

一、国际企业员工培训的方式

国际企业的员工培训是指国际企业创造一种学习环境，改变员工的价值观、工作态度和工作行为，从而使他们能在现在或未来的工作岗位上为企业创造更大的价值。跨国公司的培训按照培训的对象不同，可以分成两种：一是针对母国公司外派到国外子公司工作的人员组织的培训，一般称为文化敏感性培训。目的是使母国人员了解东道国的文化环境，增强对东道国工作、生活环境的适应性。二是为东道国招聘的当地员工提供的培训，主要是管理方法、管理技能、技术以及有关公司总部的企业文化培训，目的是使东道国的人员技术、管理水平尽快达到总部的要求。国际企业员工培训的方式主要有：

（一）针对总部外派人员的培训项目

有助于外派人员在海外任职尽快适应和顺利过渡的出发前培训项目主要包括：文化意识培训、初步访问、语言培训等等。

1. 文化意识培训

文化意识培训项目主要包括下列五项内容：环境和文化介绍、文化吸收、语言培训、敏感性训练、实地经验。当外派人员的本国文化与所在国文化之间的差距程度较低时，培训的重点放在与工作任务相关的项目上，而不是在与文化相关的问题上。如果两国的文化差异程度很高，则培训的重点应该着重于跨文化的技能开发与培训。

2. 初步访问

指导外派员工尽快熟悉异地的环境的一个有效方法就是将员工派往东道国作初步的访问，使外派人员及其家属可以初步了解外派所在国的环境，完成初期的跨文化适应阶段。同时初步访问对于外派候选人而言，也是作出是否接受外派任务决策的重要时机。因为通过实地考察可以帮助外派员工获得对这份工作任务的感性体验。

3. 语言培训

语言培训是外派人员必须经历的一个培训项目。主要培训外派员工对东道国语言的应用能力，包括口语训练、听力训练以及写作训练等等。

（二）东道国人员的培训

东道国人员的培训主要包括东道国人员的初级技术培训和东道国人员的高级国际培训问题。

1. 东道国人员的初级技术培训

许多跨国公司考虑到经济成本和风险的问题，往往将东道国人员的培训委托给当地的分公司实施。具体而言，由跨国公司的总部制定培训的方案，由分公司复制并执行培训方案。还有的跨国公司利用网络或卫星等现代化的远程通讯系统，由公司总部直接向分公司传送培训课程。

2. 东道国人员的高级国际化培训

跨国公司将根据公司人力资源规划开发计划，将东道国的员工调回总部或其他分公司接受培训，使其获得国际性的实战工作经验。这可以帮助分公司人员快速获得跨国公司内部先进的技术水平和管理能力，同时也有利于跨国公司总部的员工拓展视野，得到国际化合作的工作经验。

二、国际企业员工开发途径

国际企业管理人员的发展策略即长期的人才培养开发是跨国公司进行管理活动的一项战略性举措。为了保证全球竞争战略的实现，越来越多的跨国公司开始制定与其公司总体增长战略相适应的管理人员发展规划与策略。

国际企业为了实现其全球性的竞争战略，需要从长远角度出发，制定出长、短期的人力资源开发计划，并逐步加以实施，在不同的发展阶段上培训与开发不同的管理人员。从各国跨国企业的人员开发实践看，其主要为了开发与培养母国公司外派到东道国的高层管理人员和高级专业技术人员。跨国企业制定人力资源开发计划一般遵循以下几个步骤：

（一）需求预测

企业根据自己的总体发展战略要求，预测在将来所需要的管理人员的数量与类型，同时还需要预测东道国和其他相关各国人才市场的供求状况以及发展前景。

（二）能力评估

在预测的前提下，企业还需要对企业内部现有的管理人员的能力、类型以及相关员工的素质进行评估，以判断将来从企业内部可以开发与培养出适合于从事国际生产经营活动的管理人员的人数与比例。

（三）具体的培训方案

跨国企业从预测与评估中看到企业自身在人力资源方面的需求后，需要进一步落实如何开发所需的管理人员。为了保证落实计划，企业可以制定出适应不同需求的培训方案，逐步有系统地培训准备从事国际管理的人才。

开发国际员工队伍的主要方法是国际工作轮换法。它通过由来自母公司、东道国和第三国的员工参加的在母国、地区中心或双方共同举行的普通培训和开发项目而得到支持，通过一段时间的集中学习可以掌握全球企业管理技能，使学员获得全球思维的能力，也有利于形成跨国公司的全球工作团队。

三、国际企业员工个人职业生涯管理

支持跨国公司发展的最重要的资源是高素质的人才资源。没有员工的发展，也就没有公司的发展。

（一）国际企业有效进行员工职业发展的政策

（1）公司必须有明确的组织环境，包括远景、价值观、文化、组织机构设置及相关的管理手段，这是全体员工得以成长发展的土壤。

（2）公司必须有清晰的组织需要，所有的职位都有明确的职位描述和工作分析，员工知道自己的工作目标和公司对自己的期望。

（3）员工必须有符合公司需要的个人技能，可以满足及超过公司的期望。为帮助员工达到公司期望的工作技能，公司应向员工提供与此相关的业务培训。

（4）公司在为员工设置岗位时，需充分考虑到员工个人的兴趣和热情，将员工安排在他们喜欢的工作上。

员工只有在做他们喜欢做的工作时才能做得最好，而只有在员工尽情发挥他们的优势时，公司的业绩才能达到最好。国际企业应该在国际的大环境下，在组织需要、个人技能以及员工个人的兴趣点之间寻求最优区域，这种最优区域可以使员工有尖端的表现并达到职业的顶峰。如果多数员工能够进入这种区域，那么公司就可以在行业和市场竞争中立于不败之地。

（二）国际企业员工职业发展的管理阶段

1. 评估阶段

该阶段包括员工自我评估和公司评估，评估的目标就是要确定员工的优势和弱项。分清优势和弱项可以帮助员工选择适合自己的现实可行的职业，明确为达到他们的职业目标需要克服的弱点。

2. 指导阶段

该阶段包括决定员工希望的职业类型和为实现他们的职业目标需采取的步骤。恰当的指导需要公司指导人员对员工职位的精确理解。如果指导阶段不是基于对该职位的完全理解，那么所确定的目标和步骤也就不适合了。同时，企业对员工职业的确定也应考虑到员工本人的愿望，只有员工本人感兴趣的工作才能发挥员工完全的积极性和潜能。再者，员工个人职业的发展不是员工一个人可以完成的，国际企业员工的职业发展必须和其他人力资源管理工作如员工配置、绩效考核和培训联系起来。

3. 发展阶段

达到国际企业必要的要求并在公司里得到长足进步，可以帮助个人得到发展和成长。在发展阶段，员工将采取具体的行动来创造和增加个人技能，并为将来的工作或晋升机会做准备。国际企业在发展阶段可以采用的发展计划包括"导师指导"、工作轮换和教育开发投资。

上述三个管理阶段从组织方面概括了国际企业员工职业发展的管理内容，但员工职业发展不仅是公司的责任，员工自身的参与程度、员工对其职业发展的重视程度直接影响着员工的职业前景。

（三）国际企业员工职业发展途径和发展

1. 360 度评估

360 度评估也称为多种来源反馈意见，是员工服务绩效管理系统的一个组成部分。它的目的是向与员工本人合作并了解员工的工作和行为的团队成员（包括员工本人、员工主管、员工同事、员工直接下属、客户及供应商）征求意见。这一程序旨在针对员工对周围人的影响提供深刻的反馈意见，并帮助员工把握成长和发展的机会。

360 度评估是员工职业评估的基础。通过 360 度评估，员工可以了解除自己以外的其他人员对自己表现的评估，并对比员工本人的评估结果，寻找差异。而主管人员可以通过该评估结果了解员工的自我评估和其他同事对员工的评估，结合主管人员自己对员工的评估，可以给予员工较为客观公正的评价，对员工的能力也能有一个较为全面的认识。通过员工的自我评估，主管人员可以获悉员工本人对自己职业的看法并了解他对职业发展上的需求，从而避免因面对面交谈可能存在的障碍，为主管人员为员工提供职业咨询和指导提供帮助。

2. 绩效考核评估

绩效考核评估指的是一体化绩效管理和发展体系，它是一个将公司的目标、从行为和结果上对员工进行持续性的评估、公正的反馈和长期的职业发展计划结合在一起的程序。

这一程序是公司员工服务绩效管理系统的一项重要内容，它在公司中不仅起着对公司的人才进行基础评估的作用，而且还对员工的职业目标和职业发展起着定位和计划的作用。

四、国际企业员工的归国管理

一个完整的出国工作过程不仅仅包括外派人员的招聘、甄选、出国前的培训、绩效管理和薪酬福利政策，还包括一个重要的环节，即外派员工的归国管理或者重新安排其他外派任务。

（一）归国的过程

一个外派员工归国过程主要包括以下四个相关的阶段：

1. 准备阶段

从跨国公司的角度看，它可以向外派人员提供一份回国的准备事项清单，还有一些关于未来发展计划的安排、新岗位的信息等等。而对于外派人员及其家属来说，也要为归国做好物质上、工作上以及心理上的准备。跨国公司往往不会像出国派遣前的准备工作那样重视归国管理，但有些跨国公司就在出国培训时就涉及一些归国管理的问题。

2. 搬家阶段

即将归国的外派人员将自己的生活用品托运回国，并且与当地的同事、朋友道别。一些跨国公司则通过国际搬家公司或者搬家咨询人员处理外派人员的出国和归国的搬家事宜，这常常成为国际人力资源管理工作中的一项常规性的工作规定。跨国公司对外派人员细致的安排有助于减弱外派人员及其家人因工作环境的变化而产生的不确定感、压力和生活中断的感觉。

3. 过渡阶段

在外派人员回到本国以后，工作生活还没有马上安定下来之前，跨国公司应该为归国人员安排临时的住处先暂时安顿下来，然后再考虑工作安排、住宅、子女的入学、配偶的工作问题以及其他一些生活方面的事情，如申请本国的医疗保险、开设银行账户等等。一些跨国公司在过渡阶段也会请有关的咨询公司协助解决归国人员的具体问题。

4. 重新适应阶段

主要指归国人员重新面对反向文化冲击和职业生涯发展的困惑，同跨文化适应一样，外派人员在归国过程中也会受到各种因素的影响而需要重新适应从前本已熟悉的工作生活环境。

（二）外派人员回国后的待遇与职业生涯发展

跨国公司的外派人员回国后，会感到在个人收入、生活方式以及公司的文化上都有很大的变化或者不适应。这主要是因为当初为了吸引管理人员到国外去工作，公司支付了较高的工资和津贴，使得外派人员在当地的生活非常便利。而回国以后，这些待遇取消了，工资收入也减少了，管理人员面临着一个重新调整自己收入与生活安排的问题，即重新适应问题。这种情况下要求跨国企业在外派人员归国前就要做好充分的信息沟通，以便外派人员早做思想准备。

当外派人员回国以后，往往会看到自己当初的同事大部分都已被提升到重要的岗位上，而自己却从国外可以独当一面的地位降回到要事事听从上级安排的地位。这很容易使归国人员在心理上产生不平衡感。对于外派人员归国后的工作安排，是否能够获得提升，要视公司的具体情况和外派人员的个人绩效而定。这也需要公司的人力资源管理部门在外派人员归国前有一个事先的交流，使公司和员工之间充分了解双方的意愿，使外派人员归国后尽快适应新的工作环境。

总之，从跨国公司的角度看，外派员工归国管理一般需要注意以下这些问题：

第一，密切关注外派员工在归国过程中各阶段的相关信息；

第二，给予财务和税收方面的协助；

第三，给予归国后职位与职业生涯发展的帮助；

第四，帮助归国员工适应文化的反向冲击；

第五，考虑外派员工孩子的教育以及配偶的工作安排问题等；

第六，关注外派员工工作部门、工作性质的变化；

第七，强调并进行管理沟通相关的培训；

第八，为外派员工提供建立社会网络的机会，帮助建立新的社交关系。

第四节　国际企业跨文化管理实务

一、跨文化管理的基本概念

跨文化研究始于二战后的美国，并通过美国学者发展起来。由于战后美国人大批到海外生活、工作和学习，并且每年都有数以万计的外国留学生在美国学习，因此美国学者开始关注文化之间的差异对人们生活和交往的影响，并开始寻求不同文化之间的融合和管理问题。此后的几十年里，跨文化领域的研究吸引了不同国家的众多学者的参与，并在 20 世纪后 25 年里得到很好的发展。

（一）跨文化管理的概念

跨文化管理又称交叉文化管理，就是在跨国经营中，对不同种族、不同文化类型、不同文化发展阶段的子公司所在国的文化采取包容的管理方法，其目的在于如何在不同形态的文化氛围中设计出切实可行的组织结构和管理机制，在管理过程中寻找超越文化冲突的公司目标，以维系不同文化背景的员工共同的行为准则，从而最大限度地控制和利用企业的潜力与价值。

（二）文化差异的维度

最早从文化层面对不同民族差异进行比较的理论应该追溯到 1961 年，克拉克·汤姆和斯特罗·贝克从人性的善恶、个人集体、等级体系等几个方面指出不同文化之间的差异。与此同期的豪尔也从协议、空间占有物的数量、过去将来的时间关系等方面对文化差异提出了自己的见解。这一时期的学者并没有提出完整体系的文化比较成果，研究方法也欠缺科学性，没有从实证角度提供有力说明。

时间推移到 20 世纪 70 年代后期，美国管理心理学家吉特·霍夫斯泰德使用心理测验的方法，对在某一跨国公司任职的来自世界 40 个国家和地区的各类职员进行了一项长达 7 年的研究，发现这些国家在文化上的差异主要表现在四个方面。这四个方面也就是民族文化差异的四个维度，每一种文化的特点都可以用它在这四个维度上的强弱来表示。霍夫斯泰德发现的四个文化维度是：权力距离、不确定性避免、个人主义—集体主义、男性度—女性度。

1. 权力距离

霍夫斯泰德的四个维度考虑的主要是从社会角度分析文化对组织的影响，他充分考虑了权力、环境以及社会对女性的重视程度，通过权力距离这个维度，判断权力在社会和组织中不平等分配的程度。对这个维度，各个国家由于对权力赋予的意义不完全相同，所以也存在着很大的差异。例如，美国对权力的看法跟阿拉伯国家的看法就存在很大的差异，美国不是很看中权力，他们更注重个人能力的发挥，对权力的追求比阿拉伯国家要逊色不少；阿拉伯国家由于国家体制的关系，注重权力的约束力，由此，阿拉伯国家的机构，不管是政府部门或者企业都多多少少带有权力的色彩。

2. 不确定性的规避

霍夫施泰德认为，人们抵抗未来这种不确定性的途径主要有三种：科技、法律和宗教。人们用科技抵抗自然界的不确定性，用法律（成文和不成文）抵抗来自其他社会成员的不确定性，而宗教则被人们用来化解不可抵抗的死亡和来世的不确定性。霍夫施泰德的调查表明，不同民族文化之间在不确定性状态的回避倾向上有很大的不同，有的民族把生活中的未知、不确定性视为大敌，千方百计加以避免，而有的民族则采取坦然接受的态度，"是福不是祸，是祸也躲不过"。为了对这种不同进行衡量，他提出了不确定性回避的概念。

所谓不确定性回避，是指一个社会感受到的不确定性和模糊情景的威胁程度，并试图以提供较大的职业安全，建立更正式的规则，不容忍偏离观点和行为，相信绝对知识和专家评定等手段可以避免这些情景的发生。其强弱是通过不确定性回避指数来显示。一个鼓励其成员战胜和开辟未来的社会文化，可被视为强不确定性回避的文化；反之，那些教育其成员接受风险，学会忍耐，接受不同行为的社会文化，可被视为弱不确定性回避的文化。

强不确定性回避国家的人民比较起来更忙碌，常常坐立不安，喜怒形于色，积极活泼，其文化对法律、规章的需要是以情感为基础的，这不利于产生一些根本性的革新想法，但却可以培养人们精细、守时的特质，因而善于将别人的创意付诸实施，使之在现实生活中生效；而弱不确定性回避国家的人们比较起来则显得更沉静些，也更矜持，随遇而安、怠惰、喜静不喜动、懒散一些，人们对于成文法规在感情上是接受不了的，除非绝对必要，社会不会轻易立法，其文化能容忍各种各样的思想和形形色色的主意，因而有利于产生一些根本性的革新想法，但却不善于将这些想法付诸实施。

3. 个人主义—集体主义

在霍夫斯泰德的研究中，一个社会的个人主义/集体主义倾向是通过个人主义指数来衡量的。这一指数的数值越大，说明该社会的个人主义倾向越明显，如美国；反之，数值越小，则说明该社会的集体主义倾向越明显，如日本和亚洲大多数国家。

我国在改革开放之前，几乎没有人敢提个人主义，都是提倡集体主义，组织考虑的是大集体，而不是小集体。美国则几乎没有集体主义这个概念，跟美国人说集体主义，他们可能会一脸茫然。在行政方面，个人主义与集体主义倾向所产生的影响是很大的。在强调集体主义的社会，为了保证集体的利益，上级自然会派一个组织上信得过的、政治过硬的人来领导某家企业，而个人主义者就不允许这种情况发生了。这种矛盾在事前就应该考虑到，否则后果将是不堪设想的。

4. 男性化和女性化

霍夫施泰德把这种以社会性别角色的分工为基础的"男性化"倾向称为男性或男子气概所代表的维度，即所谓男性度。它是指社会中两性的社会性别角色差别清楚，男人应表现得自信、坚强、注重物质成就，女人应表现得谦逊、温柔、关注生活质量。而与此相对立的"女性化"倾向则被其称为女性或女性气质所代表的文化维度，即所谓女性度，是指社会中两性的社会性别角色互相重叠，男人与女人都表现得谦逊、恭顺、关注生活质量。

男性度/女性度的倾向用男性度指数来衡量，这一指数的数值越大，说明该社会的男性化倾向越明显，男性气质越突出（最典型的代表是日本）；反之，数值越小，说明该社会的男性化倾向越不明显，男性气质弱化，而女性气质突出。

在男性气质突出的国家中，社会竞争意识强烈，成功的尺度就是财富功名，社会鼓励、赞赏工作狂，人们崇尚用一决雌雄的方式来解决组织中的冲突问题，其文化强调公平、竞争，注重工作绩效，信奉的是"人生是短暂的，应当快马加鞭，多出成果"，对生活的看法则是"活着是为了工作"。而在女性气质突出的国家中，生活质量的概念更为人们看中，人们一般乐于采取和解的、谈判的方式解决组织中的冲突问题，其文化强调平等、团结，人们认为人生中最重要的不是物质上的占有，而是心灵的沟通，信奉的是"人生是短暂的，应当慢慢地、细细地品尝"，对生活的看法则是"工作是为了生活"。

到 1991 年，霍夫斯泰德在原有的四个文化纬度基础上增加了第五个纬度——"长期取向"。霍夫斯泰德的这一发现对跨文化研究有非常重大的意义，在西方产生了重大影响。霍夫斯泰德除了在跨文化基础理论上的突破之外，还应用这一理论作了大量的实证分析。例如，在《文化的重要性》、《文化与组织》中霍夫斯泰德对各国文化差异背景进行比较，以寻找被视为某一特殊民族的行为准则。在《欧洲印象：过去、现在和未来》一文中他对11 个欧共体国家进行分析，从五个文化纬度阐述了它们的差别。从某种意义上说，霍夫斯泰德是跨文化研究理论的奠基人，他的理论成果引领了后人对跨文化的研究。

（三）解决组织内文化差异的方案

加拿大著名的跨文化组织管理者南希·爱德勒提出了解决组织内文化差异的三种可供选择的方案：

一是凌越，是指组织内一种文化凌驾于其他文化之上扮演着统治者的角色，组织内的决策及行为均受这种文化支配。这种方式的好处是能在短时间内形成一种"统一"的组织文化，其缺点是不利于博采众长，其他文化因受到压制容易使其成员产生强烈的反感，最终加剧冲突。

二是折衷，是指不同文化间采取妥协与退让的方式，有意忽略回避文化差异，从而做到求同存异，以实现组织内的和谐与稳定，但这种和谐与稳定的背后往往潜伏着危机，即只有当彼此之间的文化差异很小时，才适应采取此法。

三是融合，是指不同文化间在承认、重视彼此间差异的基础上，相互尊重、相互补充、相互协调，从而形成一种你我合一的、全新的组织文化，这种统一的文化不仅具有较强的稳定性，而且极具"杂交"优势。

二、跨文化管理的类型

（一）照搬母公司文化（文化移植）

这种管理方式直接将母公司的文化体系映射到子公司所在的国家和地区，而无视子公司所在地的本土文化或合作方的原有组织文化，在具体的文化贯彻和实施的过程中，都不可避免地带有强迫的色彩。文化交融的冲突体现在力量的较量上。如果母公司文化是强势文化，而子公司的地域文化是弱势文化，那么在文化移植的过程中冲突相对会小些。如果两文化势均力敌，都属于强势文化，那么冲突就会激烈。如果子公司所在地域文化为强势文化，则弱势的母公司文化将被子公司文化同化。

国际企业在进行跨文化管理的同时，由于企业文化的冲突等综合因素的影响，难免会产生摩擦。所以，在文化移植的过程中应注意以下事宜：

第一，在企业文化移植中，宏观层面上要调查了解新环境的主要参数，包括政治、经济、文化、习惯、民族综合情况等。

第二，在企业文化移植中，微观层面上要了解行业内部各个环节的主要情况，包括财务、生产、招聘人事、销售、市场、采购、沟通等。

第三，在企业文化移植中，除了宏观层面和微观层面之外，对当地特殊的风俗、政策、习惯等情况也要特别关注。由于各地区的发展不平衡，特色各异，因此，对这些细节的了解和把握，也有利于企业文化的移植和企业在新环境下的生存。

（二）尊重子公司文化（文化嫁接）

这种类型的跨文化管理是在母公司认识到子公司所在地域的文化特征，并在尊重当地文化的前提下采取的方式。嫁接多以子公司的组织文化为主体，然后选择母公司文化中关键和适应的部分与之相结合。文化嫁接的优点在于对当地文化的充分认识和尊重，但容易出现的问题则是母公司文化的特性不突出或者没有尽取精华，对当地文化中的不适宜成分也没有充分剥离，使协同效应无法充分地发挥出来。

（三）多种文化的融合（文化合金）

这是跨文化管理的最高层次，也是经实践证明最有效的方式。文化合金是两种文化的有机结合，选择各自的精华部分紧密融合，成为兼容性强、多元化的合金。具有这样性质的文化可以兼容更多的文化，适应更多不同文化的环境，因此是经济全球化背景下国际企业最强的核心竞争力。

三、国际企业跨文化管理的对策

（一）加强外派人员的培训

在选择外派人员时，应该尽可能选择那些具有全球经营技能和素质的人，以较快地适应文化的融合要求。同时，还要加强一系列关于东道国语言、文化和个人职业生涯发展的培训，以便更好地适应今后的工作，还要为外派人员的配偶提供类似的培训项目。

出发前训练的主要目的是使那些外派人员对海外委派有所准备，使他们熟悉东道国，以减少外派人员及其家庭将来在东道国可能遇到的文化冲突，同时也帮助增强那些外派人员对母公司的使命感，或许能带来更好的工作绩效。培训项目的第二个阶段发生在东道国，也就是说，在这个阶段内，语言的培训继续作为一个重点。此外，"指导性计划"被证明是非常有效的。培训的最后一个阶段"归国"被认为是一件再简单不过的事情了，然而有证据表明，与在海外工作中遇到的文化冲突相比，归国过程中遇到的问题更头疼。归国的现实是这样的：管理者经过海外委派后回到国内，往往比较容易离开母公司，到一些国内比较相似的公司工作，这在很大程度上是因为他对回到国内生活的期望与现实中得到的不一样。所以，如何使得海外委派的工作同该管理人员的职业生涯与期望相适应，也是跨国企业在外派管理人员上应考虑的问题。

（二）管理人员本土化甄选

由于本土的管理者对本土文化有深刻的了解，其观念容易为员工所接受，同时也为本土员工的晋升提供了有利的渠道，具有较强的激励作用，因此，利用本土管理者进行管理就成为跨文化人力资源管理中的明显特征。当然，跨国公司往往选用具有国际学习和工作经验的本土化人才。

（三）宽容态度对待文化冲突

即使准备充分，跨文化管理中的冲突仍然不可避免。面对冲突，管理者需要一个平和的心态、宽容的态度和理智的处理方式。要相互尊重和理解，对本土文化要进行分析，要对其优秀部分采取学习态度，不可抱有成见，或一概排斥。管理者的立场要客观中立，处理方式要尽量温和、宽容。

（四）取长补短，形成文化合金

文化融合是一个系统工程，要有计划、有步骤地分阶段实施，而文化融合的最终目标就是塑造"文化合金"。在人力资源管理跨文化管理过程中，管理者要时刻关注文化的变化，并积极主动地推动文化的变革和融合，以使企业真正成为兼收并蓄、集各种文化之所长的"文化合金"。

第七章 劳动人事争议的防范和处理

第一节 劳动人事争议概述

一、劳动人事争议的概念

随着我国社会主义市场经济体制的建立和逐步完善，企业的劳动力配置和事业单位的用人机制均以市场作为基础性手段，这一重大改革，使劳动人事制度充满生机和活力。劳动人事制度市场化的标志之一，就是劳动合同和聘用合同成为建立劳动人事关系的基本形式；相关的法律、法规成为调控劳动人事关系的主要手段。用人单位与个人之间基于各自权利义务的考虑，劳动人事争议随之也不可避免。

所谓劳动人事争议，是指用人单位和职工之间在执行劳动人事法律、法规和履行劳动人事合同中，因劳动人事的权利和义务而发生的纠纷。劳动人事争议的当事人及其内容都是特定的。劳动人事争议的当事人就是劳动人事关系的当事人，即用人单位和用人单位的职工个人，在特殊情况下职工一方也可能是用人单位的全体职工。劳动人事争议的内容就是劳动和工作的权利和义务，它与实现劳动和进行工作的过程相联系。

劳动和工作是人们谋生和实现自我价值的主要途径，也是用人单位生存和发展的首要因素。因此，一旦发生劳动人事争议，凸现的是劳动人事关系双方当事人之间的利益冲突，解决的难度相对来说也较高。

二、劳动人事争议的范围

在我国，劳动和人事分属不同的管理系统。因此，劳动人事争议可分为劳动争议和人事争议。

（一）劳动争议

所谓劳动争议，是指我国境内的各类企业与劳动者之间，就劳动合同的履行及其相关的权利和义务而发生的争议。其范围包括四大类：

（1）因企业开除、除名、辞退职工和职工辞退、自动离职发生的争议；

（2）因执行国家有关工资、保险、福利、培训、劳动保护的规定发生的争议；

（3）因履行劳动合同（包括未签劳动合同但有实际劳动关系）发生的争议；

（4）法律、法规规定的其他劳动争议。

除了上述各类企业与劳动者之间的劳动争议外，国家机关、事业单位、社会团体与本单位工勤人员之间，个体工商户与帮工、学徒之间，因劳动用工发生的纠纷，也属劳动争议之列。但因农业劳动、家政服务等发生的纠纷，不包括在内。

（二）人事争议

所谓人事争议，是指我国境内的用人单位和聘用人员之间，就人事聘用合同的履行及其相关的权利和义务而发生的争议。其范围也包括四大类：

（1）国家行政机关与工作人员之间因录用、调动、履行聘用合同发生的争议；

（2）事业单位与工作人员之间因辞职、辞退以及履行聘任合同或聘用合同发生的争议；

（3）企业单位与管理人员和技术人员之间因履行聘任合同或聘用合同发生的争议；

（4）依照法律、法规、规章规定可以仲裁的人才流动争议和其他人事争议。

三、劳动人事争议的起因和防范

（一）劳动人事争议的起因

随着劳动人事制度改革的深化和加快，劳动人事争议大量产生。究其缘由，一是在社会转型、经济转轨过程中，劳动人事关系双方出现利益失衡。如因企业改制、兼并重组、歇业破产、岗位整合、人才流动等，引发劳动人事合同纠纷和追索经济补偿金纠纷。二是劳动人事关系当事人一方或双方的法治意识淡薄，当事人的合法权益得不到充分、有效的保障。如有的用人单位不能正确地贯彻、实施劳动人事法律、法规和规章，作为弱势群体的职工一方，其权益往往得不到及时实现和切实解决；有的职工提出非分要求，侵犯用人单位的合法权益，据此引发维权纠纷。三是劳动人事合同意识不强，签订、履行劳动人事合同有较大的随意性，最终导致纠纷不断。如不规范用工、擅自变更劳动人事合同、违法或违约解除劳动人事合同、不履行合同义务、合同终止后不及时办理相关衔接手续等。

（二）劳动人事争议的防范

劳动人事争议一般都带有较强的维权性、利益追索性和社会性，它的产生有主客观方面的原因。如果处理、协调失当，不但当事人双方困扰其中难以解脱，也会激化矛盾，扩大事态，影响社会稳定。因此，积极防范劳动人事争议，对于维护劳动人事领域的稳定和社会稳定，推动各项改革的深入、持续发展，有重要意义。

在现代法治社会里，劳动人事争议的缘起是可以预测，也是可以防范的。这种预测和防范的重要环节在于双方当事人的法治意识和劳动人事合同意识的增强。在劳动人事领域里，法律同样具有指引作用、评价作用、教育作用、预测作用和强制作用。合同则是当事人之间权利义务关系的一把"法锁"，依法成立的合同，在缔结合同的当事人之间具有相当于法律的约束力，受法律的保护，缔约双方均应遵守。因此，防范劳动人事争议的最佳方法就是研习和掌握这方面的法律、行政法规、国务院各部委制定的部门规章、地方性法规和地方政府规章以及相关的司法解释，做个明明白白的当事人。

第二节　如何跨入劳动力市场和人才市场

一、劳动力市场规制

劳动者求职与就业、用人单位招用人员，第一道门槛就是劳动力市场。在市场经济条件下，劳动力具有一定的商品属性，劳动关系的建立要通过市场形成。劳动者通过市场同用人单位建立劳动关系，并通过劳动获得生存与再生产能力；用人单位通过市场招用职工，并通过用工获得生存与发展。这是社会动态、有序前进的基点。2000 年 12 月 8 日，劳动和社会保障部发布了《劳动力市场管理规定》，对劳动力市场的健康发展进行了规制。

劳动者求职、就业，应满足以下条件：年满 16 周岁；有劳动能力且有就业愿望；符合法律规定条件。然后，可凭本人身份证和接受教育、培训的相关证明，通过职业介绍机构介绍或直接联系用人单位等渠道求职。劳动者就业前还应接受必要的职业教育或职业培训，城镇初高中毕业生就业前应参加劳动预备制培训。如属失业，则应进行失业登记，并凭失业登记证明享受公共就业服务、就业扶持政策或按规定申领失业保险金。

用人单位招用人员可通过以下途径自主录用：①委托职业介绍机构；②参加劳动力交流洽谈活动；③通过大众传播媒介刊播招用信息；④利用互联网进行网上招聘；⑤法律、法规规定的其他途径。用人单位招工时，除国家规定不适合从事的工种或岗位外，不得以性别、民族、种族、宗教信仰为由拒绝录用或提高录用标准；招用国家规定须持证上岗的技术工种人员，应按照《招用技术工种从业人员规定》执行；跨省招用人员和招用外籍人员、港澳台地区人员，依照国家有关规定办理。

禁止用人单位招用人员时有以下行为：①提供虚假招聘信息；②招用无合法证件的人员；③向求职者收取招聘费用；④向被录用人员收取保证金或抵押金；⑤扣押被录用人员的身份证等证件；⑥以招用人员为名牟取不正当利益或进行其他违法活动。

用人单位招用人员后，应当自录用之日起 30 日内，到当地劳动保障行政部门办理录用备案手续，并为被录用人办理就业登记。用人单位与职工终止或解除劳动关系后，应当于 7 日内到当地劳动保障行政部门办理备案手续。

二、人才市场规制

所谓人才市场，是指对人才中介服务机构从事人才中介服务、用人单位招聘和个人应聘以及与之相关活动的场所。其服务对象是各类用人单位和具有中专以上学历或取得专业技术资格的人员，以及其他城市专业技术人员或管理工作人员。2001 年 9 月 11 日，人事部和国家工商行政管理总局发布了《人才市场管理规定》，对人才市场的运行进行了规制。

用人单位招聘人才可以通过委托人才中介服务机构、参加人才交流会、在公共媒体和互联网发布信息以及其他合法方式进行。用人单位公开招聘人才，应当出具有关部门批准其设立的文件或营业执照（副本），并如实公布拟聘用人员的数量、岗位和条件。此外，不得以民族、宗教信仰为由拒绝聘用或者提高聘用标准；除国家规定的不适合妇女工作的岗位外，不得以性别为由拒绝招聘妇女或提高对妇女的招聘条件；不得以任何名义向应聘者收取费用，不得有欺诈行为或采取其他方式谋取非法利益。

用人单位不得聘用以下人员：①正在承担国家、省重点工程、科研项目的技术和管理的主要人员，以及未经单位或主管部门同意的工作人员；②由国家统一派出而又未满轮换年限的赴新疆、西藏工作的人员；③正在从事涉及国家安全或重要机密工作的人员；④有违法违纪嫌疑正在依法接受审查尚未结案的人员；⑤法律、法规规定暂时不能流动的其他特殊岗位的人员。用人单位与应聘人才确定聘用关系后，应当在平等自愿、协商一致的基础上，依法签订聘用合同或劳动合同。

人才应聘可以通过人才中介服务机构、人才信息网络、人才交流会或直接与用人单位联系等形式进行。应聘时应出具真实、有效的证件以及履历等相关材料。应聘人才应遵守与原单位签订的合同或协议，不得擅自离职；通过辞职或调动方式离开原单位的，应当按照国家的有关辞职、调动的规定办理手续。应聘人才凡经单位出资培训的，如个人与单位订有合同，培训费用问题按合同规定办理；没有合同的，单位可以适当收取培训费，收取标准按培训后回单位服务的年限，按每年递减 20% 的比例计算。应聘人才在应聘时和离开原单位后，不得带走原单位的技术资料和设备器材等，不得侵犯原单位的知识产权、商业秘密及其他合法权益。

用人单位和个人可以委托人才中介服务机构进行人事代理，但须签订人事代理合同书。人才中介服务机构的业务包括：人才供求信息的收集、整理、储存、发布和咨询服务，人才信息网络服务，人才推荐，人才招聘，人才培训，人才测评等；经政府人事行政部门的授权，也可开展以下人事代理业务：流动人员人事档案管理，因私出国政审，在规定的范围内申报或组织评审专业技术职务任职资格，转正定级和工龄核定，大中专毕业生接收手续等。专营或兼营人才信息网络中介服务的，则必须申领许可证。

三、境外就业中介规制

境外就业中介，是指在中国境内为中国公民境外就业或者为境外雇主在中国境内招聘中国公民到境外就业提供相关服务的活动。境外就业，是指中国公民与境外雇主签订劳动合同，在境外提供劳动并获取劳动报酬的就业行为。2002年5月14日，劳动和社会保障部、公安部、国家工商行政管理总局联合发布了《境外就业中介管理规定》，对境外就业中介作了规制。

境外就业中介实行行政许可制度和备用金制度，未经批准及登记注册，任何单位和个人不得从事境外就业中介活动；备用金用于因境外就业中介机构责任造成其服务对象合法权益受到损害时的赔偿及支付罚款、罚金，备用金不足以补偿服务对象合法权益受到损害造成的经济损失时，境外就业中介机构必须按国家有关规定承担民事责任。境外就业中介机构不得以承包、转包等方式交由其他未经批准的中介机构或个人开展境外就业中介活动，发布有关境外就业中介服务广告须经中介机构所在地省级工商行政管理局批准，收取中介服务费应合理并接受当地物价部门监督。

境外就业中介机构依法可从事以下业务：①为中国公民提供境外就业信息、咨询；②接受境外雇主的委托，为其推荐所需招聘人员；③为境外就业人员进行出境培训，并协助其办理有关职业资格证书公证等手续；④协助境外就业人员办理出境所需要护照、签证、公证材料、体检、防疫注射等手续和证件；⑤为境外就业人员代办社会保险；⑥协助境外就业人员通过调解、仲裁、诉讼等程序维护其合法权益。境外就业中介机构应依法履行以下义务：①核查境外雇主的合法开业证明、资信证明、境外雇主所在国家或地区移民部门或其他有关政府主管部门批准的招聘外籍人员许可证明等有关资料；②协助、指导境外就业人员同境外雇主签订劳动合同，并对劳动合同的内容进行确认。劳动合同内容应当包括合同期限、工作地点、工作内容、工作时间、劳动条件、劳动报酬、社会保险、劳动保护、休息休假、食宿条件、变更或解除合同的条件、劳动争议处理、违约责任等条款。

境外就业中介机构应当依法与境外就业人员签订境外就业中介服务协议书。协议书应当对双方的权利和义务、服务项目、收费标准、违约责任、赔偿条款等内容作出明确规定。境外就业中介服务协议书和经其确认的境外劳动就业合同应当报省级劳动保障行政部门备案，省级劳动保障行政部门在10日内未提出疑义的，境外就业中介机构可以向境外就业人员发出境外就业确认书。公安机关依据有关规定，凭境外就业确认书为境外就业人员办理出入境证件。

第三节　签订和履行劳动合同

劳动人事争议缘起于劳动人事法律关系，而劳动人事法律关系的成立是建立在用人单位与职工之间的劳动人事合同基础之上的。因此，要有效地防范劳动人事争议，当事人之间认真地签订和履行劳动人事合同就显得至关重要。

一、劳动合同的订立

所谓劳动合同，是指劳动者与用人单位确立劳动关系，明确双方权利义务关系的协议。订立和变更劳动合同，双方应遵循平等、自愿、协商一致的原则，不得违反法律和行政法规的规定。劳动合同依法订立即具有法律约束力，当事人必须履行劳动合同规定的义务。违反法律和行政法规的劳动合同或者采取欺诈、威胁等手段订立的劳动合同，应确认为无效。无效的劳动合同，从订立的时候起就没有法律约束力。确认劳动合同部分无效的，如果不影响其余部分的效力，其余部分仍然有效。无效合同的确认机关是劳动争议仲裁委员会和人民法院。由于用人单位的原因订立的无效合同，对劳动者造成损害的，应当承担赔偿责任。

劳动合同的订立应采用书面形式，并具备以下法定条款：①劳动合同期限。试用期应包括在劳动合同期限内。②工作内容。③劳动保护和劳动条件。④劳动报酬，还应包括保险福利待遇。⑤劳动纪律。⑥劳动合同终止的条件。⑦违反劳动合同的责任。劳动合同除上述必备条款外，当事人可以协商约定其他内容，如约定保守用人单位商业秘密等。

订立劳动合同应注意以下问题：

（1）劳动合同中的试用期。试用期是用人单位和劳动者为相互了解、选择而约定的不超过6个月的考察期。它是整个劳动期限的组成部分，一般对初次就业或再次就业的职工可以约定。根据原劳动部《关于实行劳动合同制度若干问题的通知》（1996年10月31日），劳动合同期限在6个月以下的，试用期不得超过15日；在6个月以上1年以下的，试用期不得超过30日；在1年以上2年以下的，试用期不得超过60日。《上海市劳动合同条例》规定，劳动合同期限不满6个月的，不得设试用期；满6个月不满1年的，试用期不得超过1个月；满1年不满3年的，试用期不得超过3个月；满3年的，试用期不得超过6个月。劳动合同当事人仅约定试用期的，试用期不成立，该期限即为劳动合同期限。

（2）劳动合同担保方式的禁止。劳动立法明令禁止用人单位与劳动者订立劳动合同时，以任何形式向劳动者收取定金、保证金（物）或抵押金（物）。违者，由公安部门和劳动保障行政部门责令用人单位立即退还给劳动者本人。

（3）《劳动手册》制度和用工登记制度。自1995年起，上海市实行《劳动手册》制度和用工登记制度。凡属上海市城镇户口的劳动者统一实行《劳动手册》制度。《劳动手册》用于记录劳动者就业、流动、失业、培训以及领取失业保险金等情况，是失业人员申领失业保险金、求职登记和应聘就业的证件。它由劳动保障行政部门所属就业服务机构发给，在劳动者失业期间由本人保管，在劳动者从事全工时制工作期间由用人单位保管，在劳动者出国定居、死亡、被判刑或劳动教养时由劳动保障行政部门收回。此外，用人单位录用劳动者为全工时制职工的，应自录用之日起 30 日内到上海市劳动保障行政部门所属区、县职业介绍所办理招工录用登记备案手续，违者应限令补办，逾期不办的，按每人 500 元处以罚款。

二、劳动合同的期限

劳动合同期限分为有固定期限、无固定期限和以完成一定的工作为期限。

（一）有固定期限的劳动合同

有固定期限的劳动合同，就是在劳动合同中明确规定劳动合同的有效期限。有效期限可长可短，但多为短期，不搞"终生合同"。国外大多数国家的立法例，其固定期限最长不超过 3 年或 5 年。有的还规定，有固定期限的有效合同只能延期一次，延期时间也有明确限制，如再次延长则须订立无固定期限的劳动合同。有固定期限的劳动合同，其特点是，在期限届满前，当事人双方都必须遵守劳动合同的期限，不得擅自解除劳动合同。也就是说，有固定期限的劳动合同，劳动合同的终止采取"期限调节"方式，即因期限届满而终止。

（二）无固定期限的劳动合同

无固定期限的劳动合同，就是在劳动合同中不约定具体的终止期限，是一种不定期的劳动合同。无固定期限的劳动合同通常为长期的劳动合同。国外的立法例多以无固定期限的劳动合同为主。这种劳动合同的特点是，除根据《中华人民共和国劳动法》严格规定的解除劳动合同的条件外，用人单位不得解除无固定期限的劳动合同。也就是说，无固定期限的劳动合同，劳动合同的终止采取"条件调节"方式，即因合同约定的条件出现而终止。但为防止用人单位规避解除劳动合同时应承担的支付给劳动者经济补偿的义务，无固定期限的劳动合同不得将法定解除条件约定为终止条件。《中华人民共和国劳动法》以劳动者在同一用人单位连续工作满 10 年为基准，规定当事人双方同意续延劳动合同的，其劳动期限的固定与否由劳动者一方决定。这有利于保障老职工的合法权益，解决一些企业只与职工订短期合同，用完职工年轻时的黄金年龄段即行辞退的问题。另据原劳动部《关于实行劳动合同制度若干问题的通知》，劳动者工作年限较长，且距法定退休年龄 10 年以内的；复员、转业军人初次就业的，如果劳动者提出订立无固定期限的劳动合同，用人单位应当与其订立无固定期限的劳动合同。用人单位应当与劳动者签订无固定期限的劳动合同而未签订的，在司法实践中视为双方之间存在无固定期限劳动合同关系，并以原劳动合同确定双方的权利义务关系。此外，只要用人单位和劳动者达成一致，无论初次就业的，还是由固定工转制的，都可以签订无固定期限的劳动合同。

（三）以完成一定的工作为期限的劳动合同

以完成一定的工作为期限的劳动合同，就是根据当事人双方的约定，在劳动者完成某项既定的工作后，劳动合同即告终止。这种劳动合同的特点是，劳动合同期限的长短以一定工作对象的质和量为转移，通常均为可预料的短期。

三、劳动合同的解除

（一）劳动合同的解除方式

劳动合同因合同期满或者当事人约定的合同终止条件出现而即行终止。劳动合同的解除与劳动合同的终止不同，它是指劳动合同订立后，尚未全部履行以前，由于某种原因导致劳动合同一方或双方当事人提前消灭劳动关系的行为。劳动合同的解除只对未履行部分发生效力，而不涉及已履行的部分。劳动合同可以依法解除，也可以约定解除。约定解除，是指当事人在劳动合同中事先约定解除劳动合同的条件，当该约定的条件成立时，当事人一方即可通知另一方解除劳动合同，即提前终止劳动合同的效力。劳动合同的法定解除有协商解除、用人单位解除、劳动者要求解除 3 种类型，前者为双方协商解除，后两者为单方依法解除。

（1）协商解除。根据平等、自愿、协商一致原则，劳动合同经当事人双方协商一致即可解除。

（2）用人单位解除。用人单位解除主要有 3 种形式：

——过失性辞退。即基于劳动者的严重违纪违章、失职或犯罪行为所作的辞退。劳动法第 25 条的规定，基本上属于这一种。该条规定，劳动者有以下情形之一的，用人单位可以解除劳动合同：①在试用期间被证明不符合录用条件的；②严重违反劳动纪律或用人单位规章制度的；③严重失职，营私舞弊，对用人单位利益造成重大损害的；④被依法追究刑事责任的。此外，相关规章还规定，劳动者被劳动教养的，用人单位可以依据被劳教的事实解除与该劳动者的劳动合同。

——非过失性辞退。即基于劳动者劳动能力的原因或者客观环境发生变化所作的辞退。劳动法第 26 条的规定就属于这一种。该条规定用人单位可以解除劳动合同的情形有：①劳动者患病或者非因工负伤，医疗期满后，不能从事原工作也不能从事由用人单位另行安排的工作的；②劳动者不能胜任工作，经过培训或者调整工作岗位，仍不能胜任工作的；③劳动合同订立时所依据的客观情况发生重大变化，致使原劳动合同无法履行，经当事人协商不能就变更劳动合同达成协议的。

——经济性辞退。即在企业濒临破产进行法定整顿期间或者生产经营状况发生严重困难时所作的裁员。

《中华人民共和国劳动法》对用人单位上述 3 种解除劳动合同的形式都作了严格的限定。在辞退程序、特殊情况例外和经济补偿等方面也作了具体规定。如在辞退程序方面，规定非过失性辞退，要提前 30 日以书面形式通知劳动者本人；经济性辞退，应提前 30 日向工会或者全体职工说明情况，听取工会或者职工的意见，经向劳动行政部门报告后，方可裁减人员。为防止用人单位以裁员为名，对职工进行"大换血"，还规定用人单位按规定裁减人员，在 6 个月内录用人员的，应当优先录用被裁减的人员。

此外，用人单位解除劳动合同，工会认为不适当的，有权提出意见。如果用人单位违反法律、法规或者劳动合同，工会有权要求重新处理；劳动者申请仲裁或者提起诉讼的，工会应当依法给予支持和帮助。《中华人民共和国工会法》（2001 年 10 月 27 日九届全国人大常委会修正）第 21 条第 2 款也作了相应的规定："企业单方面解除职工劳动合同时，应当事先将理由通知工会，工会认为企业违反法律、法规和有关合同，要求重新研究处理时，企业应当研究工会的意见，并将处理结果书面通知工会。"

《中华人民共和国劳动法》规定的用人单位不得进行非过失性辞退和经济性辞退的特殊情况有：①患职业病或者因工负伤并被确认丧失或者部分丧失劳动能力的；②患病或者负伤，在规定的医疗期内的；③女职工在孕期、产期、哺乳期内的；④法律、行政法规规定的其他情形。

（3）劳动者要求解除。劳动者要求解除劳动合同，一般应提前 30 日以书面形式通知用人单位。但在以下情况下，劳动者可以随时通知用人单位解除劳动合同：①在试用期内的；②用人单位以暴力、威胁或者非法限制人身自由的手段强迫劳动的；③用人单位未按照劳动合同约定支付劳动报酬或者提供劳动条件的。

（二）劳动合同终止或解除后的相关事项

劳动合同终止或解除后，根据有关规章的规定，用人单位应当出具终止、解除劳动合同证明书，作为该劳动者按规定享受失业保险待遇和失业登记、求职登记的凭证。证明书应写明劳动合同期限、终止或解除的日期、所担任的工作。如果劳动者要求，用人单位可在证明中客观地说明解除劳动合同的原因（1996 年 10 月 21 日《劳动部关于实行劳动合同制度若干问题的通知》第 15 条）。

对负有保守用人单位商业秘密义务的劳动者与用人单位终止或解除劳动合同后，根据《中华人民共和国合同法》第 92 条的规定，仍应履行后契约义务，即"合同的权利义务终止后，当事人应当遵循诚实信用原则，根据交易习惯履行通知、协助、保密等义务。"为避免劳动合同终止或解除后劳动者的失密行为，当事人在劳动合同中可以约定保密条款；也可以约定劳动者要求解除劳动合同的提前通知期（提前通知期不得超过 6 个月），以便用人单位采取相应的脱密措施；也可以约定竞业限制条款（竞业限制的期限最长不得超过 3 年），但须在终止或解除劳动合同后，给予劳动者经济补偿。

四、经济补偿和损失赔偿

（一）经济补偿

经济补偿，是用人单位违反或解除劳动合同而对劳动者支付的经济补偿金。《中华人民共和国劳动法》第 28、91 条及原劳动部《违反和解除劳动合同的经济补偿办法》（1994 年 12 月 3 日，劳部发〔1994〕481 号），对此作了规范。

经济补偿的事项包括：

（1）对工资报酬违法、违约行为的补偿。①用人单位克扣或者无故拖欠劳动者工资的，以及拒不支付劳动者延长工作时间工资报酬的，除在规定时间内全额支付劳动者工资报酬外，还需加发相当于工资报酬 25% 的经济补偿金。②用人单位支付劳动者的工资报酬低于当地最低工资标准的，要在补足低于标准部分的同时，另外支付相当于低于部分 25% 的经济补偿金。

（2）用人单位协商解除劳动合同的补偿。经劳动合同当事人协商一致，由用人单位解除劳动合同的，用人单位应根据劳动者在本单位工作年限，每满 1 年发给相当于 1 个月工资的经济补偿金，最多不超过 12 个月。工作时间不满 1 年的按 1 年的标准发给经济补偿金。

（3）非过失性辞退的补偿。①劳动者患病或者非因工负伤，经劳动鉴定委员会确认不能从事原工作、也不能从事用人单位另行安排的工作而解除劳动合同的，用人单位应按其在本单位的工作年限，每满 1 年发给相当于 1 个月工资的经济补偿金，同时还应发给不低于 6 个月工资的医疗补助费。患重病和绝症的还应增加医疗补助费，患重病的增加部分不低于医疗补助费的 50%，患绝症的增加部分不低于医疗补助费的 100%。②劳动者不能胜任工作，经过培训或者调整工作岗位仍不能胜任工作，由用人单位解除劳动合同的，用人单位应按其在本单位工作的年限，工作时间每满 1 年，发给相当于 1 个月工资的经济补偿金，最多不超过 12 个月。③劳动合同订立时所依据的客观情况发生重大变化，致使原劳动合同无法履行，经当事人协商不能就变更劳动合同达成协议，由用人单位解除劳动合同的，用人单位按劳动者在本单位工作的年限，工作时间每满 1 年发给相当于 1 个月工资的经济补偿金。

（4）经济性辞退的补偿。用人单位濒临破产进行法定整顿期间或者生产经营状况发生严重困难，必须裁减人员的，用人单位按被裁减人员在本单位工作的年限支付经济补偿金。在本单位工作的时间每满 1 年，发给相当于 1 个月工资的经济补偿金。

经济补偿金的工资计算标准为企业正常生产情况下劳动者解除合同前 12 个月的月平均工资，用人单位依据上述（3）中的①③和（4）解除劳动合同的，劳动者的月平均工资低于企业月平均工资的，按企业月平均工资的标准支付。经济补偿金由用人单位一次性发给。用人单位解除劳动合同后，未按规定给予劳动者经济补偿的，除全额发给经济补偿金外，还须按该经济补偿金数额的50%支付额外经济补偿金。

（二）损失赔偿

损失赔偿，是用人单位或劳动者违反劳动法有关劳动合同的规定所应承担的赔偿责任。《中华人民共和国劳动法》第89、95、97、98、99、102条及原劳动部《违反〈劳动法〉有关劳动合同规定的赔偿办法》（1995年5月10日，劳部发〔1995〕223号），对此作了规范。损失赔偿的事项包括：

（1）用人单位违法、违约。①用人单位有下列情形之一，对劳动者造成损害的，应赔偿劳动者损失：用人单位故意拖延、不订立劳动合同，即招用后故意不按规定订立劳动合同以及劳动合同到期后故意不及时续订劳动合同的；由于用人单位的原因订立无效劳动合同，或订立部分无效劳动合同的；用人单位违反规定或劳动合同的约定侵害女职工或未成年工合法权益的；用人单位违反规定或劳动合同的约定解除劳动合同的。②以上赔偿，按下列规定执行：造成劳动者工资收入损失的，按劳动者本人应得工资收入支付给劳动者，并加付应得工资收入25%的赔偿费用；造成劳动者劳动保护待遇损失的，应按国家规定补足劳动者的劳动保护津贴和用品；造成劳动者工伤、医疗待遇损失的，除按国家规定为劳动者提供工伤、医疗待遇外，还应支付劳动者相当于医疗费用25%的赔偿费用；造成女职工和未成年工身体健康损害的，除按国家规定提供治疗期间的医疗费用外，还应支付相当于其医疗费用25%的赔偿费用；劳动合同约定的其他赔偿费用。

（2）劳动者违法、违约。劳动者违反规定或劳动合同的约定解除劳动合同，对用人单位造成损失的，劳动者应赔偿用人单位下列损失：用人单位招收录用其所支付的费用；用人单位为其支付的培训费用，双方另有约定的按约定办理；对生产、经营和工作造成的直接经济损失；劳动合同约定的其他赔偿费用。

（3）其他。①劳动者违反劳动合同中约定的保密事项，对用人单位造成经济损失的，按《中华人民共和国反不正当竞争法》第20条的规定支付用人单位赔偿费用。②用人单位招用尚未解除劳动合同的劳动者，对原用人单位造成经济损失的，除该劳动者承担直接赔偿责任外，该用人单位应当承担连带赔偿责任。其连带赔偿的份额应不低于对原用人单位造成经济损失总额的70%。向原用人单位赔偿以下损失：对生产、经营和工作造成的直接经济损失；因获取商业秘密给原用人单位造成的经济损失。

（三）违约金和培训费用的承担

违约金，是指当事人违反合同时，依据合同约定支付给对方的一定数额的金钱。合同中约定的违约金，是对守约方所受损失的一种金钱补偿。劳动合同同样可以由双方当事人约定违约金。但因劳动者相对于用人单位来说是弱者，因此《上海市劳动合同条例》

（2001 年 11 月 15 日）规定，劳动合同对劳动者的违约行为设定违约金的，仅限于违反服务期约定的和违反保守商业秘密约定的两种情形，且违约金数额应当遵循公平、合理的原则约定。当事人双方在合同中约定了违约金，一方违约后就应向对方支付约定的违约金。但如果违约金的数额同因违约而实际造成的损失相比，低了或过分高了，可按《中华人民共和国合同法》第 114 条第 2 款的规定调节，即"约定的违约金低于造成的损失的，当事人可以请求人民法院或者仲裁机构予以增加；约定的违约金过分高于造成的损失的，当事人可以请求人民法院或者仲裁机构予以适当减少。"

对于劳动者要求解除劳动合同，所涉及的培训费用承担问题，原劳动部办公厅《关于试用期内解除劳动合同处理依据问题的复函》（1995 年 10 月 10 日，劳办发〔1995〕264 号）作复如下：用人单位出资（指有支付货币凭证的情况）对职工进行各类技术培训，职工提出与单位解除劳动关系的，如果在试用期内，则用人单位不得要求劳动者支付该项培训费用。如果试用期满，在合同期内，则用人单位可以要求劳动者支付该项劳动费用，具体支付办法是：约定服务期的，按服务期等分出资金额，以职工已履行的服务期限递减支付；没约定服务期的，按劳动合同期等分出资金额，以职工已履行的合同期限递减支付；没有约定合同期的，按 5 年服务期等分出资金额，以职工已履行的服务期限递减支付；双方对递减计算方式已有约定的，从其约定。

五、集体合同

集体合同，是指用人单位与本单位职工根据法律、法规、规章的规定，就劳动报酬、工作时间、休息休假、劳动安全卫生、职业培训、保险福利等事项，通过集体协商签订的书面协议。用人单位与本单位职工根据法律、法规、规章的规定，就集体协商的某项内容签订的专项书面协议，称为专项集体合同。集体合同只适用于企业和实行企业化管理的事业单位，而不适用于其他用人单位，其效力高于一般劳动合同。《中华人民共和国劳动法》第 35 条规定："职工个人与企业订立的劳动合同中劳动条件和劳动报酬等标准不得低于集体合同的规定。"

进行集体协商，签订集体合同或专项集体合同，应当遵循以下原则：①遵守法律、法规、规章及国家有关规定；②相互尊重，平等协商；③诚实守信，公平合作；④兼顾双方合法权益；⑤不得采取过激行为。依法成立的集体合同或专项集体合同，对用人单位的全体职工具有法律约束力。

集体合同，由集体代表协商签订，集体协商主要采取协商会议的形式。集体协商的每方代表人数至少为 3 人，双方人数对等，并各确定 1 名首席代表。职工一方的协商代表由本单位工会选派。未建立工会的，由本单位职工民主推荐，并经本单位半数以上职工同意。职工一方的首席代表由本单位工会主席担任，工会主席可以书面委托其他协商代表代理首席代表；工会主席空缺的，首席代表由工会主要负责人担任。未建立工会的，职工一方的首席代表从协商代表中民主推举产生。用人单位一方的协商代表，由用人单位法定代表人指派，首席代表由单位法定代表人担任或由其书面委托的其他管理人员担任。协商代表履行职责的期限由被代表方确定。集体协商双方首席代表可以书面委托本单位以外的专业人员作为本方协商代表，委托人数不得超过本方代表的1/3，首席代表不得由非本单位人员代理。职工一方协商代表在其履行协商代表职责期间劳动合同期满的，除个人严重过失外，劳动合同期限自动延长至完成履行协商代表职责之时，其间用人单位不得与其解除劳动合同。

集体合同或有专项集体合同，可以包括以下内容：劳动报酬；工作时间；③休息休假；劳动安全与卫生；补充保险和福利；女职工和未成年工特殊保护；职业技能培训；劳动合同管理；奖惩；裁员；集体合同期限；变更、解除集体合同的程序；履行集体合同发生争议时的协商处理办法；违反集体合同的责任；双方认为应当协商的其他内容。集体合同或专项集体合同的

期限一般为1~3年，期满或双方约定的终止条件出现，即行终止。集体合同或专项集体合同期满前3个月内，任何一方均可向对方提出重新签订或续订的要求。

经双方协商代表协商一致的集体合同草案或专项集体合同草案应当提交职工代表大会或者全体职工讨论。职工代表大会或者全体职工讨论集体合同草案或专项集体合同草案，应当有2/3以上职工代表或者职工出席，并须经全体职工代表半数以上或者全体职工半数以上同意，集体合同草案或专项集体合同草案方获通过。集体合同草案或专项集体合同草案经职工代表大会或者职工大会通过后，由集体协商双方首席代表签字。集体合同或专项集体合同签订或变更后，应当自双方首席代表签字之日起10日内，由用人单位一方将文本一式3份报送有管辖权的劳动保障行政部门进行合法性审查。劳动保障行政部门自收到文本之日起15日内未提出异议的，集体合同或专项集体合同即行生效。生效的集体合同或专项集体合同，应当自其生效之日起，由协商代表及时以适当的形式向本方全体人员公布。

六、非全日制用工

非全日制用工，是指以小时计酬，劳动者在同一用人单位平均每日工作时间不超过5小时，累计每周工作时间不超过30小时的用工形式。它是近年来在用工形式上突破传统的全日制用工模式，适应用人单位灵活用工和劳动者自主择业需要、促进就业的一种劳动用工的重要形式。

从事非全日制工作的劳动者可以与一个或一个以上用人单位建立劳动关系，劳动合同一般以书面形式订立，劳动合同期限在1个月以下的，经双方协商同意，可以订立口头劳动合同。劳动者通过依法成立的劳务派遣组织为其他单位、家庭或个人提供非全日制劳动的，由劳务派遣组织与非全日制劳动者签订劳动合同。非全日制劳动合同的内容由双方协

商确定，应当包括工作时间和期限、工作内容、劳动报酬、劳动保护和劳动条件5项必备条款，但不得约定试用期。

用人单位招用劳动者从事非全日制工作，应当在录用后到当地劳动保障行政部门办理录用备案手续。非全日制劳动合同的终止条件按照双方的约定办理。当事人未约定终止劳动合同提前通知期的，任何一方均可以随时通知对方终止劳动合同；双方约定了违约责任的，按照约定承担赔偿责任。

第四节　规范事业单位人员聘用制度

事业单位人员聘用制度，是事业单位转换用人机制，提高队伍整体素质，增强事业单位活力的重要举措。事业单位人员聘用制度主要包括：公开招聘、签订聘用合同、定期考核、解聘辞聘等制度。人事部2002年7月3日制定、国办发〔2002〕35号通知转发的《关于在事业单位试行人员聘用制度的意见》对此作了规范。

一、公开招聘制度

事业单位凡出现空缺岗位，除涉密岗位确需使用其他方法选拔人员以外，都要试行公开招聘。人员招聘的基本程序是：①公布空缺岗位及其职责、聘用条件、工资待遇等事项；②应聘人员申请应聘；③对应聘人员的资格、条件进行初审；④对通过初审的应聘人员进行考试或者考核，根据结果择优提出拟聘人员名单；⑤聘用单位负责人员集体讨论决定受聘人员；⑥聘用单位法定代表人或者其委托人与受聘人员签订聘用合同。

受聘人员应当具有履行岗位职责的能力，能够坚持正常工作；应聘实行执业资格制度岗位的，必须持有相应的执业资格证书。聘用人员应当优先从本单位现有人员中选聘；面向社会招聘的，同等条件下本单位的应聘人员优先。机构编制部门核定人员编制的事业单位聘用人员，不得突破核定的编制数额。聘用合同期满，如果岗位需要、本人愿意、考核合格的，可以续签聘用合同。

人员聘用实行回避制度。受聘人员凡与聘用单位负责人员有夫妻关系、直系血亲关系、三代以内旁系血亲或者近姻亲关系的，不得被聘用从事该单位负责人员的秘书或者人事、财务、纪律检查岗位的工作，也不得在有直接上下级领导关系的岗位工作。聘用工作组织成员在办理人员聘用事项时，凡与自己有上述亲属关系的，也应当回避。

二、聘用合同的内容

聘用合同必须具备下列条款：①聘用合同期限；②岗位及其职责要求；③岗位纪律；④岗位工作条件；⑤工资待遇；⑥聘用合同变更和终止的条件；⑦违反聘用合同的责任。

经双方当事人协商一致，可以在聘用合同中约定试用期、培训和继续教育、知识产权保护、解聘提前通知时限等条款。试用期一般不超过 3 个月；情况特殊的可以延长，但最长不超过 6 个月。被聘人员为大中专应届毕业生的，试用期可以延长至 12 个月。试用期包括在聘用合同期限内。

聘用单位与受聘人员订立聘用合同时，不得收取任何形式的抵押金、抵押物或者其他财物。

三、定期考核制度

聘用单位对受聘人员的工作情况实行年度考核，必要时还可以增加聘期考核。考核必须坚持客观、公正的原则，实行领导考核与群众评议相结合、考核工作实绩与考核工作态度相结合的方法。考核的内容应当与岗位的实际需要相符合。考核结果分为优秀、合格、基本合格、不合格 4 个等次。聘用工作组织在群众评议和受聘人员领导意见的基础上提出考核等次意见，报聘用单位负责人员集体决定。

考核结果是续聘、解聘或者调整岗位的依据。受聘人员年度考核或者聘期考核不合格的，聘用单位可以调整该受聘人员的岗位或者安排其离岗接受必要的培训后调整岗位。岗位变化后，应当相应改变该受聘人员的岗位工资待遇，并对其聘用合同作相应变更。受聘人员无正当理由不同意变更的，聘用单位有权单方面解除聘用合同。

四、解聘、辞聘制度

（一）协商解聘

聘用单位、受聘人员双方经协商一致，可以解除聘用合同。

（二）聘用单位解聘

（1）受聘人员有以下情形之一的，聘用单位可以随时单方面解除聘用合同：①连续旷工超过 10 个工作日或者 1 年内累计旷工超过 20 个工作日的；②未经聘用单位同意，擅自出国或者出国逾期不归的；③违反工作规定或者操作规程，发生责任事故，或因失职、渎职造成严重后果的；④严重扰乱工作秩序，致使聘用单位、其他单位工作不能正常进行的；⑤被判处有期徒刑以上刑罚收监执行的，或者被劳动教养的。

（2）对在试用期内被证明不符合本岗位要求又不同意单位调整其工作岗位的，聘用单位也可以随时单方面解除聘用合同。

（3）受聘人员有以下情形之一的，聘用单位可以单方面解除聘用合同，但是应当提前 30 日以书面形式通知被解聘的受聘人员：①受聘人员患病或者非因工负伤，医疗期满后，不能从事原工作也不能从事由聘用单位安排的其他工作的；②受聘人员年度考核或者聘期考核不合格，又不同意聘用单位调整其工作岗位的，或者虽同意调整工作岗位，但到新岗位后考核仍不合格的。

（4）受聘人员有以下情形之一的，聘用单位不得解除聘用合同：①受聘人员患病或者负伤，在规定的医疗期内的；②女职工在孕期、产期和哺乳期内的；③因工负伤，治疗终结后经劳动能力鉴定机构鉴定为 1 至 4 级丧失劳动能力的；④患职业病以及现有医疗条件下难以治愈的严重疾病或者精神病的；⑤受聘人员正在接受纪律审查未作出结论的；⑥属于国家规定的不得解除聘用合同的其他情形的。

（三）受聘人员辞聘

有以下情形之一的，受聘人员可以随时单方面解除聘用合同：①在试用期内的；②考入普通高等院校的；③被录用或者选调到国家机关工作的；④依法服兵役的。

除上述情形外，受聘人员提出解除聘用合同未能与聘用单位协商一致的，受聘人员应当坚持正常工作，继续履行聘用合同；6 个月后再次提出解除聘用合同仍未能与聘用单位协商一致的，即可单方面解除聘用合同。

（四）经济补偿和费用补偿

受聘人员经聘用单位出资培训后解除聘用合同的，对培训费用的补偿在聘用合同中有约定的，按照合同的约定补偿。受聘人员解除聘用合同后违反规定使用或者允许他人使用原所在聘用单位的知识产权、技术秘密的，依法承担法律责任。涉密岗位受聘人员的解聘或者工作调动，应当遵守国家有关涉密人员管理的规定。

有以下解除聘用合同情形之一的，聘用单位应当根据被解聘人员在本单位的实际工作年限向其支付经济补偿：①聘用单位提出解除聘用合同，受聘人员同意解除的；②受聘人员患病或者非因工负伤，医疗期满后，不能从事原工作也不能从事由聘用单位安排的其他工作，聘用单位单方面解除聘用合同的；③受聘人员年度考核或者聘期考核不合格，又不同意聘用单位调整其工作岗位的，或者虽同意调整工作岗位，但到新岗位后考核仍不合格，聘用单位单方面解除聘用合同的。经济补偿以被解聘人员在该聘用单位每工作 1 年，支付其本人 1 个月的上年月平均工资为标准；月平均工资高于当地月平均工资 3 倍以上的，按当地月平均工资的 3 倍计算。

第五节　劳动人事争议的处理

一、处理劳动人事争议适用的法律规范和原则

由于劳动人事争议的当事人和内容的特定性，为及时、有效地保护当事人的合法权益，其适用的法律程序规范具有专门性。近年来，我国形成了以《中华人民共和国劳动法》为核心，以国务院发布的《中华人民共和国企业劳动争议处理条例》（1993 年 7 月 6 日）和与之配套的《劳动争议仲裁委员会组织规则》（1993 年 11 月 5 日劳动部颁发）、《劳动争议仲裁委员会办案规则》（1993 年 10 月 18 日劳动部颁发）、《企业劳动争议调解委员会组织及工作规则》（1993 年 11 月 5 日劳动部颁发）等行政法规和部门规章为基础的劳动争议处理制度。上述规范适用于我国境内的各类企业与劳动者的劳动争议。

此外，为正确审理劳动争议案件，2001 年 4 月 16 日最高人民法院公布了《关于审理劳动争议案件适用法律若干问题的解释》，该司法解释是对各级人民法院在审理劳动争议案件中如何适用法律所作的规定，同样具有法律效力。

人事争议与劳动争议的当事人不尽相同，聘用合同关系也有别于劳动合同关系，因此，在 2003 年 9 月 5 日之前，处理人事争议适用的是 1997 年 8 月 8 日人事部印发的《人事争议处理暂行规定》，即由人事争议仲裁公正厅或人事争议仲裁委员会受理和处理，其裁决具有终局性，当事人对裁决结果不服亦不能另行向人民法院起诉。2003 年 8 月 27 日最高人民法院公布了《关于人民法院审理事业单位人事争议案件若干问题的规定》，该司法解释明确规定，自 2003 年 9 月 5 日该司法解释施行之日起：①事业单位与其工作人员之间因辞职、辞退及履行聘用合同所发生的争议，适用《中华人民共和国劳动法》的规定处理；②当事人对依照国家有关规定设立的人事争议仲裁机构所作的人事争议仲裁裁决不服，自收到仲裁裁决之日起 15 日内向人民法院提起诉讼的，人民法院应当依法受理。自此，劳动争议和人事争议的处理，已纳入统一的司法程序，并统一适用《中华人民共和国劳动法》。

处理劳动人事争议应当遵循的基本原则有：①着重调解，及时处理。劳动人事争议处理机构处理劳动人事争议时，都应在争议双方当事人自愿、合法的基础上进行调解，调解应贯穿于解决劳动人事争议的全过程。但是不能久调不决，调解不成的，应及时裁决。②在查清事实的基础上，依法处理。③当事人在适用法律上一律平等。

二、劳动争议的处理方式和处理机构

（一）劳动争议的处理方式

根据《中华人民共和国劳动法》第 77 条和第 84 条的规定，劳动争议的处理方式有调解、仲裁、提起诉讼、协商解决和协调处理 5 种。调解是解决劳动争议的一种方法，由劳动争议调解委员会主持进行，调解具有自愿性，调解结果没有强制性。仲裁由劳动争议仲裁委员会主持，是劳动争议诉讼的前置程序。劳动争议诉讼是解决劳动争议的最后程序，由人民法院的民事审判庭受理。协商解决劳动争议是当事人之间自愿进行的，这种方式有利于及时解决纠纷，但又应防止法外"私了"，所以对这种处理方式《中华人民共和国劳动法》采取了"也可以协商解决"的淡化方式。协调处理方式只适用于因签订集体合同而发生的争议，由当地政府劳动行政部门组织有关各方进行处理。

（二）劳动人事争议的处理机构

相关法律、部门规章和司法解释规定的劳动争议处理机构有以下 4 类：

（1）劳动争议调解委员会。在用人单位内，可以设立劳动争议调解委员会，成员由职工代表、用人单位代表和工会代表组成。职工代表由职工推举产生，后两者由单位指定产生，其中用人单位代表的人数不得超过调解委员会成员总数的 1/3。调解委员会主任由工会代表担任，办事机构设在用人单位工会委员会。劳动争议调解委员会是群众性自治组织，其职责是负责调解本用人单位发生的劳动争议，检查和督促争议当事人履行调解协议，开展劳动法制宣传并做好争议预防工作。

（2）劳动争议仲裁委员会。县、市、市辖区设立劳动争议仲裁委员会，省级政府可根据需要设立。成员由劳动行政主管部门代表、同级工会代表、政府指定的经济综合管理部门的代表组成，三方代表人数应相等，委员会代表总数应为单数，主任由劳动行政主管部门代表担任，办事机构为劳动保障行政主管部门的劳动争议处理机构。仲裁委员会实行少数服从多数的原则。仲裁委员会处理劳动争议，实行仲裁员、仲裁庭制度。仲裁员可以专职也可以兼职，由仲裁委员会在劳动保障行政主管部门或政府其他有关部门的人员、工会工作者、专家学者和律师中聘任。仲裁庭由 3 名仲裁员组成，简单劳动争议案件也可以由仲裁委员会指定的 1 名仲裁员处理。当事人可以委托 1~2 名律师或者其他人代理参加仲裁活动。县级劳动争议仲裁委员会负责本行政区域内发生的劳动争议。发生劳动争议的用人单位与职工不在同一个仲裁委员会管辖地区的，由职工当事人工资关系所在地的仲裁委员会处理。

仲裁庭的职责是作开庭记录并要求有关人员在记录上签字；有权取证和要求当事人提供证据，并对证据作出评定；对争议双方依法进行调解并作出调解书；撤销业已和解的争议案件；审理终了时对争议作出裁决；其他法定职权。

（3）人事仲裁公正厅和人事争议仲裁委员会。人事部设立人事仲裁公正厅处理管辖范围内的人事争议。省（自治区、直辖市）、副省级市、地（市）、县（市、区）设立人事争议仲裁委员会，分别负责处理管辖范围内的人事争议。

人事争议仲裁委员会由主任1人，副主任2~4人和委员若干人组成。仲裁委员会的主任可以由同级人民政府分管人事工作的负责人或者政府人事行政部门的主要负责人担任，副主任、委员可以聘请有关方面的人员担任，仲裁委员会可以聘任政府有关部门的人员、专家学者和律师为专职或兼职仲裁员。

仲裁委员会处理人事争议案件，实行仲裁庭制度。仲裁庭由3名以上（含3名）的单数仲裁员组成，仲裁委员会指定1名仲裁员担任首席仲裁员。简单的人事争议案件，仲裁委员会可以指定1名仲裁员独任处理。

（4）各级人民法院。各级人民法院的民事审判庭可以依法受理劳动人事争议案件。诉讼当事人仍为争议双方当事人，劳动争议仲裁委员会和人事争议仲裁委员会不能作为被告或者第三人。

三、劳动人事争议的处理程序

（一）劳动争议调解

劳动争议发生后，当事人可以向本单位劳动争议调解委员会申请调解。调解委员会调解劳动争议，应当自当事人申请调解之日起30日内结束；到期未结束的，视为调解不成。调解劳动争议应当遵循当事人双方自愿原则，经调解达成协议的，制作调解协议书，双方当事人应当自觉履行。由于劳动争议调解委员会性质上属于用人单位内的群众性组织，因此调解协议书只能靠当事人的自觉性保证其履行，其本身不具有强制履行的法律约束力。调解不成，当事人一方要求仲裁的，可以在规定的期限内向劳动争议仲裁委员会申请仲裁。申请调解是处理劳动争议的程序之一，但不是必经程序，当事人任何一方不愿调解，均可直接向劳动争议仲裁委员会申请仲裁。

此外，还应注意：劳动争议当事人向企业劳动争议调解委员会申请调解，从当事人提出申请之日起，仲裁申请时效中止，中止期间最长不得超过30日。结束调解之日起，当事人的申请时效继续计算。调解超过30日的，申请时效从30日之后的第1天继续计算。所谓仲裁申请时效中止，是指当事人向劳动争议仲裁委员会提出申请的时效期间暂停计算，但申请时效中止前已经进行的时效期间仍有效。

（二）劳动争议仲裁

劳动争议仲裁因当事人申请仲裁而引起。劳动争议仲裁委员会因当事人提出书面申请而受理劳动争议。提出仲裁要求的一方应当自劳动争议发生之日起 60 日内向劳动争议仲裁委员会提出；逾期提出的，仲裁委员会不予受理。但因不可抗力或者有其他正当理由超过申请仲裁时效的，仲裁委员会应当受理。

当事人向仲裁委员会提交的仲裁申诉书应载明以下事项：①职工当事人的姓名、职业、住址和工作单位，用人单位的名称、地址和法定代表人的姓名、职务；②仲裁请求和所根据的事实和理由；③证据、证人的姓名和住址。

仲裁委员会应当自收到申诉书之日起 7 日内作出受理或者不予受理的决定。决定受理的，应当自作出决定之日起 7 日内将申诉书的副本送达被诉人，并组成仲裁庭；决定不予受理的，应当说明理由。仲裁裁决一般应在收到仲裁申请的 60 日内作出。案情复杂需要延期的，经报仲裁委员会批准，可以适当延期，但延长的期限不得超过 30 日。仲裁庭处理劳动争议应当先行调解，在查明事实的基础上促使当事人双方自愿达成协议。协议内容不得违反法律、法规。调解达成协议的，应制作调解书，调解书自送达之日起具有法律效力。调解未达成协议或者调解书送达前当事人反悔的，应当及时仲裁。对仲裁裁决无异议的，当事人必须履行。当事人对仲裁裁决不服的，可以自收到裁决书之日起 15 日内向人民法院起诉；期满不起诉的，裁决书即发生法律效力。当事人对发生法律效力的调解书和裁决书，应当依照规定的期限履行。一方当事人逾期不履行的，另一方当事人可以申请人民法院强制执行。应当指出的是，除非劳动争议已在劳动争议调解委员会主持下化解，劳动争议仲裁是解决劳动争议的必经程序，即劳动争议仲裁是劳动争议诉讼的前置程序，只有对劳动争议仲裁裁决不服的，当事人才可以向人民法院提起诉讼。

（三）人事争议仲裁

人事争议的当事人应当在争议发生之日起 60 日内，以书面形式向仲裁委员会申请仲裁，并按被申请人数递交副本。仲裁委员会收到仲裁申请书后，应当在 15 日内作出受理或者不予受理的决定。决定不予受理的，应当书面通知当事人，并说明不予受理的理由。决定受理的，应当在 7 日内将仲裁申请书副本送达被申请人并组成仲裁庭。被申请人应当在收到仲裁申请书副本之日起 15 日内提交答辩书和有关证据。被申请人没有按时提交或者不提交答辩书的，不影响仲裁程序的进行。

仲裁庭处理人事争议应先进行调解，在查明事实、分清责任的基础上促使当事人双方自愿达成协议。协议内容不得违反法律、法规。仲裁应当开庭进行。当事人协议不开庭，或者仲裁庭认为不宜开庭的，可以书面仲裁。决定开庭审理的，仲裁庭应当于开庭 5 日前将开庭时间、地点等书面通知当事人。仲裁申请人经书面通知，无正当理由不到庭或者未经仲裁庭许可中途退庭的，可以视为撤回仲裁申请。被申请人经书面通知，无正当理由不到庭或者未经仲裁庭许可中途退庭的，可以缺席仲裁。仲裁庭处理人事争议案件，一般应当在仲裁庭组成之日起 60 日内结案。案情复杂需要延期的，经仲裁委员会批准，可以适当延期，但是延长的期限不得超过 30 日。人事争议仲裁是人事争议诉讼的前置程序。

（四）劳动人事争议诉讼

劳动人事争议诉讼，因一方或双方当事人不服劳动人事裁决，向有管辖权的法院起诉而引起。人民法院受理劳动人事争议案件的前提是，一方当事人对劳动人事争议仲裁裁决不服，并在法定期限内起诉。劳动人事争议诉讼适用民事诉讼程序。

法院审理劳动人事争议案件坚持"以事实为根据，以法律为准绳"的原则。用人单位依据本单位制定的规章制度及与职工订立的合同对职工作出处理，该规章制度和合同与法律相抵触的，不予支持，而应依据有关法律的规定处理。法院认为用人单位对职工和聘用人员的处理决定在认定事实或适用法律上确有错误，可以判决予以撤销，或判令用人单位重新作出处理，一般不变更其决定。对于追索劳动报酬、培训费、退休金、工伤赔偿等案件，法院认为用人单位的处理决定事实清楚，适用法律基本正确，只是认定给付的数额明显不当的，可以判决予以变更。对于认为确有必要判决变更的个别案件，在做好工作的同时，可以判决变更用人单位的处理决定。

（五）特别处理程序

《中华人民共和国劳动法》第 84 条对集体合同争议的处理程序作了首次专门规定："因签订集体合同发生争议，当事人协商解决不成的，当地人民政府劳动行政部门可以组织有关各方协调处理。因履行集体合同发生争议，当事人协商解决不成的，可以向劳动争议仲裁委员会申请仲裁；对仲裁裁决不服的，可以自收到仲裁裁决书之日起 15 日内向人民法院提起诉讼。"这里把集体合同双方（企业工会或职工代表和企业）之间的协商解决，作为处理集体合同争议的必经程序，只有协商解决不成时，才可以通过其他方式解决。

第八章　人力资源管理信息系统

第一节　人力资源管理信息系统概述

一、人力资源管理信息系统的定义

人力资源管理信息系统是组织进行人力资源管理并获取所需信息的一种有效方法。它通常利用计算机和其他先进技术，处理反映企业日常经营活动的数据和以信息的形式加以组织的数据，来提高人力资源决策的效率。

企业的人力资源管理系统是与企业的整体信息系统挂钩的，是企业整个管理信息系统的一个重要组成部分。由于近年来企业间的竞争已从传统的自然资源优势竞争、资本资源优势竞争逐步转移到人力资源优势竞争上来，人力资源信息的有效利用成为企业高度重视的竞争性战略资源。人力资源管理信息系统作为辅助企业进行有效的人力资源管理的先进工具，必将成为企业信息管理的重中之重。而人力资源管理信息系统作为人力资源管理的一部分，起着支持企业人力资源管理的核心作用：它是招聘与调配系统的重要参照标准，是岗位分析、员工激励和培训的直接依据。

二、人力资源管理信息系统的特点和作用

人力资源管理信息系统提供的信息应该具有以下四个特征：一是准确性，也就是提供的信息必须准确无歧义；二是及时性，即提供的信息应该包含最新的信息；三是相关性，即管理者能够获得与特定情况相关的信息；四是完整性，即管理者必须能够获得完整的而不是部分的信息。

人力资源管理信息系统是人力资源管理者与现代信息技术的有机融合，可以辅助人力资源管理人员合理高效地完成管理工作。人力资源管理信息系统的主要目的如下：

（1）提高工作效率。人力资源管理的日常工作，如薪酬管理、绩效考核、招聘等事务均需耗费大量的时间和精力。传统的手工管理效率较低，且易出错。随着企业的发展，繁重的人力资源管理工作往往使人力资源管理者感到难以应对。因此，人力资源管理信息系统的出现，使信息化工具取代了手工劳动，解决了信息处理的问题，提高了工作效率。

（2）管理流程再造。人力资源管理从制定规划到员工招聘和有效使用，具有科学系统的流程。但是在实际工作中，人力资源管理人员往往难以做到规范管理。工作的不规范和不系容易导致人力资源管理出现各种各样的纰漏和问题。人力资源管理信息系统建立在系统规范的人力资源管理工作上，通过各种科学的管理模块和系统有机的运作，解决了人力资源管理中存在的流程问题，实现了人力资源管理的系统化和规范化。

（3）提供决策信息。人力资源管理部门是企业的重要职能机构，直接掌握着企业的各类人员信息。这些信息是企业决策的重要参考。因此，人力资源管理部门的一项重要职责，就是服务于企业战略决策，为管理层制定企业规划提供相关信息。常规的人力资源工作往往不能及时满足管理层对信息的需求，人力资源管理信息系统通过合理的设计，可以实时分析并提供各种所需的人员信息。通过各种相关分析模块的嵌入，可以满足企业管理层决策所需。

（4）服务企业员工。人力资源管理信息系统不光可以满足企业高层和自身部门的需要，而且通过人力资源管理信息系统的公共平台，可以为企业内部所有员工提供一系列的服务项目，如政策规定、招聘公告、薪资制度、职业发展等。这些信息可以为企业内部员工提供清晰明确的辅助信息，有助于企业员工了解企业运行动态，提高与企业的互动，对增强员工的归属感和提高满意度具有重要意义。

第二节　人力资源管理信息系统功能分析

人力资源管理信息系统可以帮助人力资源管理部门实现数据的集中管理和共享，优化业务流程及人力资源管理过程，为人力资源管理部门进一步提高日常工作效率、提升部门整体业务水平提供有力支持。同时通过有效利用人力资源管理系统中提供的统计分析、决策支持等工具，将逐步对企业的长期人力资源战略规划产生积极影响。

一、人力资源管理信息系统的管理功能

（一）人力资源规划

人力资源管理信息系统的规划子系统是从组织人力资源管理战略层面出发，具有辅助人力资源管理者进行人力资源供求分析的功能。

人力资源规划子系统的主要功能有：

（1）人力资源补充更新，对组织人力资源结构进行分析，从优化人力资源配置的角度，提供人力资源的数量和质量要求。

（2）人力资源使用和调整，提高组织人力资源使用效率，分析组织内部人力资源的现

有配置，并提供人力资源调整和流动计划。

（3）人力资源薪酬，通过内外部员工薪酬相关数据的输入，分析薪酬相关要素，形成有效的薪酬管理体系。

（4）人力资源发展，形成组织人力资源职业生涯发展系统，建立组织人力资源发展库，形成人力资源梯队；拟定培训项目，确定培训的日程和内容，管理培训结果。

（5）退休和聘任，计划员工的退休和聘任，分析员工的任期，使人力资源管理有序运行。

（6）人力资源规划总系统，根据企业的战略和发展目标，通过上述各子系统的运行，做好人力资源的供求分析和平衡，制定并发布人力资源规划。

（二）招聘管理

招聘管理子系统是根据组织人力资源规划的总体目标和要求，依据人力资源规划相关系统的分析结果对组织招聘进行管理的模块。招聘管理子系统具有的功能有：

招聘计划，根据人力资源规划和人力资源部门的相关输入，分析并整理人力资源招聘计划，并生成人力资源招聘方案，用以指导人力资源招聘活动，并可以有效监督人力资源招聘工作的开展。

简历管理，根据系统提供的简历模板，高效准确地将应聘者的简历按照预定的数据格式存入系统；通过内容分析等技术，自动分拣并筛选潜在的应聘者，从而可以大大降低招聘人员的工作量；同时，将应聘者信息录入数据库，建立组织人才资源。

招聘流程管理，根据人力资源管理者事先设定的招聘程序，对招聘流程进行控制；部分系统可以实现招聘过程的电子化管理，即招聘测试实行机考，应聘者在电脑上完成相应的测试后，由系统自动打分；面试和其他测试环节，由面试者将分数直接或间接输入电脑中，由系统自动统计和识别各招聘阶段的合格者，降低了主观因素的干扰。

录用管理，根据最终的招聘结果，自动生成录用通知，进行批量打印并邮寄。

（三）人事信息管理

人事信息管理子系统负责对组织相关员工的信息更新、维护和升级。一般来说，组织员工不论何种级别、何类工种，在人事信息管理子系统中均作为一个记录。这个记录包括人员的姓名、性别、出生年月、进入组织时间、职务、任现职时间等基本信息，还包括培训信息、技能情况、薪资等级等组织专有信息。这些信息的及时维护和更新，有利于组织人力资源管理工作的开展，便于组织及时掌握组织人员的变动情况。

人事信息管理子系统的功能有：

信息录入。人事信息的录入主要通过人工完成，一般有两种途径：一种是由当事人自己输入更改，但必须由人力资源部门审查通过才可以正式进入系统。这种途径的优点是：

减少了人力资源部门的工作量，将信息录入工作分散到个人；而且当事人对自己更为了解，自己录入信息可以更好地维护信息，保证信息的准确性和完整性。但是这种途径加大了人力资源部门的审查工作。第二种途径是由人力资源部门自己录入，这种途径现在使用较多。其优点是人力资源部门录入具有权威性和信息安全性，缺点则是加大了工作量，同时对一些具体信息往往会忽视，或不准确。目前，很多信息系统都根据具体信息的特点，采用上述两种途径的结合方式。

信息更新。信息更新与信息录入相类似，也具有两种途径。但不同的是，信息录入是对系统原来没有的信息作采集，而信息更新是对系统现有信息的修改和更正，因而两者之间在信息的对象上存在不同。人力资源管理部门一般采取的措施是，对于基本信息，由于改动较小、对企业的人事管理影响较小，一般由当事人自己修改；而对组织专有信息，则由人力资源管理部门对数据库进行更新。

（四）合同管理

劳动合同是企业人力资源管理的重要内容。因此，合同管理子系统也成为人力资源管理工作的一个重点。由于合同条款具有法律的严谨性，因此，合同管理被人力资源管理者当做最为"严谨"的工作之一。

合同管理子系统具有的功能包括：

合同管理主模块，主要包括对组织内部员工的劳动合同、用工协议等具有法律效力的文书管理，相应的功能包括对合同的签订和续签等正常程序，合同的变更、解除和终止等过程的管理。这些具体条款基本内置在电脑中，属于格式文本。

合同管理辅助模块，包括合同到期提醒、合同更改提醒等相关的辅助支持性功能。同时也可以根据组织的具体要求，开发相应的管理工具。另外，合同管理子系统中，还包含合同文本变动的管理。这是对合同条款的本质性修改，组织在制定好合同后，一般不会随意或经常改动。但是，如果外部环境如法律法规发生变化，合同文本也必须考虑进行修改。此时，就需要在合同管理子系统中，设立一个合同文本修改的控制模块。这个模块由于涉及组织的利益和法律，具有相当强的敏感性，因此，一般要有组织最高领导的授权才能进行。

（五）考勤管理

现在很多组织都建立了员工考勤管理制度。将员工考勤机与人力资源管理信息系统进行联网，就可以自动完成对员工的考勤管理。同时，考勤子系统可以根据组织需要，定期（每周、每月、每季度等）生成组织员工考勤情况汇总表，甚至可以针对每个员工或某个时间（段或点）进行统计分析，以便发现员工考勤的规律，便于进行员工管理。

（六）绩效管理

绩效管理子系统是针对组织中个体或团队或部门进行绩效统计、评估和管理的系统模块。通过组织事先设定的考核模式和方法，可以完成对组织的绩效考核工作，并为其他子系统提供数据支持。

绩效管理子系统具有的功能包括：

绩效考核设定。由于组织内部部门与部门、团队与团队甚至岗位与岗位的不同，相应的绩效考核标准和方法也存在不同。而且每次考核都需要根据当时的具体情况进行标准的调整，因此绩效考核的设定就需要根据组织的不同情况加以完成。同时，这部分还涉及绩效考核流程，包括考核的时间、考核顺序和考核人等有关内容，也需要认真加以设定。

绩效考核实施。通过完整清晰的考核步骤，并结合组织制定的考核标准和方法，可以有效指导组织员工填报绩效考核表。系统可以自动检查、汇总并分析考核情况，对于不合格的考核表，系统会发回重填，并进行记录。在考核完成以后，将根据组织需要，生成绩效考核格式文档，供组织在各项工作中使用。

绩效沟通。包括组织与员工就绩效考核的前馈和反馈系统，以及员工的申诉等。系统一般在绩效考核设定完成以后，依时间点对参与考核人员发送电子邮件进行提醒或通知，并能建立员工和人力资源管理部门的交流渠道；在绩效考核完成，考核结果得到组织认同后，系统将按照设定，把考核结果分发到考核对象手中，并开通申诉系统，接受被考核对象的申诉。

（七）薪酬和福利管理

薪酬和福利管理是传统人事管理的核心，也是现代人力资源管理的重点。薪酬和福利管理子系统就是辅助人力资源管理部门进行相关管理的功能模块。薪酬和福利管理子系统具有的功能包括：

薪酬体系。按照组织的要求，对组织内部的薪酬等级、薪酬类型等进行设定，并进行管理。

薪酬核算。根据薪酬体系的设定，对组织的薪酬进行整体核算，可以计算每个具体员工的薪酬数，并能生成相关部门和组织总体的薪酬核算表，备组织和相关部门查核。本模块与组织财务系统须有良好的数据接口和通讯，确保两者之间可以互通并准确交流信息。

福利管理。本模块可以独立成为一个功能模块，也可以与薪酬管理合并效用。福利管理包括组织福利体系的定义、自助式福利的提供、应需福利的管理等。另外，由于福利管理可能涉及个体的不同设定而出现不同情况，因此，福利管理模块要求有充足的能力处理组织个体的福利事项，并能有足够的扩展空间。

（八）培训与发展管理

培训与发展管理子系统主要是对组织员工的培训和发展进行管理，提供有针对性的培训方案和发展建议。

培训与发展管理子系统的主要功能包括：

培训规划，对组织员工的培训进行具体计划。包括通过人力资源规划子系统所获得的组织培训需求，通过组织内外部培训资源的输入所获得的培训供应，以及在组织战略背景下，对组织培训的系统进行设计，从而制定组织的培训计划。

培训实施，发布培训计划，跟踪组织的培训进程，管理并协调培训。及时更新培训内容，公布培训的相关资料，提供网络培训平台，可进行网络在线培训，便于组织利用信息技术开展培训工作，节省培训成本。

培训质量控制，提供培训评估表，对培训者和被培训者进行双向评估。考核培训者的素质和培训能力，备案后作为培训规划中培训供应的参考；考核被培训者的培训成绩，并汇编进入人事信息系统，以此作为薪酬/福利、绩效评估、晋升等的依据。

发展管理，主要包括一个思路清晰、路径明确的职业发展系统，提供给员工明确的职业发展路径，并能针对员工当前的绩效表现提供较为简洁的建议；提供给组织清晰的员工发展趋势分析，使组织可以及时掌握未来员工的职业发展情况，掌握组织内部人员的晋升和流动情况。

二、人力资源管理信息系统的服务功能

人力资源管理信息系统的服务功能主要是指为企业各层次人员提供人力资源相关信息和帮助，辅助人力资源管理信息系统管理模块工作，并协助员工进行自我管理。

（一）管理服务

管理服务主要是为企业各级管理部门或人员提供人力资源的信息服务和工作支持。例如，对应于人力资源管理信息系统的管理功能，人力资源服务模块将相应地为管理者提供相关管理信息，包括人力资源规划报告、招聘计划及操作流程、人事信息服务、合同签改服务、绩效考核及分析服务、薪酬汇总和分析服务以及培训管理等。其目的就是基于组织人力资源管理的相关信息和数据，在适当的公开权限内，为各层级、各部门的管理者提供决策参考和工作支持，最大限度地提高信息利用的效率和效果，为组织的运作提供基础支持。

（二）个体服务

个体服务主要完成对组织内部个人自身工作的服务和支持。例如，对内部招聘的信息

服务，可以为员工提供转换工作和晋升的机会；人事信息服务，可以使员工及时更新自己的个人信息；绩效考核服务，可以为员工提供绩效考核结果及分析服务，便于员工进行自我提升；薪酬和福利信息可以使员工对应得报酬有详细了解，并能自助选择相应的福利和奖励；培训可以为员工提供公司的培训项目，便利员工选择并参加感兴趣的课程等。其他个体服务如合同服务等，可以根据组织的需要进行系统定制。

不得不指出的是，与人力资源管理信息系统管理功能一样，服务功能部分也需要设定相应的职责权限。不同层级的管理者、不同部门的人员所授系统权限应当严格区分，避免组织机密信息的泄漏。例如，很多组织要求不同部门间的信息不可以相互公开，企业核心业务部门的信息对非直接领导者也严格保密，这就要求人力资源管理信息系统服务权限部分要进行系统设计，保证按照组织的要求，设定不同的服务权限。

第九章 高校后勤人力资源管理

第一节 高校后勤人力资源管理概述

一、人力资源管理的涵义和目标

（一）高校后勤人力资源管理的涵义

人力资源是由某一特定组织拥有和控制的、在组织的预计服务期能为其带来经济和社会效益的劳动力资源。它是存在于人上的社会财富创造力，亦是组织成员用于生产产品或提供服务的体力、技能和知识的综合反映。随着知识经济的到来，科学技术作为重要的生产力在社会发展中的作用越来越大，并最终成为第一生产力。众所周知，科学技术的发展离不开劳动者知识与才能的创新发挥，这就使得劳动者的创造性、新颖性、实用性劳动，对于企业盈利和发展的重要性相对于物质资源有了明显的提高。越来越多的经济学家和管理学家认识到：人力资源差异是造成企业兴衰成败以及国民收入和经济增长差异的主要原因。因此，一个成功管理的企业，越来越体现为人力资源的成功管理。高校后勤的人力资源管理，是以人本管理为中心，以市场经营为导向，运用现代化管理方法，对高校后勤服务实体的人力资源所进行的管理活动。它致力与发掘人的智能潜能，提高后勤员工的知识、业务、技能；它强调人才的吸纳、培养、开发和利用，注重激励机制的建设和绩效的考核评价，不断凝聚员工的敬业精神和整体意识，从而能有效调动人力资源中的一切积极因素，提高高校后勤工作的质量和水平，更好地为教育服务。

（二）高校后勤人力资源管理的目标——建立学习型的高校后勤组织

高校后勤人力资源管理的任务是建立合理的后勤人力资源管理模式。一方面，计划经济时期的高校后勤管理模式已不适应后勤社会化改革的需要；另方面，企业传统的管理模式已不适应新的知识经济环境。因此，如何设计既符合社会化要求，又符合知识经济大环境的高校后勤人力资源管理模式是亟待研究的课题。在结合现代企业管理理论并吸收了当今东西方管理文化精髓的基础上，我们提出高校后勤人力资源管理的目标是建立学习型的高校后勤组织。关于学习型组织国内外没有一致的定义。我们综观相关文献并结合我国实际，认为学习型组织是指通过培养整个企业的学习气氛，充分发挥员工的创造，性思维能力，从而建立起一种有机的、高度柔韧性的、横向网络式的、符合人性的、能持续发展的组织。

1. 构建学习型高校后勤组织的必要性

（1）改革高校后勤组织与机制的需要。长期以来，计划经济下行政拨款的运行，机制，造成了高校后勤机构雁肿、官本位、因人设岗、人浮于事、职责不清、效率低下：职工的流动机制不合理，能进不能出，能上不能下：分配上实行平均主义，干好干坏无差别，员工既无压力、也无动力。这样的组织机制严重限制了员工能动性和创造力的发挥，使后勤工作缺乏活力，因此不能适应高校后勤社会化改革、企业化管理、市场化经营和产业化发展的要求，必需进行改革。

（2）建立学习型组织是知识经济时代企业组织的发展需要。以生产力为标志的时代变迁是学习型组织产生的前提条件。从第一次工业革命以来，人类社会经历了机械时代、电器时代，现在正处于信息时代，或者说是知识经济时代，不同的时代对企业的管理提出了不同的要求。很难说 19 世纪和 20 世纪的组织方式能很好地解决 21 世纪的企业管理难题。学习型组织是企业顺应知识经济时代内在要求而产生的一种组织管理新模式。高校后勤社会化的内涵之一是要实施企业化的管理，为了顺应时代的要求，必须建立学习型的组织模式。

（3）组织学习是新型高校后勤组织生存与发展的基础。高校后勤在进行社会化改革以后，在组织管理模式方面有许多需要借鉴的经验和尚需进一步探索的规律。在高校后勤的组织管理中，学习应该贯穿于整个管理过程的始终，是组织获得生存与发展的基本条件。高校后勤组织的成长过程也是一个持续的学习过程。可以毫不夸张地说后勤工作的每一项进步都是通过学习实现的，比如改善后勤的组织结构、推行一种新的制度、推出一种符合教师和学生要求的新的服务产品，都需要后勤组织更新原有的知识，吸收或创造出新的知识。所以，真正有生命力的并能更好地为教育服务的高校后勤组织应该是那些善于学习的后勤组织。

（4）建立学习型组织是人本管理的要求。后勤组织的管理关键是后勤人才的管理，必须以人为本。首先，建立学习型组织是提高员工自身素质，实现其自我价值的必要条件。为员工提供良好的学习环境，提倡在工作中学习、通过学习改进工作，可以使员工的个人发展目标和组织的发展目标有机地结合起来。其次，通过学习型组织的构建，可以建立起一种有利于发现人才、培养人才的用人环境。为每一个员工提供公平的学习机会，并根据学习的成效和学习中反映出的人的潜质来进行人才的选拔，将使高校后勤组织建立起良好的学习气氛和人员激励机制。

（5）学习型组织是高校后勤组织获取创新能力的源泉。作为一个企业化管理的后勤组织，要在市场条件下生存和发展，必须进行持续的创新，即必须根据环境变化不断寻求新的对策并进行迅速变革。现代管理系统追求的最终目标是开发人的创新能力，这就必须以组织所拥有的学习能力来保障这种能力的获取。那么高校后勤组织如何来获取这种创新能力呢？最重要的途径是建立学习型组织。

2. 学习型组织的主要内容

学习型组织的战略目标是提高学习的速度、能力和才能，改变组织的思维模式，进而改变自己的行为。彼得·圣吉认为，学习型组织必须建立起五种技能，即人们常说的五项修炼。学习型组织的五项修炼是：自我超越，心智模型，建立共同愿景，团体学习和系统思考。

（1）自我超越包括建立个人愿景，集中精力，培养耐心和客观地看待现实等修炼内容，这项修炼需要组织成员终生持续不断地进行，它也是学习型组织的精神基础。

（2）心智模式存在于人的心中，它能影响于我们对世界的认识以及实践。在管理决策中，决定什么可以做和不可以做，也是受制于一种根深蒂固地心智模式的作用。组织无法把握市场契机并推行组织的变革也都是受组织领导者心中所隐藏的心智模式的影响。

（3）建立共同愿景是至关重要的，因为人们需要以一种共同身份和命运感凝聚在一起：当存在这样一种愿望时，组织成员团结起来的动因就不再是被要求那样做，而是他们想要那样做。

（4）团队学习是必要的，因为大多数企业是以团队为单位进行学习的。

除非每个团队都在学习，否则这个企业是无法学习的。

（5）系统思考是第五项修炼。系统思考对于实现组织的共同愿景是必不可少的。没有对完成预期目标所必须掌握的力量的理解，就不可能实现未来愿景，而系统思考可以提供这种理解力。系统思考与其他几项修炼结合起来就发生了思想上的转变，这种思想上的转变对于学习型组织是极为重要的。

3. 构建学习型高校后勤组织的途径

在初步了解了学习型组织对高校后勤组织的意义以及学习型组织的主要，内容之后，最重要的是如何将我国高校后勤这个特殊的组织创建成为学习型组织。首先，随着高校后勤社会化的改革，后勤组织主要要遵循企业化的管理模式，因此，用于一般企业的学习型组织的构建模式可以为高校后勤组织所借鉴；其次，后勤组织不同于一般意义上的企业，其始终处于为教育服务这个大环境，并且本身所处的市场就是有深厚学习氛围的各类高校。因此，其学习型组织的建立有其特殊的一面。构建合理的学习型高校后勤组织，可以从以下几个方面着手：

（1）建立适合于学习的组织结构。学习型组织是以信息和知识为基础的组织，其管理层次比传统的管理层次少，与此相应的是管理幅度的增加，这种"扁平式"的组织结构更适合于学习和建立开创性的思考方式。组织结构的具体构建方法可以参见本书的相关章节，此处就不再重复阐述。

（2）塑造组织的学习文化和共同愿景。善于不断学习是学习型组织的本质特征，这里的学习文化主要包含四点内容：首先是强调"终身学习"；其次是强调"全员学习"；再次是强调"全过程学习"：最后，强调"团体学习"。作为为高等教育服务的后勤组织，本身所处的市场环境以及顾客情况要求其员工具备一定的素质，这样，才能更好的为目标顾客服务，为整个高等教育服务。这种素质的获取是动态的而不是一成不变的，不同的环境对员工素质提出了不，同的要求，这就要求组织以及组织成员通过不断地学习来维护和更新现有的知识，组织的学习文化可以保证这一条件的实现。组织的共同愿景来源于员工的个人愿景而又高于个人愿景。共同愿景是将纷繁的个人愿景整合为组织的共同愿景，将全体员工凝聚在一起，激发个人的积极性、主动性、创造性和追求卓，越的本性，形成个体价值目标和组织价值目标、个体本位和组织本位理性融合地组织文化。

（3）积极组建知识联盟。传统产品经济条件下，组织之间强调产品联盟，而在知识经济条件下，组织之间应该建立更高层次的联盟——知识联盟。知识联盟有助于组织之间的学习和知识共享，使组织能够开展系统思考，它还可以帮助组织扩展和改善自己的基本能力，从战略上创造组织的核心竞争力。高校后勤组织面对广大师生来自与不同的地域，有其不同的文化背景、生活习惯，在很大程度上给后勤组织为高校提供全方位的服务带来一定困难，因此，后勤组织的知识联盟有利于其能力的扩展，更好地为广大师生服务。

（4）进行管理创新。创新是企业管理的永恒主题。高校后勤组织的管理模式从传统计划经济时期的行政管理到市场经济下的企业化管理本身就是一个不断创新的过程。管理创新是后勤组织建立学习型组织的客观需要，应从三个方面入手。第一，观念创新。管理观念滞后是将后勤组织构建为学习型组织的最大障碍，过去人们很难将高校后勤与教学和科研放在同等重要的位置，而后，勤组织人员也认为自己仅仅是个服务的角色、"不入流"，加之长期以来现代的管理思想在高校后勤管理中相对缺乏，因而，用个人的、经验的管理代替民主的、科学的管理，观念上的滞后带来管理模式的落后，不仅不利于学习型组织的构建，甚至影响了其基本功能的发挥。因此，先进的观念要求后勤组织不仅应作为一个一般意义上的企业来实施基本的人力资源管理，还要作为一个知识经济条件下的现代企业来构建学习型组织。第二，制度创新。建立健全学习制度是构建学习型组织的根本性和全局性问题。要使学习制度和考核评价制度工资福利制度，人事组织制度有效地连接，形成科学的学习激励机制。第三，领导创新。在学习型组织中，后勤工作的领导首先要带头学习，带头超越自我，重塑自我，成为团体学习的典范；其次，领导还要扮演好设计师、仆人和教师的角色，设计师角色要求领导设计后勤组织的结构、规章制度和各种文化理念，仆人角色要求领导要有实现共同愿景的使命感，教师角色要求领导起到规范、示范和教化作用，以此促进组织的学习。

二、高校后勤人力资源管理的作用

（一）人力资源管理是保证后勤工作顺利进行的条件

在后勤的生产服务过程中，作为劳动主体的后勤员工不是孤立存在的，而是有机地联结于组织系统之中，需要互相协调和配合。这里既有人与人的协调配合，又有人与事的协调配合。人力资源管理正是实现企业人与人、人与事的密切协调，从而为后勤工作的顺利进行提供保障。

（二）人力资源管理是提高后勤工作质量与效益的前提

教育是我国社会主义建设的战略重点。教育要上去，后勤要先行。人是一切工作的主体，任何一项工作的实施质量与效益，除了要受到周围环境、历史条件等客观因素的制约外，主要取决于人在其中所起的作用。只有高素质的后勤人员，才能创造出高质量的后勤服务。因此，要做好高等学校的后勤工作，关键是要努力提高后勤工作人员的素质。然而，从整个高等学校的后勤队伍来看，职工来源缺乏，人员素质较差，管理水平低下，即使有一部分人才，由于没有得到合理地利用、培训以及激励，其积极性和创造力也得不到发挥，这些都严重影响了高校后勤工作的质量与水平。因此，加强后勤人员的人力资源管理，努力提高后勤员工的素质从而提高后勤工作的质量与效益，不仅成为高校后勤工作的当务之急，而且是长远的带有战略性的任务。

（三）加强人力资源的利用，促进人的发展需要人力资源管理

近年来，企业人力资源管理实际上一直是学术界、企业界关心的话题。在实践方面，我们的企业虽然已经注意到"以人为本"、"尊重人"，但在实际工作中往往流于形式。事实上，我们一直强调员工是企业的主人，要加强"人"这种资源的合理利用和开发，并且在理论原则方面的设计也是完美无缺的。如在企业人才招聘和选拔方面的任人唯贤原则、知人善任原则、扬长避短原则、因事择人原则、适材适所原则等。但实际情况是我们没有恰当的人力资源管理措施来实现理想的原则。我国人口众多、劳动力资源丰富，这使得我国的劳动力供给长期处于过剩状态，因此，大多数企业只关心利润、关心物质利益财富而忽视了对"人"这种资源的合理利用和开发，人力资源在他们看来是不"值，钱"的，这种人力资源的滥用，一方面造成了人才高消费的现象，另一方面使人才失去了自我发展的条件。因此，企业特别是高校后勤组织应加强人力资源的开发与管理。

三、高校后勤人力资源管理的原则

高校后勤的人力资源管理是一个相对新颖的课题，有许多需要进一步探索的规律，作

为规律的制度阐述，原则从总体上把握后勤组织的人力资源管理，对于高校后勤的人力资源管理，应该遵循以下四项总体原则：

（一）经济性原则

经济性原则主要考虑的是投入与产出的关系，即使有限的投入得到最大的产出。在经济性原则的指导下，给予每个员工最合适的职位应该是最经济、最合理的，既要因事择人，又要人尽其所。要充分而合理地使用人力资源，使人能发挥最大的潜能，为后勤工作带来最大的效益。这里需要的说明的是，对于人力资源的投入和产出，在许多情况下没有量化的指标，高效率的产出，既包括可以商品化的产品和服务，也包括校园环境的改善，师生身心的愉悦等定性化因素，因此，在经济性原则指导下的高校后勤人力资源管理工作，要充分认识到这些非量化的因素，不能"一切向钱看"。

（二）科学性原则

科学的人力资源管理，不是简单的人事制度安排，更不是简单的说教，而是自觉运用客观规律而进行的管理。这其中的规律包括：劳动力供求规律、人力资源开发规律、人的心理与行为规律、工作效率与劳动生产率规律、后勤与教育的发展规律等。

（三）制度化原则

一方面，科学的人力资源管理原则和方法有待于形成相关的制度巩固下来，成为规范，持久地、普遍地发挥作用，这样，既可以增加组织的稳定性，也可以提高组织的效率。另一方面，相关政策、法律的内容要能体现在其制度中，并能在实践中发挥作用，如《劳动法》、中央领导人关于后勤工作所作的指示、报告等。

（四）人本化原则

人是组织活动的主体，高校后勤组织的员工一方面是为广大师生服务，另方面需要在服务中发展自己，实现自己的价值，因此，后勤工作的人力资源管理需要重视人的因素，以"尊重人"、"发展人"为根本出发点，设计合理的人力资源管理方法。

四、高校后勤人力资源管理的基本内容

高校后勤的人力资源管理是一个繁杂的系统工程，既关系到后勤员工的切身利益，也关系到后勤工作质量的好坏，从人本管理思想和为高等教育服务的根本出发点，以构建现代化的学习型高校后勤组织为目标。科学的后勤人力资源管理应包括：

（1）通过人力资源需求预测、职位分析、人员的选拔与培训，使人和事有机地结合起来。

（2）对后勤员工进行绩效考核，以便及时掌握员工的劳动贡献和绩效，掌握员工本身素质的变化动态，为调动、升迁、分配以及激励等提供可靠的依据。

（3）从物质和精神两方面对员工进行合理的利益分配，通过激励协调员工个人目标与组织目标的冲突并使个人目标服从于组织目标。

第二节　高校后勤人力资源的形成

无可否认，对于现代化的后勤组织，稳定的、充满智慧和激情的员工队伍对后勤工作的成功将起到主要作用，而这些员工的获取首先要经过一个"引进"的过程，本节所讨论的题目，包括人力资源需求预测、岗位分析、人才选拔等，它们共同组成了人力资源管理系统的一个主要组成部分——人力资源的形成。另外，由于员工的再培训也是为了进一步开发人力资源，也可以说是一种新的、更完善的人力资源的形成过程。为了叙述的方便，将员工培训也纳入本节的内容。

一、人力资源计划和岗位分析

在正式获取人力资源——招聘和录用之前，必须做两项基础性的工作：人力资源计划和岗位分析。人力资源计划是对后勤组织人力资源需求分析和预测的过程，而岗位分析是分析组织中这些职位的责任是什么，以及什么样特点的人才能胜任这些职位等。

（一）预测人力资源需求

1. 预测人力资源需求的目的

在高等学校里，后勤部门人员的缺编严重、来源短缺，不得不使用未经培训的临时工，这种业务素质，很难满足教学、科研和师生员工的生活需要。而对人力资源的需求进行预测，其目的在于将后勤组织对人力资源的需求转变为具体的数量和质量上的要求。在决定了未来空缺岗位的数目和性质以及现有的人力资源供给后，后勤组织就可以将必需的人力资源配备到人力资源的活动之中了。

2. 人力资源需求预测的方法

与任何预测一样，对人力资源的预测也更多的是一门艺术而不是一门科学。对人力资源进行预测时，更复杂的是组织对未来生产商品和服务的预测、组织目标以及后勤组织的效率等因素，而对上述每一个变量的预测都存在困难。所以，在对后勤组织的人力资源需求进行预测时，除了借鉴经典的企业人力资源预测方法外，还要考虑法律政策的相关规定以及历史经验数据。对于人力资源需求的预测应遵循下列步骤：

（1）预测后勤组织未来的服务规模。后勤组织未来的服务规模主要取决于两种因素：

后勤组织所服务高校的师生规模和后勤组织的服务范围。相对应的是客体预测和主体预测：其一，预测服务的客体——高校将来的发展规模，这些资料常常是可以获取的，比如高校的发展计划，招生计划等。其二，预测组织将要开展的服务范围，即对高校师生提供哪些服务，这需要结合后勤组织的发展计划以及相关政策规定等进行。

（2）预测后勤组织的劳动生产率。在预测了所需要的服务规模和服务范围后，接下来的问题是：在这些服务规模下组织到底需要多少人来完成，这就需要预测组织的劳动生产率，生产率越高，所需要的后勤人员就减少。劳动生产率可以在几个不同层次上进行衡量，在后勤部门层次，各科级层次都可以。般说来，后勤组织劳动生产率就是每一单位人力资源投入所服务的师生人数，这些可以根据历史经验数据进行，比如食堂炊事人员，每一炊事人员所服务的学生人数大约是 40~50 人，所服务的教师大约是 35~40 人，这样，炊事人员的劳动生产率大约可以看作为 40 人左右。这里生产率的预测要结合服务质量、成本因素来衡量，比如说，一个炊事人员服务的人数可能远超过 40 人，但由此带来的可能是服务质量的下降，因此其本身劳动效率就决定了在一定的服务质量下的人数；另一方面，配备过多的炊事人员，可能带来服务质量的上升，但后勤组织相应付出的成本也要上升，削弱了社会化的后勤组织的市场竞争力。

（3）按服务规模和劳动生产率预测大约需要的后勤人员人数。在得出服务规模以及后勤人员的劳动生产率后，接下来就可以预测组织所需要的员工人数以及相应的质量。首先，将市场规模除以劳动生产率就可以大致得出组织所需要的员工人数；其次，劳动生产率的保证是后勤人员的质量，即人员素质。很明显，员工人数和人员质量存在负向的关系。还是以上述的食堂为例，由于在一定的产出质量下，单位炊事人员的服务师生人数大约为 40 人，这样，对于这个负担近 2000 人用餐的食堂，所需要的炊事人员大约为 50 人。事实上，后勤部门服务范围较大，服务的范围不同，服务的标准也不同，但基本方法都如此，即人力资源需求预测的主要依据是服务规模和劳动生产率指标。

（二）岗位分析

现代化的人力资源管理模式经常提到 3P 模式，而岗位分析是 3P 模式的重要组成部分。所谓岗位分析，就是对组织中的某项岗位进行全面系统的调查分析研究，其调查对象主要包括岗位本身的各项工作内容以及对此岗位应负的责任、员工的工作方法、工作环境和报酬等。一般说来，岗位分析要解决 5 个 W 和一个 H 的问题，即干什么（What），谁来干（Who），在什么地方干（Where），什么时候干（When），为什么这样干（Why）以及怎么干（How）等问题。

1. 岗位分析对后勤组织的意义

岗位分析在后勤人力资源管理中有相当重要的意义。首先，有了岗位分析之后，每一个岗位的名称和含义在整个后勤部门就能够专门化，从而使岗位称呼标准化，在运用中不至于产生混乱。很多情况下，岗位称呼的混乱导致职责，不明，分工不清。其次，岗位分析是招聘和录用的基础工具。在招聘和录用时，岗位分析告诉我们完成特定的工作必须具备什么要求，满足这些要求的员工的人文特征是什么等。比如，负责水电通讯的后勤部门要招聘维修技术人员时，技术因素当然是考虑的重要方面，但考虑到高校集合了来自全国各地的师生，为了确保后勤员工和服务对象的沟通，普通话水平也是应该考虑的因素之一。最后，后勤人员劳动安全、工作绩效的鉴定、工资分配和培训等都要依赖于岗位分析所获取的信息

2. 岗位分析的资料收集和步骤

后勤部门在进行岗位分析时应负责收集以下资料：

（1）工作活动。岗位应该完成的工作活动是什么，如是清扫、维修、安全等，以及这些工作活动为什么、怎么、什么时候完成。工作活动是与岗位有关的活动，包括工作过程、工作方法、个人职责、工作人事要求等等。

（2）行为。胜任该职务应该具备的行为能力，如门房人员的安全意识、宣传人员的书写和沟通能力等。

（3）完成工作所需要的工具、设备等。包括完成岗位工作需要的有关有形和无形的投入、该岗位所涉及到的知识。

（4）操作条件和工作绩效的考核。该岗位的工作所要求的质量、数量、速度等方面的因素。比如校园110安全保卫人员、水电维修人员等所要求的服务响应速度等。

（5）岗位环境。包括工作的物理条件、工作时间表、工作的组织和社会环境（比如哪些时候应该提供服务，在什么条件下展开服务，国家关于此种岗位的政策法律规定等）以及人事激励。

在获取必要的关于岗位的资料后，正式地进入岗位分析。一般说来，岗位分析有五个步骤：

（1）对所收集的资料进行整理和分析。

（2）选择将要被分析的岗位中有代表性的岗位进行分析。当存在许多相似的岗位需要分析时，对其中有代表性的岗位进行分析就可以，目的是节省分析时间和成本。

（3）对所选定的岗位进行实际分析。分析工作包括完成该岗位活动对员工的能力和人文特征要求、该岗位的工作条件和环境等。为了完成这一步分析，常常需要一种或更多的岗位分析技术。详细内容将在后面进行讨论。

（4）针对第三步完成的分析工作，对该岗位进行任职者和有关人员的访问，对已经做出的岗位分析进行修正。

（5）进行岗位描述和岗位说明的最后工作。

3. 岗位分析的方法

（1）以考察工作为中心的岗位分析方法。以考察工作为中心的岗位分析方；法很多，

对于高校后勤部门来说，适合的方法是任务清单法，由从事特定岗位工作的员工根据分发到他们手中的任务清单对该岗位进行描述。清单可以由专门人员制定，也可以购买标准化的清单。这一分析方法的优点是使岗位分析建立在对清单项目的识别上，而不是建立在对工作的回忆上，避免了依靠回忆时可能丢失信息的缺点。并且，这一方法很节省开支，管理和分析起来也比较方便，不过，必须保证每一项有关岗位的重要信息都要列在清单上面，要求清单制定人员的专业性和信息的完备性。

（2）以考察员工为中心的岗位分析方法。后勤部门可以采取岗位分析问卷来进行此类岗位分析。岗位分析问卷是进行岗位分析时采用的一种问卷，目的是获取人员本身的一系列有关特征的岗位信息，以此作为岗位分析得起点。岗位分析问卷的回答人为岗位分析专家或任职者，问卷由六个部分组成，每个部分用一定数目的岗位因子项目来描述岗位的特征。这五个部分的基本内容如下：①信息输入部分。后勤员工从哪里得到完成工作所需要的有关信息？又是怎样得到的？②脑力劳动部分。为完成岗位的相关工作需要进行哪些推理、计划以及信息处理活动？以及这些活动的难度又多大？③体力劳动部分。为完成岗位工作需要进行哪些体力活动？使用哪些工具和设备？④与其他人员的关系部分。为完成该岗位工作需要与什么人发生关系？发生什么样的关系？⑤工作环境部分。员工在什么样的物理环境和社会环境下工作？有了这五个岗位因子之后，就能基本上从信息传递方面、决策过程和社会责任方面、完成工作所需要的技能方面、体力与相关环境方面等对某个岗位的性质进行有效的分析和描述。

（三）岗位设计

岗位设计是将工作所包含的内容（任务、功能、关系等）、工作的报酬（外在的和内在的）以及工作的资格（技能、知识、能力等）进行综合的人力资源管理活动。岗位设计对后勤员工和后勤组织的效率有很大的影响。高校后勤工作本身是一个服务广大师生的过程，因此后勤员工的工作难免有枯燥乏味之感，这样很容易挫伤其工作的积极性和创造力，更进一步造成后勤工作人员的流失。但通过三种岗位设计方法的使用，可以丰富后勤工作的内容，增加后勤员工的工作积极性和成就感，并从多方面培养员工的工作技能和水平，一方面提高了组织的工作效率，另一方面遵从了"尊重人、发展人"的人本管理原则。

这三种岗位设计方法是：岗位轮换、岗位扩充和岗位丰富化。

1. 岗位轮换

岗位轮换是按照事先安排好的日期，在几个不同的岗位上交换工作人员的岗位设计方法。岗位轮换使工作安排更加灵活，使脏、苦、累、险的工作更容易分配，同时，也降低了工作的单调枯燥。不过，在实际安排中，不要使轮换的岗位具有同样的枯燥，否则达不到岗位轮换的预期目的。

2. 岗位扩充

岗位扩充是增加和扩展工作任务，直到一个岗位变成一个完整的、有意义的操作过程。岗位扩充使工作人员不再仅仅是完成一个岗位工作的一部分，而是完成完整的整个岗位的过程，这一设计方法可以降低工作的乏味程度、扩展员工工作的责任感和成就感。比如，一个普通的学生宿舍门房人员，将其岗位工作设计成"使学生的住宿生活安全和舒适"比仅仅将其作为一个"看门人"的角色可以给予更多的工作责任和意义，从而增加其工作积极性。

3. 岗位丰富化

岗位丰富化即尽可能明确某一岗位所包含的工作内容和工作职责，其核心是要使从事某一项岗位工作的人感受到更大的责任，并给予他们更多的自主权和控制权。岗位丰富化同样可以使员工更多地感到工作的意义和成就感。

二、高校后勤员工的选拔

长期以来，高校后勤的人员引进工作不尽如人意，缺乏科学合理的人员选拔引进策略。一般高校后勤人员主要有如下来源：

（1）部分教职工亲属或亲戚朋友；

（2）占地工；

（3）退休、下岗人员；

（4）招聘的临时工。这些人员一般文化层次不高，也没有经过专业技术培训，对后勤工作的质量带来很大的影响。因此，从人员选拔环节着手提高后勤员工的素质成为当务之急。结合前面的岗位分析，高校后勤的工作人员选拔可采用四种方法：

（一）荐才举才

用推荐方式发掘高素质的后勤员工并不是传统意义上走人际关系。在采用推荐方式时，首先要考察推荐者本身是不是人才，"世先有伯乐，后有千里马"，如果推荐者本身只是碌碌无为平庸之辈，很难指望他能准确地鉴定别人的才能。其次，推荐的员工的个人能力等必须和岗位分析相适应，防止给那些到处钻营、开后门、搞裙带关系的人以可乘之机。

（二）考试录用

通过考试选拔后勤员工，主要是针对需要一定专门知识或技术的岗位，比如管理人才、技术人才等。通过考试选拔员工，一是可以减少个人主观因素带来的对人才评价的偏差；二是有利于杜绝人才发掘中的不正之风，有利于执行任人唯贤的用人路线。高校后勤考试录用，要结合岗位分析的要求对员工进行，岗位适应性考核。

（三）公开招聘

公开招聘主要是用于引进比较缺乏的经营开发人员，在使用公开招聘时，要注意两点，一是公开招聘要注意对外的宣传效应，要能吸引足够多符合条件的人才应聘，以便招聘人员进行选拔；二是公开招聘不排除从内部招聘的可能，如果后勤内部本身有适合或者"潜力适合"的人员，要注意加以开发并合理利用。

（四）绩效选拔

以绩效为标准，择优选拔主要是对于内部人才的使用问题。它本身也是比较合理的用人路线，可以避免其他方法的偏差。由于工作绩效是比较容易考察的客观指标，一方面避免了人为主观因素的干扰，另一方面减少了考试录用应考者临场发挥失常而造成的选拔偏差。通过绩效标准选拔人才，需要结合科学的绩效考核机制，这将在本章后面进行详细阐述。

三、高校后勤人事培训

培训是后勤人力资源管理与开发中不可缺少的活动。它旨在为后勤员工创造学习的机会，使他们通过培训学习的过程，以直接或间接的方式提高后勤组织及员工的效率和绩效。随着知识经济时代的到来以及学习型组织理念的提出，现代的后勤员工培训应该已不同于传统的培训。传统的培训往往以教师为中心，通过媒介传播知识给员工，这种传送是单向的，学员对知识的接受也是被动的。后勤员工培训应是本着人本管理的原则、以建立学习型组织为目标，采取双向的、主动的、多渠道的培训方式。

（一）后勤人事培训的意义

1. 高校后勤社会化改革对人才结构素质变动的客观要求

随着高校后勤改革的不断深入，已将众多的高校后勤实体不同程度地推向了市场，在现阶段，高校后勤人才开发与培训就是要根据这一历史性变化，构造后勤实体适应环境转变的人才基础。如原有的管理人才，普遍需要提高经营方面的决策水平；为了对校内外经营范围和市场变化趋势做出预测，需要有从事市场调查分析的人才；随着高校后勤企业做大做强，需要一批精通商法、法律、外语等的人才。从大量普遍的社会化后勤改革发展总体趋势的变化来看，具体的一个实体，还要根据自身的现状和发展要求，确定其人才结构及开发培训重点。

2. 人事培训是为了适应建立学习型组织的战略目标

后勤组织要迈向学习型组织，要求员工的学习普遍化和行为社会化，学习将成为后勤组织的一项基本活动。而培训则常常是提供信息、知识及相关技能的重要途径，有时甚至是唯一的途径。并且，通过培训，后勤组织员工才能有上下认同、渴望实现的目标，才能激发学习热情，调动学习的自觉性、积极性和主动性，从而持之以恒地追求知识。

（二）后勤人事培训的原则

1. 政治和业务相结合的原则

这一原则是后勤人事培训应坚持的根本原则。一方面，必须加强后勤员工的政治理论教育，提高他们的政治觉悟和思想水平。政治理论教育的核心是马克思主义哲学，同时还要将马列主义、毛泽东思想、邓小平理论以及"三个代表"重要思想的指导方针、原则渗透到培训教育中。另一方面，业务培训要适应实际工作的需要，注意提高员工的业务能力。

2. 全面提高的原则

对后勤员工的培训不能急功近利，要根据时代发展的新要求，做到短平快的应急培训和综合素质的系统培训相结合，文化教育和专业技术培训相结合，补充知识与提高能力相结合，重点培训与普遍轮训相结合，内部自培与外部送培相结合，培训教育与考核使用相结合，全面提高后勤员工的整体素质。

3. 科学培训原则

科学培训是为了减少培训工作的随意性和提高培训的效率和效果，需要健全的教育培训体系作保证。首先要在高校后勤管理体系中设立专门的教育培训职能机构或指定相关部门负责教育培训工作，根据后勤改革和发展及人才预测的要求，制定培训的规划并组织实施；其次，培训工作要遵循一定的科学规律，比如教育心理学，行为科学等。最后，培训工作要实施"因材施教"，针对具体的缺点和不足展开重点培训。

（三）后勤人事培训的方法

本着人本化管理的原则和建立学习型高校后勤组织的目标，后勤人事培训工作应该按如下方式开展：

1. 树立共同目标，人人参与培训

高校后勤的根本目标是为广大师生服务，为高等教育服务，更广义地说，是为"科教兴国"战略服务，所以，后勤组织要以此作为组织的共同目标，并且使组织的目标成为全体员工的共同目标。通过培训工作，使共同目标深入人心，并且激发其为实现共同目标而不断提高学习的热情，变被动学习为主动学。

2. 后勤组织应该加大人力资源的开发力度，增大组织的人力资本存量

工业社会的发展，主要依靠物质资本的投入，信息技术和知识经济的发展，则要依赖

劳动者的知识、技能和创造力。所以，后勤组织要迈向学习型组织，要深刻认识到人力资源开发是提高组织竞争力的关键。而培训工作是组织开发人力资源的一项最基本、最重要的任务。世界上许多著名大公司都花费大量的财力、人力、物力用于培训活动。如美国的通用电气公司，每年投入培训的经费达到 8 亿美元，约为其研发经费的一半。

3. 培训工作的关键是培养员工的学习能力

一方面，我国社会化的高校后勤是一个新事物，没有可以照搬的现成经验，因此，对新事物的吸纳、融合、发展成为高校后勤工作成败的关键，而这些都需要相应的学习能力的提高；另一方面，知识经济时代，"知识老化周期"越来越短，知识、技术更新换代日新月异，使得员工必须把接受培训作为继续学习的一种手段，必须把学习和自身工作紧紧结合在一起。后勤组织要迈向学习型组织，不仅仅是创造学习机会和条件，更重要的是培养组织成员的学习能力。

后勤员工的学习能力包括：

（1）敏锐洞察和发现新知识、新技能的能力，了解专业知识和技能发展的新动态。

（2）善于根据工作的实际需要，学习、掌握和吸收新知识、新技能的能力。

（3）学以致用的能力，即将所学的知识，正确运用于工作实践，发挥最大的学习实效，取得显著的工作绩效。显然，这种学习能力不是单纯的读书能力，而是学习行为全过程和学习与工作相联系过程中的全面地学习能力。

4. 培训工作要重视团队学习和群体智力开发

改革后的后勤组织越来越倾向于协作化的团体运作方式，团队工作方式日益普遍。后勤组织不仅要重视个人学习和个人智力的开发，更重要的是重视团队学习和协作、个人心理健康平衡和群体智力的开发。首先，要求后勤组织的管理层全身心地投入学习，让组织的所有成员有效地表达自己的看法，自由交流各自的学习心得，形成一个互相学习、整体思考、协调合作的团队，进而产生巨大的创造力。其次，要善于运用群体组织来进行教育培训，组织员工的学习。利用群体的行为标准、目标及其互动关系，对群体中个人的学习产生鼓舞，帮助、监督、制约作用

第三节　高校后勤人事考核

所谓人事考核，就是对员工工作表现进行综合分析后做出公正的评价，并给予指导、批评、褒奖的一种管理活动。人事考核也是后勤人力资源管理的一项例常性的工作，主管人对后勤工作人员进行科学的考核评价，对于表现好的，及时表扬并适当地奖励，对于确实表现优良业绩的，保举提升；对表现较差的，采取不必要的组织措施，包括培训后再上岗、换岗和解聘等。以鼓励先进，鞭策后进，提高全体员工努力进取的积极性。

一、高校后勤人事考核的意义

（一）人事考核能明确员工的工作职责和权限

在集团化后勤组织的运营过程中，员工的工作职责和范围往往并不十分清晰，仅靠员工自觉或上级的说教，难以保证将员工工作落到实处。人事考核在总体目标和经营方针的指导下，明确了员工工作目标和任务的要求，加上上级的沟通、指导和帮助，员工的工作就会实实在在，有始有终。如果没有明确的评价标准，没有客观地评价依据，只凭人际关系，凭管理者的个人偏好，评价混乱且有失公正，自然难以令员工满意。

（二）人事考核是价值分配的支持系统

后勤组织的价值分配的形成包括机会、职权、工资、奖金、福利和其他人事待遇。后勤组织的价值分配的依据应该是才能、责任、贡献、工作态度等，那么如何衡量这些分配依据呢？人事考核作为价值分配的重要支持系统，通过例行性考核形成完整、连续、动态的考核记录，从而为价值分配提供依据。

（三）人事考核是鼓励先进、激励后进的动力

后勤人事部门经常或定期地对其员工的德才表现和工作业绩进行全面的考核，并且把考核结果同人员的升迁、奖惩、工资等结合起来，这对于鼓励员工奋发进取，按照各自的岗位要求和工作标准努力做好本职工作，提高工作质，量和工作效率，具有很大的促进作用。同时，考核结果为后勤员工找出自己工作的不足，为进一步改进提高提供了依据。

（四）人事考核是实施人事培训的依据

培训的科学性原则要求培训工作要做到"因材施教"，针对员工的缺点和不足展开重点培训。通过人事考核，全面准确地衡量员工的优点和缺点、长处和短处、成绩和不足，有针对性地实施员工的培养教育，提高后勤员工的政治、文化、业务素质，造就合乎社会化后勤需要的各类人才。

二、高校后勤人事考核的原则与内容

（一）高校后勤人事考核的原则

所谓考核原则，就是在考核员工的德才表现与工作实效时应该遵循的准则。科学制定考核原则是搞好考核工作的前提条件，是考核工作正确而有效进行的基本保证。高校后勤

的人事考核主要应该遵循以下几点原则：

1. 客观公正的原则

坚持客观公正是考核工作的基本原则，是指对后勤员工的考核不受出身、职务、文化程度及人事关系等影响，应该对考核者一视同仁，公平对待。"客观"一是要求实事求是地对被考核者作出评价；二是要求全面地反映被考核者的情况，避免片面性。"公正"就是要对任何被考核者都严格按照规定的标准进行，不因被考核者的职务高低及与领导者的亲疏而在标准上宽严不一。

2. 民主公开的原则

这一原则是要求公开考核标准和过程以及考核结果。考核标准和过程公开，有利于群体评议和监督；结果公开，有利于鼓励先进，激励后进，正确地使用考核结果。

3. 注重实绩的原则

注重实绩原则，是指在人事考核中要重视考核其实际工作成绩。实绩，是员工通过主观努力，为组织作出并得到组织和社会承认的劳动成果，完成工作的数量、质量和效益。它是一个员工知识、能力、态度等综合素质的反映。因此，在考核中，要突出实绩的内容。坚持注重实绩的原则，必须在考核中正确把握每个员工的工作行为和工作业绩之间的必然因果关系。

4. 依法考核的原则

依法考核的原则体现在如下方面：首先，后勤组织的所有人员都要定期接受考核；其次，任何机关和领导都不得随意取消后勤组织的人事考核，也不得以自己的考核办法代替组织法定的考核办法，必须严格按照规定的标准和程序进行。

5. 立体考核的原则

立体考核，是指多种方式、多层次、多角度、多渠道、全方位地对员工进行考核。考核要做到上级考核与下级考核相结合；平时考核与定期考核相结合；定性考核与定量考核相结合。立体考核的目的是为了使考核尽可能客观而全面，以防止主观片面性的影响。

（二）高校后勤人事考核的主要内容

后勤人事考核的内容，是指对后勤员工进行考察和评价的具体项目的总和。考核项目的设置得准确与否，直接影响到考核质量的高低。后勤人事考核的内容主要包括如下：

1. 考德

它主要是指考核后勤员工的政治觉悟和思想品德。现阶段德的内涵主要是：坚持新时期党的各项方针和政策，遵纪守法，廉洁奉公，团结协作，品行端正，努力为社会主义高等教育事业服务。

2. 考能

它主要是指考核后勤员工从事本职工作的能力，即分析和解决问题、独立工作、吃苦耐劳的能力。新时期的后勤组织要求员工年轻化、知识化、专业化，这也标志着"能力"成为后勤组织评价员工的根本性标准。

3. 考勤

它主要是指考核员工的出勤情况和工作态度，主要包括积极性、纪律性、责任感、出勤率四个方面。具体地说即是：是否具有良好的工作态度和事业心、工作责任感、服务精神；是否任劳任怨：是否达到规定的出勤率。

4. 考绩

它主要是指考核员工的工作业绩。包括完成任务的数量和质量两个方面。

数量要运用具体的指标、数据来辅助；质量则以员工完成任务的难度和所形成成果的水平以及所带来的社会、经济效益作为评价标准。

三、高校后勤人事考核的方法和程序

（一）人事考核的方法

20世纪以来，随着人事考核技术的不断进步，考核方法日趋增多和完善。

对于高校后勤组织，合适的考核方法有以下几种：

1. 主观臆断法

这是凭后勤工作的领导来评定其下属工作人员优劣的一种考核方法。这种方法的优点是简单易行。缺点是它全凭领导者个人的感觉、印象来判断，缺乏客观标准，往往不能保证考核的"客观公正"，如果领导者的德才水平不高，会造成严重的失误。

2. 工作标准法

工作标准法的主要内容是：根据岗位分析，对从事各个岗位的工作人员提出各项具体要求（包括工作的质量、数量、时限、方法等），制定工作标准，并以此衡量员工的优劣。工作标准法的优点是有明确而具体的客观标准，比较公平合理，特别适合于考核工作成绩。它还可以作为后勤人员调整职务工资和分配奖金的一个依据。它的局限性是：由于有些工作难于判定工作标准，高校后勤工作质量很大程度上体现在学校师生的"满意度"上，而这些难于客观衡量。因此，工作标准法作为高校后勤的考核方法有一定的局限性。

3. 行为检查表法

这种方法最基本的形式是，向评价者提供一份工作行为说明表。与其他考核方法不同，评价者只需对被测人员的有关行为作出说明，在评价人中只充当报告人的角色，而不是作出评价。事实上，这种行为的描述有时比评价本身更有说服力。在后勤员工的考核中，评价人可以是学校的师生，采用意见箱或"签单"的形式对被评价人的行为作出说明。比如食堂员工带上标识身份的身份号，码，师生通过将各种对员工的服务反馈投递到意见箱；再如技术维修人员，接受服务的师生可以在其维修意见书上签字以对接受服务作出评价等。在行为检查表中常用的有关项目是：

（1）是否准确地完成工作；

（2）是否按时完成工作，遵守工作时间；

（3）工作热情度、主动性和积极性；

（4）工作中是否适时地做出决定并实施。

4. 综合评测法

这是一种对后勤员工进行全面考核的方法，具有一定的可行性和准确性。其做法是：首先制定出员工测评表，评测表依据前面提到的考核内容主要分为考德、考能、考勤、考绩四个部分，每个部分列出相同数目的主要影响因素，每一因素的满分为 100 分。其次，采用合理的测评网络对被评员工按表列的各，项因素进行打分，再采取下列公式计算出考核总分：

$$Y = 0.15 \sum_{i=1}^{n} A_i + 0.2 \sum_{i=1}^{n} B_i + 0.15 \sum_{i=1}^{n} C_i + 0.5 \sum_{i=1}^{n} D_i$$

上式中，Y——考核总得分；A_1——思想品德每一因素的考核值；B_1——能力每一因素考核值；C_1——勤的每一因素考核值；D_1——工作业绩每一因素考核值；n——德、能、勤、绩四要素的因素构成数。

上式中德、能、勤、绩四要素各自权数的确定要根据不同的考核目的做出相应的调整。

（二）人事考核的程序

无论采取何种人事考核方法，考核程序一般应包含图 9-1 所示的内容：

其中：

（1）确定考核的目标和要求，由考核者根据组织的目标和方针政策等，结合被考核人员的上期表现制定，作为期末考核的核心标准。

（2）管理考核工作过程，是对被考核者的工作过程进行指导、支持、协调、约束与激励，并观察、记录其工作行为事实，被考核者在考核者的帮助下，积极、努力地工作。

（3）收集整理考核依据，多方面收集有关被考核者工作表现的量化或非量化资料，分析整理后作为考核依据。

（4）对照标准评定要素，按照考核对照的标准对所收集的数据资料进行评定分析。

（5）在考核表上逐项确定分数，并得出考核总成绩。

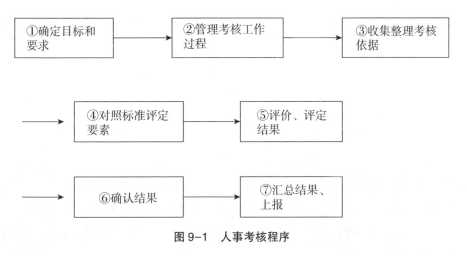

图9-1　人事考核程序

（6）确定结果。

（7）汇总和上报结果，将考核结果进行最终确认、告知被考核人，并说明考核的理由和依据，同时指出工作优缺点，提出努力方向和新的要求。对所有考核者的成绩进行汇总并上报备档。

第四节　高校后勤人事激励

激励，就是使系统运动起来，使潜在的能量发挥出来，人事激励，就是通过一定的方法或手段，激发员工的工作热情，调动积极性，使其个人潜在的能力发挥出来。激励是后勤人力资源管理的一项重要内容。

一、高校后勤人事激励的意义

（一）激发后勤员工工作的积极性，提高后勤工作的质量与效率

长期以来，受计划经济体制的影响，高校后勤组织采用的是国有企业的用工形式，不仅用工形式单一，而且无论干多干少干好干坏基本上是工资照拿，岗位照坐。随着社会化的高校后勤走向市场，市场对高校后勤工作提出了更高的要求，为了让后勤员工增加市场意识、竞争意识和危机意识，应该对后勤员工采取一定的激励手段来调动其积极性和创造力，提高后勤工作的质量与效益，提高整个组织的市场竞争力，更好地为高等教育服务。

（二）激励可以强化后勤员工的工作动机，从而强化其行为，使其保持较高的工作效率

当一个人有了满足某种需要的欲望之后，便产生了实现这一欲望的动机，动机推动其

行为来实现欲望。因此，动机的强弱程度对行为，进而对欲望的实现程度有重大影响。在高校后勤工作中，如果后勤工作人员的行动符合组织的需要，符合广大师生的需要，就可以通过其动机和行为采取正激励的办法来使其好的行为不断得到强化，从而使员工更加努力，提高工作效率。

（三）激励可以改变员工的行为方向，使其行为符合后勤组织的目标

后勤组织的目标是为高等教育服务，而组织里的人是"经济人"，都有追求自身效用最大化的动机，当组织目标和其自身效用最大化不相适应时，员工往往会牺牲组织目标来追求自身效益。因此，当后勤员工的行为不符合组织目标时，就要通过其动机和行为采取负的激励的办法，以抑制其不符合组织目标的动机和行为，并将其动机和行为引到符合组织目标的方面上来。

（四）激励手段的正确运用，有利于提高后勤工作者的素质人本化的人力资源管理要求"尊重人、发展人"，正确的激励应该是符合组织和社会的要求，符合时代的发展方向，这种激励将有助于员工提高其思想觉悟，并激发其努力增加自己的知识和劳动技能来更好地实现组织和社会需要，从而有助于提高劳动者的素质。

二、高校后勤人事激励的原则

为更好地取得良好的效果，根据激励的基本理论以及国内外实践经验，高校后勤人事激励应注意以下原则：

（一）奖励后勤组织期望的行为

美国著名管理学家米切尔·拉伯夫总结出这样一个规律，即"人们会去做受到奖励的事情"，因而把奖励组织所期望的行为称之为现代行为管理的基本原则。高校后勤应能分辨出哪些是组织期望的行为，并将此作为奖励的标准。一般说来，后勤组织期望的员工行为主要为以下几点：1. 不图眼前小利，注重，后勤工作的长期经济效益和社会效益；2. 善用创造力解决后勤工作中遇到的问题；3. 和师生合作而不是对抗；4. 遇事讲究效率和质量而不是一味地蛮干苦干；5. 给师生带来额外满意度的行为；6. 忠诚地对待后勤工作而不是一心想跳槽。

（二）掌握好适时激励和适度激励

一是奖励要掌握好时机。一般说来，后勤工作中的好人好事要及时表扬；对待做了错事的员工，批评不一定要马上进行，以免矛盾激化；对于反复出现的积极行为，应该是不定期而不是反复地表扬，以免影响表扬的激励效果。二是要注意奖励的力度，一方面过低的奖励起不到很好的激励作用，另一方面过高的奖励使员工的期望值增大，使员工的积极

性变得脆弱并增加了组织的成本。

（三）激励要因人制宜

后勤组织的个体有不同的需要、不同的思想觉悟、不同的价值观和奋斗目标，因此，激励手段的选择及应用要因人而异。对于后勤部门的汽车司机，可能在劳动报酬、安全感、工作环境等方面的需要高于后勤医生，而后勤医生在，发挥才能、成就感、道德价值方面的需要明显高于汽车司机。基于这种规律，后勤组织要经常对员工的需要进行调查，分析不同性别、年龄、职务、受教育程度等的员工最迫切的需要，实行因人而异的激励制度。

（四）可望达到的原则

物质或精神的激励，使员工经过努力达到更高的工作目标，这是采用激励手段的直接要求。但是，目标的高低、大小决定期望值的大小，而期望值不直，接决定激励量的大小，影响激励量大小的还有实现目标的可能性，即期望实现率。只有在提出的目标经过努力有把握实现的情况下，才能得到最大的激励量，充分发挥激励的功能。如果组织的目标定得过高、过大，根本不可能实现，这样的激励产生不了任何效用；激励的目标过低、过小，不经努力就唾手可得，这样的激励也就失去了激励的意义。

（五）兑现的原则

激励中提出的各种奖励条件，只要员工经过努力，实现了激励的目标，那么，奖励就应该立即兑现。只有"言必行，行必果"才能取信于组织员工，只，有得到了广大员工的信任，激励手段才能起到应有的作用；反之，任何激励手段将失去效力。

三、高校后勤人事激励的方法

高校后勤有不同的工作内涵、不同的工作层次和岗位，人力资源管理就是要针对不同需要，选择适当的方法，实现有效激励的目的。建立激发员工投身后勤改革，改进服务，搞好后勤实体的积极性、创造性的激励机制，是后勤人，力资源管理的重要内容。后勤人事激励的方法主要有：

（一）目标激励法

目标激励法就是通过设置适当的目标，以调动后勤员工的积极性。恰当的目标必须是个人目标和组织目标一致。组织目标的实现伴随着个人利益（物质和精神的）的增加可以使二者目标趋向一致。同时，目标必须是有实现可能并，且是有价值的，是具有一定挑战性的，既有一定难度，又是通过努力可以达到的。作为人力资源管理来说，设置目标还应该是系统而有序的。在结构上，应该有岗位目标、部门目标、整体目标；在内容上有经济方面的目标，也有精神方面的目标；在时间上，有远期目标，也有近期目标等等。在高校后勤服务中，各种经营责任制、承包责任制、项目责任制等，就体现了目标和激励的一致性。

（二）岗位竞争激励法

竞争，就是一种激励机制。后勤组织采取竞聘上岗，双向选择，使员工不仅有"光荣感"，而且有危机感，使员工珍惜岗位，真正爱岗敬业，在岗位上发挥最大的效能。同时，建立与岗位职责和工作业绩挂钩的分配机制。这样，就真正能进一步调动员工的积极性。目前许多高校后勤实体普遍实行的竞争上，岗制度，就是一种激励行为的体现。

（三）尊重信任激励法

尊重信任是人较高层次的一种需要，这也是人的社会属性所决定的。尊重、信任员工，放手使用，支持其工作，广泛听取员工建议，大胆起用人才，使全体员工产生一种积极向上、奋发努力的动力。许多高校后勤实体将经营权、人事管理权、分配权下放给不同的部门，并使其享有真正的独立经营权，就是一种信任激励法的运用。

（四）竞争激励法

竞争包括不同人之间的竞争和不同部门之间的竞争，通过各种竞争活动来激发人和组织的积极性。例如，对于新建一个校舍区的食堂，可以通过不同部门公开竞标的方法。另外，竞争中也包含相互交流学习，共同促进提高。人力资源开发，就是要营造竞争的环境氛围，提升员工和组织的积极进取精神，充分调动人的最大潜能，提高整体工作绩效。

（五）物质利益激励法

后勤组织可以运用物质激励手段，包括工资、奖金和各种公共福利。物质利益激励是最基本的激励手段，因为工资、奖金、住房等决定着人们的最基本需要满足的情况，特别是对于我国这样一个相对不富裕的现实情况，物质激励具有其
不可替代的作用。

四、高校后勤人事激励机制

高校后勤人力资源管理不仅要根据需要采用适当的激励方法，而且要正确运用激励机制。人事管理的激励机制由激励时机、激励频率、激励程度三部分组成。

（一）激励时机

激励时机，它是指员工在完成某项任务的过程中在什么时候采取激励效果比较好。激

励时机包含前期激励、期中激励和期末激励三种。

前期激励是在某项工作开始之前，就明确提出激励的形式和标准，并且将激励的标准和完成工作任务的程度按一定比例挂钩。前期激励有利于员工树立明确的奋斗目标，发挥主动性，有计划、有步骤地去完成任务。目前高校后勤实体对于组织中的个人或部门采取奖金同业绩挂钩、期初公布期末评优的标准等都是一种前期激励机制。

期中激励。它是指在工作周期中，分阶段提出工作任务指标和相应的激励标准，从而在周期内的各个阶段适时地、不间断地激励员工的工作积极性。运，用这种激励机制，有利于员工经常地、持续地保持工作积极性。

期末激励。它是指在工作周期结束之后，用倒算账的办法，根据完成任务的情况，确定给予奖励的形式和标准。期末激励对员工过去工作周期的工作没有激励作用，但对于员工今后的工作有一定的激励作用。对于后勤实体不确定性的任务往往采取期末激励的方法。

事实上，三种激励机制不是孤立的，在实际后勤工作中，往往要将它们结合起来使用，力争获得最大的激励效果。

（二）激励频率

激励频率是指激励次数的多寡或快慢。在一个工作周期内，激励次数越多，或每次激励的间隔时间越短，则激励频率就越高。一般说来，对于后勤工作，凡是能在较短时间看出工作成果的，应采取高频率的激励机制，反之，采取低频率的激励机制；对于思想意识较高，自我价值实现需求较大而不很注重物质、名誉的员工，应该采取低频率的激励机制；另外，经济激励的频率还需结合本组织的成本来考察。

（三）激励程度

激励程度是指为激励员工完成工作任务而给予奖励标准的高低。奖励的标准高，则激励的程度强。前面已经述及，过低的奖励标准起不到很好的激励作用，过高的奖励标准增加了员工的期望值，增加了挫伤其积极性的潜在危险，因此，要根据激励的目标个体的具体情况和完成工作任务的质量和效率来确定合理的激励程度。

第十章 高校后勤员工招聘与解聘

第一节 员工招聘与解聘概述

员工招聘就是用人单位吸引应聘者并从中选拔、录用单位需要的人的过程员工解聘则是相反的过程。对高校后勤来讲，员工招聘与解聘主要针对外聘人员。根据调查，北京高校后勤外聘职工占职工总数的 64%，随着事业编制的后勤员工逐渐退休，外聘职工所占比例还将不断上升，因此从招聘到解聘，建立一个合法、合理的人员流动机制是当前高校后勤人力资源管理的重要内容。

一、高校后勤员工招聘与解聘工作中存在的问题

（一）劳动用工管理理念落后

由于传统习惯，在高校后勤仍然存在着对于外聘职工的不重视、不尊重。比如说称呼问题，在今天的高校后勤，"临时工"的称呼适用范围仍然比较广泛。究其原因，还是在根本上没有将外聘人员平等对待，始终认为这部分员工不是后勤的"自己人"。在这样的传统思想指导下，对于外聘人员各方面的管理，不可避免地会不规范、不合理。这种思想已经不符合新时期高校后勤发展的要求。

（二）"入门"过于简单、随意

入门流程简单：因为人力资源管理部门对招聘和解聘的控制能力较弱，招聘与解聘工作基本是在班组长的层面完成的，而班组长对人力资源管理及相关的法律法规并不了解，导致用人的随意性很大。员工基本是由熟人介绍而来，没有经过严格的考查和审核。

人缘关系复杂：后勤用工还普遍存在着"朋友套朋友"、"亲戚套亲戚"的局面，人缘关系错综复杂，这样的现实状况增加了员工管理的难度。

（三）员工解聘工作过于粗放

员工解聘没有严格的程序，有时班组长一句话就将员工辞退了，工作方式简单粗放，

甚至存在与劳动法相抵触的现象。主要表现为：解聘理由不充分，不能让员工信服；解聘手续不健全，没有提前告知或经济补偿不到位；面谈态度欠佳，导致矛盾激化；等等。

二、规范高校后勤员工招聘与解聘的意义

规范员工招聘和解聘工作程序是保证高校后勤工作质量的要求。员工的素质决定着高校后勤的工作质量，选择适合岗位要求的员工，淘汰不能满足岗位要求的员工，建立合理的员工流动机制，才能保证高校后勤工作的质量，因此必须规范员工招聘和解聘工作。

规范员工招聘和解聘工作程序是稳定高校后勤员工队伍的重要途径，是建设"和谐校园"、"和谐后勤"的必然要求。目前各高校后勤与外聘人员之间出现了一些劳动纠纷，这必然不利于稳定高校后勤队伍，影响后勤工作质量。根据对劳动纠纷产生原因的分析，除一些历史遗留问题外，很大程度上还是由于在员工招聘、用工过程和解聘工作环节中的不规范造成的。实际上，往往正是由于以上3个工作环节（尤其是解聘）未按相关规定开展，而造成后勤人力资源管理工作上的被动。

因此，规范高校后勤的招聘和解聘工作程序是必需的。

第二节　员工招聘与解聘的关键环节

做好高校后勤员工的招聘与解聘工作，应该制定专门的制度。招聘制度主要应包括招聘的组织、招聘的形式、体检与录用、试用期考核等内容；解聘制度应包括解聘的工作组织、解聘的条件、解聘的程序等内容。本节重点针对招聘与解聘过程中的一些关键环节进行讨论。

一、招聘工作中需要注意的环节

（一）招聘人员必须注意面试及甄选环节

现代人力资源管理理论及实践，对于员工面试及甄选已经有了非常成熟的管理理论及实际操作工作流程，这样的工作程序对于高校后勤进行员工招聘工作具有重要的借鉴与指导意义。工作实践证明，这些方法对于招聘员工是非常有效的。

反过来，工作实践也证明，由熟人、朋友等介绍而来的务工人员，未进行任何招聘工作程序就直接上岗使用的情况，"后患"颇多。首先，由于没有把好"人口"很难掌握员工的基本素质和技能情况，其中肯定会有一部分是不符合岗位工作要求的，这样必然会导

致工作质量的下降；其次，这些人员因不符合岗位要求而进行解聘时，若干问题（比如人情的问题、招聘程序不规范的问题等）往往又都会暴露出来，有时甚至于导致正常解聘工作不能进行。简单地说，这些都是由于没有把好"人口"而造成的，而规范的招聘工作程序，尤其是面试及人员甄选程序解决了这个问题。

（二）招聘人员必须注意体检

体检是一些行业（如餐饮等）上岗前的必需要求。需要再次强调的是，一定要在单位指定的医疗机构出具合格的体检证明后，方可上岗。

（三）招聘人员必须进行试用期的考核

《劳动部关于贯彻执行（中华人民共和国劳动法）若干问题的意见》规定："劳动者被用人单位录用后，双方可以在劳动合同中约定试用期，试用期应包括在劳动合同期限内。

同时，《劳动合同法》第十九条已经明确规定："劳动合同期限三个月以上不满一年的，试用期不得超过一个月；劳动合同期限一年以上不满三年的，试用期不得超过两个月；三年以上固定期限和无固定期限的劳动合同，试用期不得超过六个月。"

试用期必须包含在劳动合同期内，试用期不能无条件延长。试用期的无限制延长必然也会造成劳动纠纷的出现。

试用期考核对单位和员工个人都很重要。对单位来讲，通过试用期考核，可以尽早发现员工是否适应岗位的要求，以便进行合理的配置。对员工个人来讲，通过试用期考核，可以发现自己的优势与不足，更好地规划自己的职业生涯。《劳动合同法》还规定，员工在试用期间被证明不符合录用条件的，用人单位可以解除劳动合同。怎样才算是"证明"？按照相关规定，经过考核后，认定员工不符合录用条件，并具有书面材料，这样的过程和结果就是"证明"。因此，试用期考核对于顺利解除劳动合同也很重要。从思想上应该建立这样一个概念，只有完成了试用期"考核"工作环节，招聘工作才算是真正结束。

二、解聘工作中需要注意的环节

解聘工作是劳动纠纷最容易出现的工作环节和阶段。究其原因，一是原来已经存在的若干问题，比如说签订劳动合同及试用期的问题、加班费的问题、社会保险的问题等，到了这个阶段，全部都会暴露出来；二是解聘未按照规范的工作流程进行，增加了劳动纠纷发生的概率。解聘工作应注意以下几点。

（1）解聘要依法进行。必须以《劳动法》、《劳动合同法》的相关规定作为依据。

（2）解聘要有充分的理由，做到让被解聘员工心服口服。

（3）解聘要严格按照程序进行，有专门的人力资源管理人员把关。

（4）解聘要做好离职面谈，注意方式方法，尊重被解聘员工。

第十一章　高校后勤员工培训与开发

第一节　员工培训与开发概述

一、员工培训与开发的概念

培训是给新员工或现有员工传授其完成本职工作所必需的基本技能的过程。

开发主要是指管理开发，指一切通过传授知识、转变观念或提高技能来改善当前或未来管理工作绩效的活动。培训与开发都是组织通过学习、训导的手段提高员工的工作能力、知识水平和潜能发挥，最大限度地使员工的个人素质与工作需求相匹配，进而促进员工现在和将来的工作绩效提高。严格地讲，培训与开发是系统化的行为改变过程，这个行为改变过程的最终目的就是通过工作能力、知识水平的提高及个人潜能的发挥，明显地表现出工作上的绩效特征。工作行为的有效提高是培训与开发的关键所在。总的来说，实施培训与开发的主要目的有：

（1）提高员工的工作绩效水平和工作能力；

（2）增强组织或个人的应变和适应能力；

（3）提高和增强员工对组织的认同和归属。

二、高校后勤员工培训与开发的意义

高校后勤工作是对高校教学、科研和师生员工提供后勤保障和服务的组织活动，这就要求高校后勤在遵循教育规律、注重社会效益的同时，还要遵循市场规律，实现经济效益。加强员工培训与开发，不断提高员工队伍素质，发展成为学习型组织，一方面可以帮助高校后勤实现以上目标，另一方面可以帮助员工实现自身的不断发展。

（一）高校后勤队伍建设的需要

在过去的几年，高校后勤社会化改革经过一系列的探索和实践，其管理体制和运行机制已经发生了很大的变化，经济效益和社会效益都取得了不小的进步。但是，受历史遗留因素和旧有体制的影响，高校后勤员工队伍仍然存在着很多问题，并在一定程度上束缚了

高校后勤的发展。

后勤人员身份复杂，既有高校事业编制的老职工，也有后勤聘用的合同制工人。由于历史因素，高校后勤事业编制职工普遍存在着年龄结构偏大、知识结构老化、学习能力差、办事效率低等诸多问题；同时，由于工资低，工作条件差，后勤多年以来聘用着大量的外来务工人员，这些人员也普遍存在着知识层次和技能水平低、流动性高、工作主动性差等问题。

面对高等教育的快速发展，办学条件的逐步提高，如何改善高校后勤队伍现状，建立一支强有力的员工队伍，做好高校教学、科研的后勤保障工作，是高校后勤面临的一个重大课题。解决以上问题，首先，要不断引入高技术、高能力的人才，充实员工队伍；其次，就要加强对现有员工队伍的培训与开发，提高员工整体素质和技能。

重视培训与开发有利于高校后勤的整体发展和长远发展，通过分析后勤发展目标，针对不同员工制订切合实际的培训发展计划，一方面，调动新老员工的积极因素，充分发挥各自优势，维持后勤保障队伍的稳定；另一方面，在一定程度上改善后勤员工队伍现状，挖掘其潜在能力，不断提高后勤员工的思想素质和技术能力，逐步建立一支思想素质过硬、业务知识扎实、工作效率不断提高、崇尚合作的后勤团队，从而带动后勤事业的进步，满足学校的发展需要。

（二）高校后勤文化建设的需要

文化是维系一个组织生存和发展的精神源泉，任何一个组织要想获得长远发展，必须根据自身特点和环境规划自己的发展方向和价值理念，从而逐步发展具有自身特色的企业文化。这种文化是符合组织实际需要的，是能够深入员工身心且能信奉和遵守的，是员工努力工作的动力。

高校后勤作为从学校规范分离出来的一个实体，在过去多年的历史发展中逐渐形成了自己的特色。但是，随着后勤社会化改革的力度不断加大，后勤相关主体之间利益的不断调整，高校后勤在做好思想政治工作，有针对性地解决员工实际问题的同时，必须主动、快速地确立高校后勤自身存在的价值，建立健康、积极向上的高校后勤企业文化，利用各种形式和渠道对员工进行培训和熏陶，使员工与后勤、后勤与员工之间形成互动，实现同步成长。

通过培训，强化员工对后勤工作和发展目标的认同，提高员工对后勤组织的忠诚，培养员工对后勤发展的信心，将后勤文化和价值理念贯彻和落实到实际工作中，为全校师生提供一个秩序井然、环境幽雅、功能优化的学习和生活环境，展现一个积极向上、和谐发展的后勤风貌。

（三）高校后勤学习型组织建立的需要

对于高校后勤员工来说，工作环境一直比较封闭、单纯和稳定，这就在一定程度上造成了员工安于现状、不学习、不求上进、缺乏市场竞争意识和创新精神，这种状况与高校后勤社会化改革的方向是相背的。高校后勤要走向社会化、企业化的道路，成为自主经营、自负盈亏、自我发展、自我约束的经营服务实体，后勤员工必须不断学习、不断创新，利用先进的机制、高质量的服务和技能取得服务对象和市场的认可。

在这个过程中，高校后勤作为一个机构，无疑承担着为员工指引方向、创造学习条件的职能。通过加强员工培训与开发，鼓励员工不断地学习新的知识和技能，培养员工的学习热情，构建工作学习化、学习工作化的工作环境，形成"人人爱学习"的学习风尚，使员工树立终身学习、团队学习、全面发展的新观念，营造一种积极的学习氛围。在这种氛围中，员工将不断提高素质，并将他们所学到的知识和技能直接运用到服务质量的改善上来，而且，改善的过程并不会在正规培训结束的时候停止，而是逐步形成一个不断进步的学习型组织，而其组织中的成员，将是其他组织所不可模仿的，也必将成为后勤的宝贵资源，为高校后勤的发展注入不竭的动力，不断推动着高校后勤社会化改革的进程。

（四）高校后勤人力资源管理创新的需要

高校后勤作为从学校规范分离出来的一个实体，在长期的历史发展过程中，已经逐步形成了具有自身特色的管理体制和观念。而在高校后勤社会化改革中，其管理体制和观念又有一定的进步和创新，但是，受历史因素和旧有体制的影响，后勤对人力资源的认识和管理仍有一定的局限性，这就在一定程度上束缚了高校后勤事业的发展。

现代人力资源管理理论强调通过对劳动力的开发与合理配置，充分发挥劳动者的潜力和能动性，将劳动力转变为人力资源。多年以来，在人们的普遍观念中，认为后勤工作都属于简单劳动，无需对劳动者进行开发和培训。但是，高校后勤面对的是高校师生，无论知识水平还是个人素质都属于较高层次的，随着社会的发展和主体意识的增强，后勤服务对象的需求水平更是在不断提高。在目前后勤用工成本、工作条件和用人体制有限的条件下，用人单位不可能替换掉全部员工，所以，只有不断更新管理理念，通过加大培训力度，提高培训投入，挖掘后勤员工的潜在能力，发挥他们的能动性，提高工作技能和工作效率，满足服务对象的需求，使员工成为后勤的资源，为高校后勤的发展提供动力支持。

（五）员工自身发展的需要

马斯洛需求层次理论表明，人的需求是多层次的，在满足了基本的物质需求以后，人将追求更高层次的个人发展。对于一名员工，他（她）最初的目的可能就是找一份工作，端一个饭碗，获得一份收入，维持家人生计。但是，随着社会和个人的不断发展，生活水平的不断提高，员工越来越关注自身的发展，尤其是那些技能水平高、经验丰富的核心骨干，他们不仅考虑职位上升的空间，还会考虑学习和培训的机会。

目前，高校后勤队伍力量一般比较薄弱。由于后勤工作的特殊性，在招聘和引进管理人才和技术人才时，高校后勤的吸引力并不高。在这种情况下，如果通过加强对培训的投入，给员工创造培训和学习的机会，也将在一定程度上帮助我们保留和维系后勤现有管理骨干和技术骨干，奠定后勤发展的人才基础。

第二节　员工培训与开发的原则和方法

一、员工培训与开发的原则

从花费的各种资源和员工的时间、精力角度来看，培训是一个成本相对较高的投资项目，因此，在制定整个培训规划中应遵循以下基本原则，

（一）与后勤发展战略相一致

员工培训战略是人力资源战略中的重要环节，而后勤人力资源战略是根据后勤发展战略确定的，因此，培训战略的制定一定要遵循与后勤整体发展战略相一致的原则。

后勤发展战略是员工培训的出发点，无论为员工提供何种培训，其目的都是为实现组织的总体战略目标，不同的战略目标，对应的培训计划也应有不同的侧重。无论选择培训对象，还是确定培训内容和方式，都应不断地提出和思考其选择是否能够为后勤的未来发展服务，只有能够为后勤持续发展带来收益的培训才是可取的。

（二）与员工职业规划相融合

员工职业规划是指员工一生经历的与工作相关的经验方式。正如前面所讲，随着社会和个人的不断发展，生活水平的提高，员工将越来越关注个人的未来发展，因此，为员工设计职业生涯规划，既能帮助员工个人明确未来的发展方向，又能为组织的人力资源配置做好充分的准备工作。高校后勤在选人、用人、育人、留人的整个管理过程中，应该与员工通过各种形式来计划其未来的发展方向，以及为了达到其发展的目的，应该完成哪些培训。因此，培训与职业生涯发展规划密切相关，培训之前需要订立目标，并且目标清晰、具体，既能与个人职业发展规划相融合，又能体现后勤的总体规划，从而使得员工认可培训的价值，并能努力配合，落实培训计划，达到双赢的目的。

（三）培训过程的整体性原则

要想高效完成员工培训工作，在组织管理过程中，必须克服盲目性、随意性、主观性，运用规范的、科学的理论和方法，遵循整体性原则，贯穿培训需求分析、制订培训计划、培训实施、培训效果4个阶段。

很多组织在确定是否需要培训时，往往仅着眼于解决现存的问题，甚至"谁需要培训"的决策全凭主观来定，没有将培训需求分析上升到后勤、岗位、个人等3方面的综合分析。因此，可能会出现培训效果与员工个人预期和后勤目标相距甚远；因为没有需求的分析，也难以制订合理的培训计划，造成临时性的培训多于计划中的培训；同时，由于人们较为重视的是培训资金投入的问题，或者如何改善培训的方法或技术问题，对培训效果的评估也不甚重视，缺乏完善的培训效果评估体系。

（四）培训计划的差异性原则

结合后勤发展战略，分析、确定培训需求后，需要制订培训计划。培训计划重点包括培训对象、培训内容、培训方法3项内容。其中，培训内容和培训方法应随培训对象的不同而不同。例如，对于后勤决策层来说，他们需要根据学校的整体安排决定后勤的发展规划、经营战略、分配体制、重大人事安排等，因此，对他们的培训首先要保证其具备决策者的素质，培训内容应该增强其决策的能力，培训方式侧重于会议、讨论等交流类的方式；对于后勤中层管理干部，他们是具体负责指挥、调配、组织人力物力，使决策得到落实和执行，因此培训内容应该强调其执行力的培养，培训方式侧重于讲座、参观等方式；对于后勤操作人员，他们从事具体的生产与服务，直接面对服务对象，因此对他们的培训应该更侧重，于服务、生产技能方面的内容，培训方式侧重于演练、操作等实际动手的方式。

最后，在培训中还要处理好全员培训与重点培训、管理人员培训与技术人员培训、长期培训与短期培训、文化培训与技术培训之间的关系。在有计划、有步骤地为后勤各级各类人员制订培训计划的同时，要结合后勤的实际，重点培养一批技术骨干、管理骨干，既能满足当前的发展需要，又能满足后勤的长远发展。

二、员工培训与开发的方法和技术

对员工进行培训有很多种方法和技术，而且，随着科技的发展，培训的新技术和新方法也越来越多，新技术的采用给培训带来新的活力，并对培训效果产生了巨大的影响。但是，每一种培训方法都有其优缺点，在实际操作过程中，应根据不同的需要和情况加以选择和使用。下面，结合高校后勤的特点，介绍一些比较适用于后勤的培训方法和技术。

（一）讲授法

讲授法一直以来都是培训中的主要实施方法，也是后勤多年以来的传统培训方法。它通过教师或专家的语言表达，系统地向受训人员传授知识、技能和态度，期望受训人员能够记住其中的特定的知识和重要概念。

讲授法的优点在于讲授内容集中，受训人员可以系统地接受新知识，容易掌握和控制学习的进度；还可以同时对多人进行培训，运用方便，比较经济。其缺点就在于单向式的传授，缺乏互动，缺乏实际操作体验；授课内容具有强制性，如果讲授内容过多，则会产生填鸭式的不良效果，使得对学习内容记忆效果不佳；学习效果容易受授课教师或专家的水平影响。讲授法对授课教师或专家的要求比较严格，要求他们具有丰富的知识和经验，讲授的内容具有科学性和系统性，讲授时语言清晰、生动准确、条理清楚、重点突出；必要时，则运用板书或多媒体设备，以加强培训的效果。

讲授法比较适合学习和了解新知识、新技能，以及管理人员或专业技术人员了解专业技术发展方向、当前热点问题等方面的内容，还适合对后勤员工进行文化知识和技能、态度方面的全员培训。

（二）研讨法

研讨法是对观点、思想、态度和看法进行交流和探讨，通过交流和探讨来解决实际工作中出现的问题。实际上，研讨法是高校后勤最为常见最为通用的一种培训方法。

研讨法鼓励受训人员积极思考，主动提出问题，表达个人的感受，有助于激发学习兴趣，提高参与意识，在讨论中取长补短，互相学习，凝聚集体的智慧；有利于提高受训人员的责任感和参与意识，改变工作态度。但是，研讨法不利于学员系统地掌握知识和技能，且对受训人员的要求条件较高，最好是工作经验和知识技能丰富的员工。研讨法对培训的组织较为严格，组织者一定要事先确立讨，论主题和主持人，参训人员必须围绕主题展开讨论，主持人在讨论过程中起到引导和协调的作用，并在讨论结束时适时地进行总结和归纳。

研讨法比较适用于管理人员的培训、项目团队的培训，或用于解决某些有一定难度的管理问题，而且对提高员工的沟通能力、思维能力、学习能力和团队协作能力也有效。

（三）案例研究法

案例研究法是指向受训人员提供一些实际生活和工作中的案例，要求受训人员对案例中的信息进行分析，就其中存在的问题进行讨论、分析，根据具体情况作出决策，从而提高和改进受训人员观察问题和解决问题的能力和方法。案例研究法的优点在于参与性强，使学习活动更为具体，变被动学习为主动学习；由于案例是建立在现实生活和工作的基础上，一方面将知识的传授融入到了受训人员解决问题的能力中，另一方面，可以激发受训人员的学习积极性，为针对具体问题的讨论和交流提供了机会。其缺点在于案例准备时间长且要求高；案例分析需要较多的时间，同时对受训人员的能力要求高；无效的案例往往浪费时间。因此，案例研究法对培训讲师和受训人员的能力要求都比较严格，他们必须熟悉和了解相关的理论工具。

案例研究法将传授知识和能力提高两者很好地融合在一起，是一种非常有特色的培训方式，比较适用于管理人员和专业技术人员的培训，培训内容多为一些管理理论和专业技术知识。

（四）工作轮换法

工作轮换法是指有计划地使受训人员在不同部门承担不同种类的工作，以开发员工多种能力的培训方法。这种方法可以使得员工更全面了解不同部门的不同工作内容，获得各种不同的经验，丰富阅历，为其以后的发展奠定基础。工作轮换法的特点在于实践性强，尤其适合管理人员的培养。后勤是一个工作内容繁杂、业务种类较多的组织，通过工作轮换法，有助于员工熟悉集团各个部门的业务，丰富自己的工作经验，促进其学习新的专业知识，掌握新的技能，从而在以后的管理中更能将各个业务部门的工作进行充分的协调和合作。同时，还比较适用于新员工的培训，使其更快地适应后勤的工作环境和企业文化。

（五）指导计划法

指导计划法是在实践中迅速提高能力和管理水平的一种培训方法，实际上就是在组织内建立导师制，由富有经验、具有优秀管理技能的老员工与经验不足但是比较有发展潜力的管理干部或者新任职的员工建立起具有支持性的关系，通过言传身教的形式，使后者在基础管理技巧、问题解决方法、资源管理和应用等方面不断向熟练、优秀的老员工学习。

这种"导师制"的指导对双方都有益处，表现在：一方面，被指导者在指导者的帮助下，更为快速地熟悉组织的情况，同时向指导者学习而获得管理技能、操作技巧的提高；另一方面，指导者在指导新人的过程中获得心理满足和个人关系上的回报。

这种指导方式主要在3个方面产生作用：一是为被指导者建立一个支持性的环境，在这个环境下被指导者可以和指导者讨论与工作相关的问题；二是具有提高和发展的导向，指导者向被指导者提供如何提高管理技能和工作技巧，如何提高工作绩效等方面的说明，同时，被指导者也可以提供一些新的管理理念和想法，指导者由此可以获得更多的新的观念；三是指导者可以通过给被指导者提供更具有挑战性的工作，对被指导者施予更大的压力和动力，从而使其取得更大的进步。

此种培训方式适用于对后备干部的培养及操作性较强、程序清晰的培训内容，培训对象涵盖了高、中、基层员工，以及新入职的员工。

（六）角色扮演法

角色扮演法是指受训人员在特定的场景中或情境下扮演分派给他们的角色，从而达到借助角色的演练来理解角色的职责，并提高解决问题的能力。

角色扮演法的优点在于受训人员受场景感染，印象深刻；还可以积极调动受训人员的参与热情，较快地发现受训人员对角色的理解程度，从而可以及时给予指导和反馈。其缺点在于组织程序复杂，准备时间较长。

角色扮演法主要运用在人际关系问题的分析、人际关系技能的发展及态度的改变等方面。这个技术使受训人员有许多机会经历许多工作中的问题。受训人员尝试各种不同的方法对问题进行解决，并且考虑哪种方法更容易成功。角色扮演的学习效果取决于参与者是否愿意实际地采用角色，并好像在真实的工作环境中一样来表现。

（七）游戏培训

游戏培训就是把受训人员组织起来，就一个模拟的情景进行竞争和对抗似的游戏，寓教于乐，增强培训情景的真实性和趣味性。通过把游戏引入到培训活动中，使受训人员通过娱乐活动加强对知识、技能和态度的理解，提高受训人员解决问题的技巧，加强竞争意识和团队意识，提高他们的领导才能和团队精神。游戏培训的优点在于较高的趣味性和挑战性。由于不同于传统的培训模式，没有黑板、粉笔、讲义和照本宣科的教师，通过运用先进的科学手段，综合心理学、管理学、行为科学等方面的知识，积极调动受训人员的参与性，因此其互动性非常强，而且使得枯燥无味的概念变得生动易懂。

游戏培训适用于管理人员和项目小组，通过这种培训，提高成员团队合作意识和能力。

（八）情景模拟

情景模拟是一种模仿现实生活和工作中的场景的培训方法，在这种场景下，受训人员作出的决定所产生的结果就是受训人员如果在现实工作中做出同类决策所可能产生的结果。这种培训方法可以使受训人员在没有风险的情况下，真切地看到他们行为决策的后果，从而掌握工作所需的技能。

情景模拟的优点在于可以通过受训人员在模拟情景中的角色扮演，强化受训人员对培训内容的理解和体会，更切实地提高他们实际的工作能力。其缺点在于模拟情景的设计比较困难，准备时间长，费用高。

情景模拟适用于管理技能开发和新员工培训。

（九）演示法

演示法是指运用一定的实物和教具作示范教学，使受训人员明白某种工作是如何完成的，然后让学员实际操作，并给予一定的指导的教学方法。

演示法的优点是有助于激发受训人员的学习兴趣，可利用多种感官，做到看、听、想、问相结合，获得感性知识，加深对所学内容的印象。其缺点就是需要更多的资源和时间，费用较高，对场地和指导教师要求较高，且准备时间也较长。

演示法适用于操作性比较强的培训内容，适用于高校后勤基层员工的操作培训。

（十）参观访问

参观访问就是指针对某一特殊环境、事件或问题，有计划、有组织地安排员工到同行业或相关部门进行参观访问。

参观访问针对性强，通过实地考察，从同行业或相关部门学习先进的管理理念、方法或者操作技能。这种培训方法生动、具体，且能开阔视野，丰富经验，启发智慧，巩固知识和技能。

参观访问法主要适用于某些无法或不宜于在课堂上讲授的问题。通过参观、访问，帮助员工了解、学习外界的先进知识和做法。各高校后勤作为同行业，可多利用这种培训方式，相互学习，逐步提高管理水平。

（十一）野外拓展

拓展训练又称为外展训练，是一种让参加者在不同于平常的户外环境下，直接参与一些精心设计的程序，继而自我发现、自我激励，达到自我突破、自我升华的新颖有效的训练方法。

野外拓展训练是借鉴先进的团队培训理论，由传统外展训练发展而来的。它利用大自然的各种条件，通过设定具体的任务与规则，结合大自然环境本身存在的各种险阻、艰辛、挫折等困难来提升个人意志力，团队的沟通能力、协作能力和应变能力。

野外拓展适用于提高团队合作、解决问题、较快适应环境等方面的能力，是比较现代化的一种训练手段。

（十二）网络培训

网络培训是伴随着科学技术和网络技术的发展而出现的，是指将文字、图片及影音文件等培训资料放在网上，供员工学习。

网络培训使用灵活，节省集中培训的时间与费用；内容更新较快、信息量大；员工学习自主性较大，没有时间限制，而且对学习内容的选择也比较自主，符合分散式学习的新趋势，新知识、新观念传递快，颇受人们欢迎。

高校后勤一般都建立了自己的网站，可以充分利用学校的网络资源，对后勤员工进行网络培训

第三节　员工培训与开发的组织和实施

高校后勤为了保障员工培训的有效实施，就要注意做好以下7个方面的工作。

一、转变思想观念，树立科学的培训理念

培训是需要花费财力、物力、人力和时间的，而对于高校后勤来说，由于其经营的特殊性，过去多年来在培训与开发的投资上是非常有限的，而且对培训存在着很多的误解，把培训看成是可有可无的事情，认为培训加速了人才流失、培训的效果很难在短期内体现出来、培训只是培训部门的事情等。因此，尽快转变思想观念，树立科学的培训理念，对建立有效的高校后勤培训体系非常重要。

（一）正确对待培训后受训人员的离职问题。首先，培训应该是吸引优秀人才的手段，而不是人才流失的原因，因此，受训人员离职的关键原因不在于培训。如何保留优秀人才，任何一个组织都应该有一套体系，在物质方面最大限度地满足员工需求，在精神方面多多关心员工。其次，受训员工的离职带走的是其个人学到的技能和知识，但是整个组织的文化和氛围是无法带走的，减少培训只能在吸引人才和保留人才上显得更为薄弱。因此，在员工培训上，不要因噎废食，对培训抱有偏见。

（二）对培训不能急功近利，缺乏长期投资意识。实际工作中，一方面，多为琐事所忙的高校后勤，由于工作时间紧张，总觉得没有时间安排或者参加培训；另一方面，一旦发生培训，多为临时敲定，往往是出现问题时才发觉培训的重要性，因此希望通过一次两次地培训，使得受训员工立即掌握解决问题的方法，甚至希望受训员工从素质到精神面貌都发生根本性的变化。殊不知，无论是从将理论知识转化为生产力方面，还是从有具体实践的机会方面，培训都需要经过一段时间才能体现出效果。因此，在员工培训方面，切忌目光短浅，急功近利，缺乏长期投资意识。

（三）培训是培训部门和业务部门共同的事情。在一个组织中，培训需要多方面的支持，尤其是高层和各级管理者的支持，以及业务部门的配合，这样培训才能有效开展。任何一个管理人员都应意识到，指导、发展下属员工是一个管理人员不可推卸的职责，而培训恰恰是指导和发展下属的一个重要方面，因此，直接管理人员直接担负着对下属人员的培训职责。业务部门的员工培训首先应该由业务部门的管理人员提出来，人力资源部门或培训部门协助其进行需求分析，选择培训方式，由此可见，培训是培训部门和业务部门的共同职责。

二、制定培训制度，保证培训有序开展

制度是落实管理理念和行为、提高工作效率和效力的基本保障，对于培训也是如此。高校后勤加强培训的重点工作，就是要制定培训制度，完善培训体系。这是保证培训有序开展的关键，也是后勤培训不断发展的动力源泉。完善的培训制度能够有效调动后勤员工参加培训的积极性和自觉性。通过对后勤员工的培训需求分别进行分析和细化，制定科学

规范的培训制度，明确不同层次不同类别员工的培训内容，使员工目标清晰，学有方向，学有所成，不断提高自己的职业技能和业务素质。同时，通过把培训的职责、方式、经费等内容以制度的形式规定下来，能够保证培训实施的顺利进行。总之，建立完善的培训制度是保证培训工，作有序开展的基本前提。

三、细化培训需求，做到有得放

培训是一项投资，其直接成本和间接成本都比较高，而高校后勤社会化的最终目的也是要符合市场规律，因此，在培训投资上一定要注意比较其投入产出比，也就是说高校后勤应该以经济人的理性化思维来确定培训需求。

培训需求分析需要从组织、工作、个人 3 个层面来进行分析。首先，进行组织分析。组织分析要明确组织的发展目标和人力资源状况。根据组织的运行计划和远景规划，预测组织未来在技术上和组织结构上可能发生什么变化，而现有的人，力资源在满足这些需要变化方面，哪些员工需要在哪些方面进行培训，以及这种培训真正见效所需的时间，以推测出培训提前期的长短。其次，进行工作分析。工作分析是以岗位工作为分析单位，分析员工所要完成的工作任务，以及成功地完成这些任务所需的技能和知识。最后，进行个人分析。个人分析是将员工现有的水平与预期未来对员工技能的要求进行比照，发现两者之间的差距，从而确定培训的需求。人员分析包括两部分，一是对新员工的培训需求分析，帮助他们尽快适应组织、适应工作，包括思想意识和技能方面；二是对现有员工的分析，主要通过绩效评估的方式进行，找出那些与组织期望绩效有差距的员工，分析他们的差距，从而为提供有针对性地培训做好准备。

四、完善培训评估机制，确保培训效果

员工培训目标是否实现，培训方案是否科学，培训组织实施是否达到预期效果，都需要通过培训评估机制去掌握，因此，培训效果的评估是培训工作中的一个重要环节。

培训评估是一项复杂的管理活动，需要根据具体情况选择评估的方面。培训评估一般可以从 4 个层面上进行，包括反应层、学习层、行为层和结果层。反应层评估是指受训人员对培训项目的看法，包括对材料、教师、设施、方法和内容等各方面的看法，可以通过问卷调查进行。学习层评估是指对受训人员关于原理、事实、知识和技能的掌握程度的考试，可以通过笔试、绩效考试等方法来了解受训人员培训前后关于知识、技能的掌握方面有多大程度的提高。行为层评估往往在培训结束一段时间以后，由领导、同事或服务对象观察受训人员的行为在培训前后是否有差别，受训人员是否在工作中运用了培训中学到的知识和技能。结果层评估则上升到后勤整体的高度，即后勤是否因为培训而运营得更好了？这可以通过一些具体指标来衡量，例如生产率、员工流动率、安全事故率及顾客满意

度等。在培训评估中，培训标准的制定是整个培训评估过程的基础，通过是否达到标准来检验培训效果，发现培训工作中存在的问题，检验培训项目是否符合后勤实际需要，从而在最大限度上确保培训的效果。

五、建立员工培训体系，挖掘培训资源

首先，后勤应构建多层次、多形式、多目的的培训体系。培训层次可分为高级培训、中级培训和初级培训；培训形式可分为在职培训、脱产培训和半脱产培训；培训目的可分为文化培训、技能培训、岗位培训等。后勤培训体系的培训内容应涵盖一般性培训、专业培训、管理培训及交叉培训。后勤应该针对不同的培训对象，根据不同的培训要求和目的，选择相应的培训形式和内容。

其次，培训机构有两类：外部培训机构和内部培训机构。两类培训机构各有各的优势，可应用于不同的培训对象和培训内容。对于后勤中高层管理人员及普通职工的专业技术知识培训，可以请外部培训机构进行，使受训人员尽可能多地接受外界先进知识和理念；而对于普通职工的岗位培训，则应该尽可能利用各种方式在内部挖掘培训资源，做到人尽其才。利用内部培训资源的优势在于对后勤背景、特点及工作内容非常了解，培训针对性和实用性很强。这样既可以降低培训成本，还可以挖掘出员工的潜能和一些潜在的人才。

六、加强思想政治教育，提高职业道德

良好的职业道德和过硬的政治素质是全社会劳动者必须具备的。高校后勤要通过各种形式教育和培训员工，无论社会分工如何、职位高低、能力大小，都应该本着爱岗敬业、诚实守信、尊重职业的思想，处理好自己与后勤、自己与服务对象之间的关系，尊重人、理解人、关心人，在职业活动中遵循道德行为准则，养成良好的职业观念和职业态度，具备严明的职业纪律和职业作风，做一名具备职业道德的、合格的后勤人。

七、高校后勤应重点加强以下几类人员的培训与开发

（一）加强入职员工岗前培训

岗前培训是指通过预先规划好的各种活动，一方面把新员工介绍到组织中，另一方面向新员工提供如何成为组织中一名合格成员的基本知识、态度和技能等而展开的一系列磨合诱导的活动过程。

岗前培训又可分为一般培训和专业培训。前者是由后勤的人事部门完成的，内容包括对后勤的历史发展、后勤现状及构成、后勤的文化及后勤的各项规章制度等方面的培训；

后者是由员工所在部门完成的，内容包括对所在部门的介绍、领导和同事的引见及岗位职责的说明等方面的培训。

岗前培训非常重要，它有助于减少新员工的焦虑感，消除不安情绪；有助于增进新员工的归属感，尽快融入组织。

（二）加强管理人员管理培训

支强有力的管理队伍的支撑对于一个组织的重要性无须赘言。高校后勤目前的管理人员多为具有多年工作经验的老职工，他们一般靠多年工作经验的积累来做后勤的管理工作。高校后勤应该针对这一特点建立专门的管理培训体系，为他们量身定做适合于高校后勤特点的管理培训。这些培训投资对后勤的长远发展是非常有利的，一方面，受训人员不断更新和提高管理理念，而且会影响周围人和下属的思想观念，从而带动后勤管理程序的改善，降低管理成本，提高管理效益；另一方面，可避免后备人才的"断档"，使得后勤在未来发展中不出现管理人员的瓶颈。

管理人员可以通过指导计划、工作轮换、参观访问、管理培训讲座等各种途径进行培训。对于经验丰富的老员工可以多参加管理培训讲座，学习管理理论和知识；而对于阅历较浅的年轻员工则可以利用指导计划、工作轮换等方法，尽快，地掌握后勤的历史背景和工作特点，最终达到理论结合实际的目的。

（三）加强基层员工技能培训

高校后勤具有服务业劳动力密集的一般特点，大量的基层员工每天为广大的师生员工提供面对面的生产与服务，因此，基层员工生产与服务的技能水平直接体现着后勤整体的服务水平。加强技能培训，全面提高基层员工的素质和技能具有重要的意义。

对于后勤的基层员工，他们所需要的是解决在生产实际中遇到实际问题和专业工具具体使用的知识，他们既要在课堂里学习一定的理论知识，更需要在生产现场的具体设备上进行操作和培训。为此，要坚持理论联系实际、按需施教、学以致用、讲究实效的培训原则，针对生产运行的难点和薄弱环节组织基层员工的培训，提高员工专业知识和实际操作能力。尤其注重以按章操作为主要内容的安全技能培训，强化员工安全意识、规范安全操作的培训。最后，利用技能大赛的方式来对基层员工的培训进行评估和考核。

（四）加强外来务工人员培训

在高校后勤员工队伍中，外来务工人员所占比例已经越来越高，其素质的高低直接关系到高校后勤自身的未来发展，因此，高校后勤应该结合自身实际，针对外来务工人员的特点及其需要，加强对外来务工人员的培训，创建和谐用工环境，建立和谐劳动关系。

外来务工人员具有两个突出的特点，一是外来务工人员本身的文化水平偏低，不会掌握太多的理论知识，学习的起点低；二是外来务工人员普遍收入较低，不会有太多的工资收入用于自身的培训。针对以上特点，高校后勤应该采取成本低、见效快的培训形式，其培训内容应该减少理论，增加与实践相结合的机会。例如：经验丰富的老员工带徒弟，提高外来务工人员工作技能；利用小册子、会议、板报等各种渠道进行适时培训，宣传后勤文化和后勤精神；与职业技术学校联合，进行"订单式"培训。职业技术学校一方面具有较丰富的培训经验，另一方面，他们具有相对稳定的师资队伍和一定规模的培训基地，高校后勤应该充分利用职业技术学校的优势和资源，与他们建立长期的合作，为高校后勤培养具有较高服务技能和操作技能的基层员工。

工欲善其事，必先利其器。培训与开发是人力资源投资的重要形式，是开发现有人力资源、提高员工素质的基本途径，更是吸引优秀人才、维系核心骨干的重要手段。我们应认清形势，分析利弊，适应发展，逐步树立正确的培训理念，重视人力资源培训与开发，建立培训开发机制，不断提高后勤及其员工学习和创新的能力，为高校后勤可持续发展打下基础。

第十二章　高校后勤薪酬管理

第一节　薪酬管理概述

一、薪酬管理定义

薪酬是员工为企业提供劳动而得到的货币报酬与实物报酬的总和，是劳动力价格的支付形式，在市场经济环境下同时又是人力资本竞争的价格表现。薪酬分为经济性薪酬和非经济性薪酬。经济性薪酬又包括直接薪酬和间接薪酬，直接薪酬包括基本工资、奖金、津贴、补贴、股权和红利等；间接薪酬指企业向员工提供的各种福利。非经济性薪酬是员工由于工作本身所获得的满足感，包括参与决策、较大的工作自主权、工作认可、挑战性工作、工作环境、工作氛围、个人发展机会、职业安全、荣誉等。

所谓薪酬管理，是指一个组织针对所有员工所提供的服务来确定他们应当得到的报酬总额及报酬结构和报酬形式的一个过程。在这个过程中，企业就薪酬水平、薪酬体系、薪酬结构、薪酬构成及特殊员工群体的薪酬做出决策。薪酬管理的目的不仅是让员工获得一定的经济收入，使他们能够维持并不断提高自身的生活水平，而且还要引导员工的工作行为，激发员工的工作热情，不断提高他们的工作绩效，这也是薪酬管理更为重要的目的。

二、高校后勤开展薪酬管理的意义

（一）薪酬管理决定着高校后勤人力资源的合理配置与使用

薪酬作为实现人力资源合理配置的基本手段，在人力资源开发与管理中起着十分重要的作用。薪酬一方面代表着劳动者可以提供的不同劳动能力的数量与质量，反映着劳动力供给方面的基本特征，另一方面代表着用人单位对人力资源需要的种类、数量和程度，反映着劳动力需求方面的特征。薪酬管理也就是要运用薪酬这个人力资源中最重要的经济参数，来引导人力资源向合理的方向运动，从而实现组织目标的最大化。

（二）薪酬管理体现激励

好的薪酬管理制度体现 3 种激励：一是物质激励，它通过按劳付酬来刺激劳动者具备更多、更精的劳动技巧，来提高劳动效率，获得更多的劳动报酬和更好的工作岗位；二是精神激励，它通过个人贡献奖励来肯定劳动者在劳动中的自我实现，从而体现人本主义观念，并使劳动者明了，只有好的敬业精神，才能实现个人的价值；三是团队激励，它通过劳动者个人业绩与组织目标的关系，来鼓励劳动者参与组织的利润分享，并从组织受益的角度酬谢劳动者所做的努力，使劳动者增强团队意识和合作精神。由此可见，成功的薪酬管理往往能极大地调动劳动者的积极性、创造性；反之，则会挫伤劳动者的积极性和创造性。

（三）薪酬管理直接关系到高校后勤的稳定

薪酬是员工进行消费的主要收入来源。因此，在薪酬管理中，如果薪酬标准确定过低，员工的基本生活就会受到影响，带来工作中的不良情绪，对高校后勤工作产生影响；如果薪酬标准确定过高，又会使人工成本过高，使高校后勤负担过重。

第二节　薪酬管理的实施与设计

薪酬管理的实施与设计先要进行工作分析，在此基础上形成岗位说明书，继而确定薪酬水平及薪酬结构。

一、进行工作分析，确定高校后勤薪酬管理的依据

（一）岗位分析

岗位分析是指对各类岗位的性质、任务、职责、劳动条件和环境及员工承担本岗位任务应具备的资格条件所进行的系统分析和研究，并制定出岗位规范、工作说明书等的过程。通过岗位分析，可以确定某一工作的任务和性质是什么，哪些类型的人适合从事这项工作。它是进行薪酬管理的基础。对每个岗位的分析都要解决工作中的以下 6 个重要问题。

1. 该项工作包括哪些内容？
2. 工作将在什么时间、什么节奏下完成？
3. 工作将在哪里完成，工作环境怎么样？
4. 如何完成这项工作？
5. 为什么要完成这项工作？
6. 完成这项工作需要具备哪些条件？

以上 6 个问题涵盖了一项工作的职责、内容、工作方式、环境及要求五大方面。岗位

分析也就是在调查研究的基础上，理顺一项工作在这 5 个方面的内在关系。所以，岗位分析的过程，从某种意义上来讲，也是一个工作流程分析与岗位设置分析的过程。

（二）职位评价

职位评价是岗位分析和薪酬制度设计之间的一个环节。它以岗位分析的结果作为评价的事实依据，同时，职位评价的结果，又是科学的薪酬制度设计的理论依据。

职位评价的根本目的是决定企业中各个岗位相对价值的大小。它包括为确定一个职位相对于其他职位的价值所作的规范的、系统的多因素比较，并最终确定该职位的工资或薪酬等级。如果企业决策者通过工资调查（或直接用职位评价技术）已经知道如何确定关键基准职位的工资水平，然后使用职位评价技术确定企业中同这些关键职位相关的其他所有职位的相对价值，那么决策者就能够公平地确定其企业中所有职位的工资水平。

科学的职位评价有以下 4 种最基本的方法。

1. 因素比较法

因素比较法的作用在于确定哪个职位相对其他职位具有更多的确定性报酬因素，这实际上是简单的排序法的一种改进。这种方法反复根据每个报酬因素来对所有的职位进行排序，比如，首先依据"风险责任大小"要素排序，然后是"技术含量"排序，再依据"劳动强度"要素，以此类推。最后综合考虑每个职位的序列等级，并得到一个加权的序列值作为该职位的最终得分。

2. 因素计点法

因素计点法与因素比较法相似，它建立在对报酬因素的评价的基础之上。因素计点法要求每个报酬因素分成若干等级，而且每个因素的等级都是目前职位的现实情况。通常每个因素的各项都赋予不同的点值，因此，一旦确定了职位中各个因素的等级，那么只需要将各个因素对应的点值加总，就可以得到该职位的总点值，也即薪点。

3. 分类法

分类法通过确定若干种类或者级别来对一组工作进行描述。在使用这一方法时，首先需要界定每一类（级）的明确说明。所谓工作类，是指一组在工作内容上相似的职位。所谓工作级，则是指所包含的职位除了复杂程度相似之外，其他的方面都不同。评价者将工作说明和各个工作类（级）别说明进行比较，与工作说明最一致的类别说明便决定了这一工作的分类。

4. 排序法

排序法是 4 种方法中最简单的一种。在排序法中，评价者在岗位分析的基础上，建立一个评价指标体系和权重体系，考察工作说明和工作规范中每一项对于组织价值的大小，并按照指标体系进行排序，通过加权即可得到每个职位的相对价值大小。排序法的优点在于简便，容易操作，但在其应用中经常出现一些主观判断上的问题。例如由于只是进行简单的相对价值的排序，在差异的大小上并没有明确的标准，这时只能依赖于主观的估计，这种估计往往是不精确的。

3. 编制科学的岗位说明书

岗位说明书是岗位分析与职位评价的结果，为了使岗位说明书更加科学合理，有利于发挥其作用，在编写时应注意以下几个方面的情况：岗位说明书要力求简洁和重点突出；重视岗位说明书的编写过程；根据动态环境的变化修改岗位说明书。

二、确定高校后勤薪酬水平

确定基本薪酬水平要考虑以下几个因素。

1. 生活费用。在制定薪酬时，必须考虑当时的生活水平，确保员工及其家属获得维持生活费用的薪酬，以保证员工生活安全。

2. 负担能力。薪酬和企业的生产能力有关，如果企业担负的薪酬超出其负担能力，企业就会破产或解体，所以薪酬总额需以企业的负担能力为上限。

3. 当地通行的薪酬水平。高校后勤在确定薪酬水平时，一定要进行薪酬调查，了解当地的薪酬水平，避免与市场脱节。

三、确定高校后勤薪酬结构

薪酬结构是指员工薪酬的各构成项目及各自所占的比例。薪酬结构类型主要有以绩效为导向的薪酬结构、以工作为导向的薪酬结构、以能力为导向的薪酬结构、组合薪酬结构等。

（一）以绩效为导向的薪酬结构

以绩效为导向的薪酬结构特点是员工的薪酬主要依据其近期劳动绩效来决定，随劳动绩效的不同而变化，并不是处于同一岗位或技能等级的员工都能拿到相同数额的劳动薪酬。处在竞争性强的环境中的组织适合实施以绩效为导向的薪酬结构，如消费品、家电、计算机、信息等行业。就岗位而言，高层经营管理类、市场销售类、部分产品开发类岗位、适合计件的操作类岗位比较适合这种薪酬制度。如果员工能够通过自身的努力很大程度上影响工作产出的话，就可以采用以绩效为主的薪酬制度。

按绩效付酬的优点比较明显。首先，员工的收入和工作目标的完成情况直接挂钩，让员工感觉很公平，"干多干少、干好干坏不一样"，激励效果明显。其次，员工的工作目标明确，通过层层目标分解，组织战略容易实现。再次，不用事先支付过高的人工成本，在整体绩效不好时能够节省人工成本。

　　绩效决定收入的薪酬制度也有比较明显的缺点。第一，员工收入在考虑个人绩效时，会造成部门或者团队内部成员的不良竞争，为取得好的个人绩效，员工可能会减少合作。因此，在需要团队协作制胜时，不应过分强调个人绩效对收入的作用。第二，绩效评估往往很难做到客观准确。高的绩效也许是环境条件造成的，和员工的努力本身关联不大，反之亦然。在绩效考核系统不很完善的情况下就将收入和绩效挂钩，势必造成新的不公平，也就起不到绩效付酬的激励作用。第三，绩效付酬的假设前提是金钱对员工的刺激作用大，长期使用后会产生相应的导向，在企业增长缓慢时，员工拿不到高的物质方面的报酬，薪酬对员工的激励力度下降，在企业困难时，员工很难做到"共渡难关"，而可能会选择离职或消极工作。

　　实施绩效为主的薪酬制度要求绩效管理基础非常牢固，有两条线要建设得比较完善：职责线和目标线，即岗位职责体系明确、目标分解合理。其中，绩效目标及衡量标准的确定是关键环节。如果不能合理地确定绩效的目标，员工的努力没有明确的方向或者根本实现不了设定的目标，那么，绩效对员工的激励作用就会大打折扣。

（二）以工作为导向的薪酬结构

　　以工作为导向的薪酬结构特点是员工的薪酬主要根据其所担任的职务的重要，程度、任职要求的高低及劳动环境对员工的影响等来决定。薪酬的增长主要依靠职位的晋升。它最适合传统的科层组织。在这种组织中，职位级别比较多，外部环境相对稳定，市场竞争压力不是非常大。从岗位类别而言，基于岗位的薪酬模式比较适合职能管理类岗位。对这些岗位上的任职者而言，有效地履行其职能职责是最重要的，只有这样，岗位的价值才能得以真正体现。

　　要实施以工作为导向的薪酬制度，首先要建立一套规范的职位管理体系，包括规范的岗位设置、职位序列、职位说明书等。其次，要运用科学的量化评估系统对岗位价值进行评价，即岗位评估。最后，员工能力要与岗位要求基本匹配。如果不胜任的员工在某一个岗位上，也拿同样的基于岗位的工资，对其他人来说就是不公平的，如果一个能力很强的人得不到提升，对他来说，基于现岗的工资水平就太低了，也是不公平的。

　　以工作为导向的薪酬结构有利于激发员工的工作热情和责任心，调动员工努力工作以争取晋升机会的积极性，但其不足也比较明显。第一，如果一个员工长期得不到晋升，尽管岗位工作越来越出色，但其收入水平很难有较大的提高，也就影响了其工作的积极性。这种情况非常普遍，一个员工的直接上级很年轻，组织比较稳定，短期内没有提升的空缺职位，那么他的下属的职业发展就缺乏前景和希望。第二，由于工作导向的薪酬制度更看重内部岗位价值的公平性，在从市场上选聘比较稀缺的人才时，很可能由于内部的薪酬体系的内向性而满足不了稀缺人才的薪酬要求，也就吸引不来急需的专业和管理人才。

（三）以能力为导向的薪酬结构

以能力为导向的薪酬结构以员工所具备的技能水平为依据，其目的在于促使员工提高工作技术和能力水平。它适合于生产技术是连续流程性的或者规模大的行业及服务业，如医院、电子、汽车等行业。

实施以能力为导向的薪酬结构，首先要确定所要完成的任务有哪些，相应地，需要的技能都有哪些；然后，根据实际情况划分等级，对每个技能等级要准确、客观地进行定义；接下来确定每个等级的薪酬水平；最后，对员工进行技能评定，根据评定结果确定每个员工的技能等级。因此，实施技能工资的基础是技能体系的完善，其中，关键环节是员工技能的客观评定。

以能力为导向的薪酬结构的优点在于：1. 员工注重能力的提升，就容易转换岗位，也就增加了发展机会；2. 不愿意在行政管理岗上发展的员工可以在专业领域深入下去，同样获得好的待遇，对企业来说留住了专业技术人才；3. 员工能力的不断提升，使企业能够适应环境的多变，企业的灵活性增强。

其不足也值得注意：1. 做同样的工作，但由于两个人的技能不同而收入不同，容易造成不公平感；2. 高技能的员工未必有高的产出；3. 界定和评价技能不是一件容易做到的事情，管理成本高；4. 员工着眼于提高自身技能，可能会忽视组织的整体需要和当前工作目标的完成；5. 已达技能顶端的人才很难进一步地被激励，这也是其弱点之一。

（四）组合薪酬结构

组合薪酬结构是将薪酬分解为几个组成部分，分别依据绩效、技术和培训水平、岗位、年龄及工龄等因素确定薪酬。组合薪酬结构使员工在各个方面的劳动付出都有与之对应的薪酬，某员工只要在某一个因素上比别人出色，就能在薪酬上反映出来。

在实际的薪酬管理中，单纯采用以绩效为导向的薪酬结构、以工作为导向的薪酬结构或以能力为导向的薪酬结构的情况并不多，总是把几种体系结合起来，扬长避短。因此，组合薪酬结构应用最广泛，在高校后勤集团中，各中心虽然都是为了服务于学校的教学、科研，服务于全校教职工的共同目标，但涉及几种不同的行业，如餐饮、住宿、修、交通运输、零售业等行业，其薪酬设计的模式不可能是单一的。每个中心根据各自的行业特点建立适合自己的薪酬模式，不可能只采用固定的一种；应该是既有固定薪酬部分，如基本工资、岗位工资、技能或能力工资、工龄工资等，又有浮动薪酬部分，如效益工资、业绩工资等。

高校后勤中适合企业化运作的薪酬体系尚未构建，事业编制职工的工资大多仍然按照事业单位的年功序列制执行，其薪酬全部由集团支付，学校只做记录存档。聘用制职工薪酬结构及水平基本参照社会同行制定。

四、高校后勤薪酬管理中应注意的几个问题

（一）岗位分析时要注意岗位职责是否清晰明确

1. 对于后勤集团下属各部门之间交叉的工作内容，要明确界定岗位职责，避免部门之间的扯皮；2. 对岗位职责的描述要详尽、规范，不仅要规定干什么，还要规定相应的标准；3. 岗位职责和任职标准的设计要以后勤集团的实际工作需要为依据，不能仅以现任人员为准；4. 要进行战略规划，在实际客观情况发生变化时，要及时对现有工作流程和组织架构提出建议，保证岗位说明书的有效性。

（二）薪酬的制定要体现激励，有上升的空间

薪酬应有助于提高员工的工作积极性，体现其激励作用。努力做到员工的报酬多少由本人的能力和绩效决定，能力越高，工作越出色，得到的报酬应越多。

（三）要注意后勤集团各中心之间薪酬差别的合理性

要充分考虑高校后勤集团各中心员工的收入差异合理性，避免造成因薪酬与岗位制定不合理，而导致内部不公平，影响员工的工作积极性。

（四）要注意后勤集团同岗位各类人员之间薪酬的合理性

高校后勤集团实行"老人老办法，新人新办法"的政策，造成了同岗位新人、老人做同样的工作，待遇可能不同。所以在薪酬管理上要注意在同样的岗位上薪酬应尽量统一，即同岗同酬。

（五）要注意薪酬结构的合理性

在薪酬结构中要充分体现激励，如希望员工稳定长期的工作，在设计薪酬结构时可体现年功工资项目；若希望通过对员工的激励来增加经济效益，则可体现效益工资；同时要注意员工有加班的则一定要体现加班工资等。有的学校由于薪酬结构不合理，给员工的报酬体现在工资表上只有一项"工资"，虽然可能工资很高，但因为没有明确项目或薪酬结构不合理，经常发生不必要的劳动争议。其中，被裁决为未支付或未足额支付加班费而承担赔偿的争议案例比较常见。

第十三章　高校后勤绩效考核

第一节　绩效考核概述

一、绩效考核定义

绩效考核是按照一定的标准，采用科学的方法，检查和评定组织员工对职务所规定的职责的履行程度，以确定其工作业绩的一种有效的管理办法。从内涵上讲，绩效考核就是对人和事的评价，有两层含义：一是对人及其工作状况进行评价；二是对人的工作结果，即对人在组织中的相对价值或贡献程度进行评价。绩效考核作为人力资源管理的重要组成部分，有利于为薪资管理和人事决策提供硬指标，提升组织的核心竞争力，有利于促进员工良性发展。

二、高校后勤开展绩效考核的意义

绩效考核的最终目的是改善员工的工作表现，提高员工的满意度和未来的成就感，实现组织的战略目标，从而改善组织整体绩效。绩效考核是整个人力资源开发和管理的一个总结，与人力资源管理的各环节密切相关。没有绩效考核，人力资源开发和管理就失去了标准和依据，人力资源开发和管理的改进和发展就失去了方向。高校后勤开展绩效考核的意义体现在以下几个方面。

(一) 绩效考核是高校后勤人员任用的依据

人员任用的标准是德才兼备，人员任用的原则是因事择人，用人所长、容人之短。判断人员的德才状况、长处短处，进而分析其适合何种职位，必须经过考核，对人员的政治素质、思想素质、心理素质、知识素质、业务素质等进行考核，并在此基础上对人员的能力和专长进行判断。也就是说，进行考核是"知"人的主要手段，而"知"人是用人的主要前提和依据。

(二) 绩效考核是高校后勤决定人员调配和职务升降的依据

人员调配之前，必须了解人员使用的状况，其手段是绩效考核。人员职务的晋升和降低也必须有足够的依据，这也必须有科学的绩效考核做保证，而不能只凭领导的好恶轻率决定。

（三）绩效考核是高校后勤进行人员培训的依据

人员培训是人力资源开发的基本手段，但培训要有针对性，针对人员的短处进行补充学习和训练。因此培训的前提是准确地了解各类人员的素质和能力，了解其知识和能力结构，优势和劣势，需要什么，也即进行培训需求分析，为此也必须对人员进行考核。同时，考核也是判断培训效果的主要手段。

（四）绩效考核是高校后勤确定劳动报酬的依据

按劳分配是我们社会里公认的企业员工的分配原则，不言而喻，准确地衡量"劳"的数量和质量是实行按劳分配的前提。没有考核，报酬就没有依据。没有考核结果为依据的报酬，不是真正的劳动报酬。

（五）绩效考核是高校后勤对员工进行奖惩的依据

奖励和惩罚是激励的主要内容，奖罚分明是劳动人事管理的基本原则。要做到奖罚分明，就必须要科学地、严格地进行考核，以考核结果为依据，决定奖或罚的对象及奖和罚的等级。考核本身也是一种激励因素，通过考核，肯定成绩，肯定进步，指出长处；通过考核，指出缺点和不足，批评过失和错误，指明努力的方向。

绩效考核的结果可以应用于多个方面，既可以为管理人员提供人力资源管理决策的信息，也可以帮助人力资源开发找到恰当的方法，还可以为员工个人在绩效改进、职业生涯发展方面提供借鉴。

第二节　高校后勤绩效考核的组织与实施

一、确定考核对象

高校后勤的绩效包括3个方面：整体绩效、部门绩效和员工绩效。其中，后勤整体绩效的提升，来自于各部门绩效的改进。部门是由员工来组成的，部门的绩效改进依赖于员工绩效的提高。因此，从管理的角度说，要提高整个后勤集团的绩效，必须加强做好部门考核和员工考核两方面工作。对于不同的对象要建立不同的考核体系。

二、定义考核内容

绩效考核要和组织的发展战略及人力资源政策的方向相吻合，所以，要针对不同的考核对象确定不同的考核内容。

对集团下属中心，考核内容一般分为管理目标和经济目标两个方面。对不同的中心而言，管理目标基本是相同的，其基本内容包括：安全稳定工作，服务质量，队伍建设等。而对不同的中心有不同的经济目标。对后勤员工而言，绩效考核的内容一般有如下4个方面。

（1）业绩考核。所谓业绩就是员工职务行为的直接结果。通常从数量、质量和效率3个方面对员工的工作业绩进行考核。

（2）能力考核。能力由3个部分组成：技能、技术或技巧；工作经验和能力；常识、专业知识和相关专业知识。能力考核并不见得要综合考核能力的这3个方面，而是根据考核目的和岗位的特征有针对性地进行考核。

（3）潜力考核。潜力是相对于在职务工作中发挥出来的能力而言的、员工具有但并没有在工作中发挥出来的能力。可以从能力考核的结果、相关的工作年限及有关的各种证书等方面来考核。考核员工工作潜力的周期一般要长于日常的绩效考核周期。通过能力考核对员工的潜力进行推断，是很常见的做法。

（4）态度考核。能力较强的人可能由于种种原因并不能取得相应的成绩，而能力较差的员工也可能由于工作态度好而取得较好的成绩。工作态度是工作能力向工作业绩转换过程中的干涉变量，但好的工作态度并不能确保发挥员工全部的工作能力。要使员工充分发挥工作能力，还需要其他方法的人为因素及一些外部变量的影响。

对于领导干部来讲，还要增加对廉政建设的考核。

考核内容最终要通过考核指标来体现，所以指标的选择是关键。在高校后勤，对管理人员的考核，大多数从德、能、勤、绩、廉5个方面设置考核指标；对直接为师生服务的人员的考核，一般要从服务态度、服务质量、工作效率、遵章守纪情况几个方面设置指标。

三、选择考核方法

绩效考核的方法很多，不同的考核方法各有优缺点，它们适用于不同的环境和对象。下面介绍几种常用的考核方法。

（一）排序法

排序法即按被考核者每人绩效的相对优劣程度，通过直接比较确定每人的相对等级或名次。排列方向由最优排至最劣，或反之由最劣排至最优，也可以从两头向中间排。排序比较时可以按照某个单一的特定绩效维度（如服务态度）进行，但是更常见的是就每个被考核者的整体工作情况进行综合比较。

排序法的优点是：易于解释、理解和使用，设计和应用成本低，能有效避免宽大化倾向、中心化倾向及严格化倾向。

其缺点是：考核依据不是客观的标准，考绩是概括性的、不精确的，所评出的等级或名次只有相对意义，无法确定等级差，因此无法将考核手段与组织战略目标相联系，无法通过考核对员工的行为进行明确的行为引导；考核的基础是整体的印象，而不是具体的比较因素，很难发现问题存在的领域，不适合对员工提供建议、反馈和辅导；主观性强，随意性强，考核结果易引起争议；可能会导致员工中的恶性竞争；当员工绩效水平相近时，难以进行排列，易发生晕轮误差。

（二）关键事件法

所谓关键事件法（KPI）是指那些会对部门的整体工作绩效产生积极或消极的重大影响的事件。关键事件一般被分为有效行为和无效行为。关键事件法要求考核者平时通过观察，及时记录下员工的各种有效行为和无效行为。它是一种最为常见的典型的描述法。

它的优势体现在绩效反馈的环节中。由于使用关键事件法是以事实为依据进行考核，而不是以抽象的"行为特征"为依据进行考核，帮助考核者根据客观事实进行绩效考核，不容易挫伤员工的积极性，其优点体现在以下4个方面。

1. 能够将企业战略和其所期望的行为结合起来。
2. 能够向员工提供指导和信息反馈，为工作改进提供依据。
3. 设计成本低。大多以工作分析为基础，所衡量的行为有效。
4. 员工参与性强，易于被接受。

关键事件法往往作为各种量表法的补充，如果单纯用关键事件法，会有以下问题。

1. 关键事件法适用于行为要求比较稳定、不太复杂的工作。对比较复杂的工作，记录下考核期间所有关键事件是不现实的。
2. 无法在员工之间进行横向比较，无法为奖金分配提供依据。3. 繁琐耗时，应用成本高。
4. 易造成上下级关系紧张。
5. 考核报告是非结构性的，易发生考核误差。

此法需对每一个被考核的员工保持一本"考绩日记"或"绩效记录"，由进行考核并知情的人（通常为被考核者得直属上级）随时记载。需要说明的是，所记载的事件既有好事，也有不好的事；所记载的必须是较突出的、与工作绩效直接相关的事（即关键事件），而不是一般的、琐碎的、生活细节方面的事；所记载的应是具体的事件与行为，不是对某种品质的判断。最后还应指出，关键事件的记录本身不是评语，只是素材的积累，但有了这些具体事实作根据，经归纳、整理，便可得出可信的考核结论。当然，记录"考绩日记"是费时间的做法，而且要将关键事件数量化或结构化为最终的考核结果也是需要相当的分析归纳能力的。所以，作为直属上级的考核者一般不会主动去费时间、费力气地应用

"关键事件法"。但是,这种做法最突出的优点是:当上级向作为下级的被考核者反馈考核结果时,不但因有具体事实做支持而易于被接受,而且具体的事实可充实那些抽象的评语,并加深被考核者对它们的理解,有助于以后工作绩效的改进和提高。

(三)360度考核法

360度绩效考核又称全方位绩效考核,由考核主体——被考核者的上级、下级、同事、自己和相关客户,分别对考核客体——被考核者进行考核;考核的内容也涉及员工的任务绩效、管理绩效、周边绩效、态度和能力等方方面面;考核结束,再通过反馈程序,将考核结果反馈给本人,达到改变行为、提高绩效等目的。传统的考核仅仅是员工的上级考核,只有一个方向。与传统的考核方法相比,360度绩效考核反馈方法从多个角度来反映员工的工作,使结果更加客观、全面和可靠,特别是对反馈过程的重视,使考核起到"镜子"的作用,并提供了相互交流和学习的机会,从而扬长避短,避免上级单方面考核的主观武断性,增强绩效考核的信度和效度,并激发相关利益群体的参与意识和团队合作精神,达到绩效改进的目的。

当然,这种考核方法也对企业人力资源管理工作者的能力提出了更高的要求:是收集和整理的信息数量大大增加;二是管理人员尤其是人力资源管理人员的反馈能力直接关系到绩效考核反馈系统的效能;三是绩效考核的内容和形式设计要复杂得多。

因此该考核制度在实施中操作复杂,数据收集和处理成本较高,难度较大,而且容易引起不同考核主体考核结果的相互冲突,甚至可能因操作不当而引发彼此的勾心斗角、阿谀奉承,致使考核结果失真,考核流于形式。但如果能合理选择考核主体,就可以有效避免上述弊端,形成对考核客体工作行为和工作结果客观、全面的反馈,从而使奖惩、人员调配、员工职业生涯设计更加切合实际。因而在360度绩效考核中考核主体的选择异常重要。

不同考核主体参与考核各有优缺点。上司是指被评估人的直接主管,通常是进行评估中最主要的评估者,因为他比任何人更了解下属的工作行为和表现。但由于上司掌握着切实的奖惩权,评估时下属往往受到威胁,心理负担较重。而且会造成单向沟通,甚至可能存在偏见误差;同事考核常是有益的补充,其最大的优势是对被考核人的工作能力、行为、态度了解全面真实,但可能会产生感情效应误差;下属评估的优点是能够帮助上司发展领导管理才能和达到权力制衡的目的;自我考核可用于员工开发。由于360度绩效考核法的目的在于通过获得和使用高质量的反馈信息,支持与鼓励员工不断改进与提高自己的工作能力、工作行为和工作业绩,为保证它在实际操作中的效率,应做到以下几个方面:

1. 允许员工或主管根据自己的实际情况设计考核过程;

2. 使用有效的方法筛选考核者,一般情况除员工个人与直接上级外,其他考核者不应少于4人;

3. 通过匿名的方式获得信息；

4. 按科学的方法整理、统计、分析获得的信息；

5. 使用科学的、标准化的操作程序进行考核。

（四）目标管理法

1954 年，美国著名管理学家彼得，德鲁克在《管理实践》一书中首先提出了"目标管理"的概念。他认为企业的目的和任务都必须转化为目标，而企业目标只有通过分解变成每个更小单位的目标之后才能够实现。

目标管理又叫成果管理，通过设计一种使目标根据组织层次相衔接的程序，使目标的概念具有可操作性，因为组织的总体目标被转化为各个相承的层次（部门、个体）的目标。对个体员工来说，目标管理提出明确的个体绩效目标，因此每个人对他（她）所在单位的绩效都可以做出明确而具体的贡献。如果所有人都实现了他们的目标，那么他们单位的目标就能实现，组织的总体目标也就成为现实。

所以，目标管理的最大特点就是其目标是由上下级共同协商确定的，具体完成目标的方法由下级决定并定期提供反馈，上级起指导帮助作用；在期限终了时，上下级一起进行评估，总结成败原因，商讨下一期目标。

采用目标管理的方式进行绩效管理，其核心的内容就是：如何制定恰当的目标并科学地对目标完成情况进行考核，即分别为企业各个部门的主管人员及每一位员工制定具体的工作目标。

目标管理法不是衡量员工的工作行为，而是衡量每位员工为组织的成功所做的贡献大小，因此目标的设定应该是可以衡量的、可以观测的、现实的、有时间限制并经双方同意的。

具体要求是：

1. 目标应是具体的；

2. 目标可以用数量、质量和影响等标准来衡量；

3. 设定的目标应该被管理人员和员工双方接受，这就要求目标水平不能过高和过低，目标应该既具有一定的挑战性，又是经过努力能达到的；

4. 设定的目标应该是与组织的需要和员工的职业发展相关的；

5. 目标要有一个合理的时间约束。

目标管理法的优点在于：第一，通过共同制定的目标与绩效反馈，拉近了员工和管理者的距离，创造了良好的工作氛围；第二，对员工有激励作用，因为员工很了解组织对他（她）的期望，并亲自参与制定目标，提高了员工的积极性；第三，目标管理较为公平。

在进行高校后勤的绩效考核时，我们应该尽可能避免考核方法的缺点，而充分利用它们的优点。对中心的考核可以采用目标管理法、关键事件法等；对员工的考核，不同岗位层次的员工可以采取不同的考核方法，对直接为师生服务的员工可以采用排序法，对于组织关键岗位（比如中心主任）采用360度考核法，全方位控制和管理好组织核心岗位对组织的影响作用。

四、确定考核者

选择考核者应该综合考虑考核的方式和考核的目的两方面因素，不同的考核方式对应不同的考核者，不同的考核目的也需要不同的考核者，多种考核方式就应选择多个考核者同时进行。如进行奖惩为目的的考核，一般以上级考核下级为宜，注重员工自我发展的考核应以同事考核为主或选择多种考核者（如上级、同级、外请专家）。

对于中心的考核，由于可量化指标较多，内容涉及管理和经济两个方面，可以由相关人员和部门组成考核小组，小组成员包括后勤领导班子、人力资源部，财务部和质检部等。

对于员工的考核，从高校后勤目前的情况看，可以将人员分为两类：管理人员和直接为师生服务的人员。对管理人员的考核建议采用360度考核法，考核者包括上级、同级、下级；对直接为师生服务人员的考核除了领导参与外，还应该更多地考虑服务对象因素。

五、确定考核周期

考核周期并没有唯一的标准。典型的考核周期是一季、半年或一年，也可以在一项特殊任务或项目完工之后进行。考核不宜太密，否则不但白费精力和时间，还给员工过多的不必要的干扰，易造成心理负担。但周期过长，反馈太迟，又不利于改进绩效，还会使大家觉得绩效考核作用不大，可有可无，以致流于形式。

对于高校后勤，绩效考核半年或一年一次较为适宜。

六、反馈考核结果

绩效考核不能脱离组织现实情况，脱离人力资源管理其他模块而单独存在。

为了保证绩效考核结果的公平性，使之与薪酬管理和激励机制相结合，以及能在企业管理中得到有效利用，在确定考评结果之前要加强沟通，考评结果确定后，要及时反馈给被考核人和单位，保证绩效考核结果利用的及时性和有效性。

第三节　高校后勤进行绩效考核要注意的问题

一、考核体系要符合后勤发展战略

战略是组织发展的灵魂，组织的所有职能都必须紧紧围绕组织的战略开展。

绩效考核是组织战略目标实现的一种有效手段，通过战略目标分解和逐步逐层的落实，帮助组织实现预定的战略目标。所以，考核体系要根据组织战略的需求设定，要为组织整体绩效的提高作出积极的引导。比如，某高校后勤的战略目标为"发展服务型后勤、构筑知识型后勤、打造效益型后勤、创建和谐型后勤"，其考核体系就应该围绕如何搞好服务、如何提高后勤文化素质、如何增加收益、如何构建和谐进行设计，从而引导组织成员的行为，促进组织目标的实现。

二、要严格控制考核过程

绩效考核过程要严格按照考核程序进行：制订考核计划一对考核者进行培训收集考核资料一对考核结果进行分析评价一积极反馈考核结果。考核过程的控制主要是考核主体的问题，即由谁主要负责员工的绩效考核问题。要杜绝以领导主观评价为主的考核方式，即考核主体是领导，因此造成了"谁与领导关系好，谁就拿奖金"的现象；同时，在绩效考核中更要杜绝"大锅饭"、"一碗水端平"思想的影响，这些现象往往导致在考核中不能真实反映员工实际的业绩状况。为了避免单纯由直接上级考核所带来的局限性，建议在高校后勤集团的绩效考核体系中引人"360度"绩效考核思想，即由被考核人的直接上级、同级相关人员及直接下属共同进行评价，保证绩效考核结果的客观性与公正性。

三、要及时反馈考核结果

考核本身并不是目的，通过考核提升组织的绩效才是目的。这需要及时把考核结果反馈给考核对象。一方面可以使被考核的人知道自己的优缺点，明确努力的方向；另一方面，可以使员工更深刻地理解组织目标，并为之努力。一定切忌考核结果只有领导心中有数，职工一无所知。比如，某高校后勤集团在对中心主任进行考核之后，由集团的总经理和党委书记与每一位主任面谈，反馈考核结果，这一做法取得了很好的效果。

四、要科学设置考核标准

（一）绩效标准是考核者与被考核者事先都清楚的标准

标准制定以后，要进行公布，让所有人包括考核者和被考核者都知道。考核的时候，考核的是"人"与"标准"之间的差距，而不是"人"与"人"之间的差距。

（二）绩效标准要合乎后勤发展目标

绩效标准是配合组织的目标制定的，每一个层级，每一个职级的绩效标准都是依据组织目标分解的结果。

（三）绩效标准要征求相关部门意见

很多组织的标准都是由人力资源部制定的，而管理者和下属不参与制定，脱离了岗位目标，这也是绩效考核失败的重要原因。比如高校后勤对员工的考核标准要经过中心主任和班组长的同意，征求大家的意见，才有可操作性。

参考文献

[1] 徐颜. 心理学在人力资源管理工作中的应用探析 [J]. 经营管理者, 2016, 17-20.

[2] 李京华. 影响人力资源管理培训效果的因素分析 [J]. 现代工业经济和信息化, 2016 (21): 10-23.

[3] 徐凯. 人力资源管理在企业经营管理中的重要性 [J]. 现代经济信息, 2016 (21): 50-90.

[4] 陈芳. 事业政工与人力资源管理工作问题研究 [J] 产业与科技论坛, 2016 (34): 40-67

[5] 潘春梅. 人力资源管理中员工培训的重要性分析 [J]. 科技展望, 2016 (34): 20-50.

[6] 黎华. 地勘单位人力资源管理现状、问题及对策研究 [J]. 当代经济, 2016 (33): 70-90.

[7] 马俊. 员工视角的企业社会责任、人力资源管理与组织绩效关系实证研究 [D] 南开大学, 2014.

[8] 李春梅. 如何使人力资源管理和财务管理实现双赢 [J]. 企业改革与管理. 2016, (21), 148

[9] 杨浩, 戴明月. 企业核心专长论一战略重塑的全新方法 [M]. 上海: 上海财经大学出版社, 2000, 36-42.

[10] 吴长煌. 风险环境下的企业财务战略北京经济管理出版社, 2003: 46-52

[11] 王华. 成本会计学 [M]. 上海: 上海交通大学出版社, 2012.

[12] 赵有生. 现代企业管理 [M]. 2 版. 北京: 清华大学出版社, 2006

[13] 梁少秋. 现代企业管理 [M]. 2 版. 南京: 南京大学出版社, 2010

[14] 周海娟. 现代企业管理 [M]. 北京: 中国发展出版社, 2011

[15] 张忠寿. 现代企业财务管理学 [M]. 上海: 立信会计出版社, 2013.

[16] 王化成. 财务管理 [M]. 北京: 中国人民大学出版社, 2013.

[17] 刘淑莲. 财务管理 [M]. 大连: 东北财经大学出版社, 2012

［18］傅元略. 中级财务管理［M］. 上海：复旦大学出版社，2007

［19］刘益. 战略管理工具与应用［M］. 北京：清华大学出版社，2010.

［20］刘宝宏. 企业战略管理［M］. 大连：东北财经大学出版社，2009.